Bettina Forst

Französischer Jakobsweg

Via Podiensis von Le Puy-en-Velay bis zu den Pyrenäen

Alle Etappen – mit Varianten

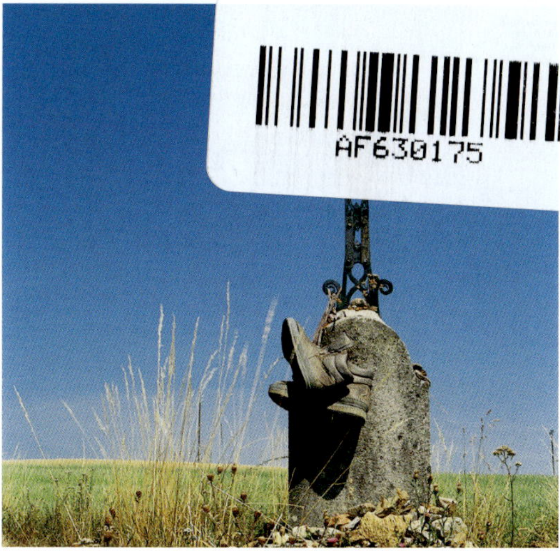

BERGVERLAG ROTHER GMBH • MÜNCHEN

ROTHER WANDERFÜHRER

Abruzzen
Achensee
Adlerweg
Ahrsteig
Albsteig
Algarve
Allgäu 1, 2, 3, 4
Allgäuer Alpen
AlpeAdriaTrail

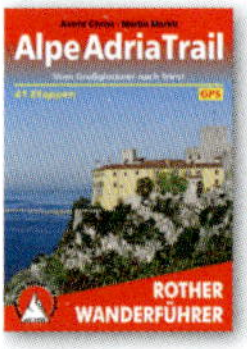

Altmühltal
Altmühltal-Panoramaweg
Andalusien Süd
Annapurna Treks
Antholz - Gsies
Aostatal
Appenzellerland
Apulien
Ardennen
Arlberg - Paznaun
Arnoweg
Asturien
Augsburg
Außerfern
Australien
Auvergne
Azoren
Baskenland
Bayerische Alpen Trekking
Bayerischer Wald
Berchtesgaden -Lienz
Berchtesgadener Land
Bergisches Land
Berlin
Bern
Berner Oberland Ost
Berner Oberland West
Bodensee Nord, Süd
Bodensee - Rätikon
Böhmerwald
Bolivien
Bozen - Kaltern
Brandnertal
Bregenzerwald
Bremen - Oldenburg
Brenta
Bretagne
Bulgarien
Burgund
Cevennen
Chalkidiki - Thassos
Champagne - Ardennen
Chiemgau
Chiemsee
Chur - Hinterrhein
Cilento
Cinque Terre
Comer See
Cornwall-Devon
Costa Blanca
Costa Brava
Costa Daurada
Côte d'Azur
Dachstein-Tauern Ost
Dachstein-Tauern West
Dänemark-Jütland
Dalmatien
Dauphiné Ost, West
Davos
Dolomiten 1, 2, 3, 4, 5, 6, 7, 8
Dolomiten-Höhenwege 1-3, 4-7, 8-10
Donausteig
E5 Konstanz - Verona
Ecuador
Eifel
Eifelsteig
Eisenwurzen
El Hierro
Elba
Elbsandsteingebirge
Elsass
Emmental
Ober-, Unterengadin
England Mitte, Nord, Ost, Süd
Erzgebirge
Fichtelgebirge
Fränkische Schweiz
Fränkischer Gebirgsweg
Frankfurt
Franziskusweg
Freiburg
Friaul-Julisch Venetien
Fuerteventura
Galicien
Gardaseeberge
Garhwal - Ladakh
Garmisch - Brixen
Gasteinertal
Genfer See
Georgien
Gesäuse
Glarnerland
Glockner-Region
Goldsteig
La Gomera
Gotthardweg
Gran Canaria
Grazer Hausberge
Grenzgänger-Weg
Gruyère - Diablerets
GTA
Hamburg
Harz
Haute Route
Hawaii
Hochkönig
Hochschwab
Hohenlohe
Hunsrück
Ibiza
Innsbruck
Irland
Isarwinkel
Island
Israel
Istrien
Jakobsweg - Camino Primitivo
Jakobsweg - Caminho Português
Jakobsweg - Camino del Norte
Französischer Jakobsweg Le Puy - Pyrenäen, Straßburg - Le Puy
Jakobsweg Marburg - Vézelay
Jakobswege Österreich
Jakobswege Schweiz
Spanischer Jakobsweg
Südfranzösischer Jakobsweg - Via Tolosana
Südwestdeutsche Jakobswege
Julische Alpen
Jura, Französischer
Jura, Schweizer
Kärntner Seen
Kalabrien
Kanadische Rocky Mountains
Karawanken
Karnischer Höhenweg
Karwendel
Kaunertal
Kitzbüheler Alpen
Kleinwalsertal
Korfu
Korsika
Korsika - GR 20

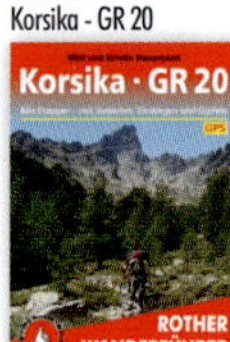

Korsika - Mare e Monti
Kraichgau
Kreta
Kurhessen
La Palma
La Réunion
Lahnwanderweg
Lago Maggiore
Languedoc-Roussillon
Lanzarote
Lappland
Lechweg
Lesbos - Chios
Limesweg
Lofoten
Lothringen
Lungau
Luxemburg - Saarland
Madeira
Mallorca
Malta - Gozo
Marken - Adriaküste
Marokko
Masuren
Maximiliansweg
Mecklenburgische Seenplatte
Menorca
Meran
Mont Blanc
Montafon
Montenegro
Mosel
Moselhöhenweg
Moselsteig
Mühlviertel
München
München - Venedig
Münsterland
Neanderlandsteig
Golf von Neapel
Neckarweg
Neuseeland
Neusiedler See
Niedere Tauern Ost
Niederlande
Niederrhein
Nockberge
Normandie
Norwegen Mitte, Süd, Jotunheimen
Nürnberg
Oberlausitz
Oberpfälzer Wald
Oberschwaben
Odenwald
Ötscher
Ötztal
Ötztal - Pitztal Trekking
Ossola-Täler
Ostfriesland
Ostseeküste
Ost-Steiermark
Osttirol Nord, Süd
Patagonien
Peaks of the Balkans
Peloponnes
Peru
Pfälzer Weinsteig
Pfälzerwald
Pfaffenwinkel
Picardie
Picos de Europa
Piemont Nord, Süd
Pinzgau
Pitztal
Portugal Nord
Provence
Pyrenäen 1, 2, 3, 4
Pyrenäen - GR 11
Regensburg
Rheinhessen
Rheinsteig
Rhodos
Rhön
Riesengebirge
Rom - Latium
Route de Ländle
Rügen

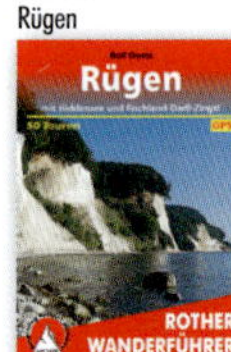

Ruhrgebiet
Rumänien - Südkarpaten
Saar-Hunsrück-Steig
Salzalpensteig
Salzburg
Salzburg - Triest
Salzkammergut Ost, West
Sardinien
Sauerland
Savoyen
Schaffhausen
Schottland
Schwabenkinder-Wege Oberschwaben, Schweiz - Liechtenstein, Vorarlberg
Schwäbische Alb Ost
Schwäbische Alb West
Schwarzwald Fernwanderwege
Schwarzwald Mehrtagestouren Mitte/Nord, Süd/Mitte
Schwarzwald Nord, Süd
Schweden Mitte, Süd
Seealpen
Seefeld
Sierra de Gredos
Sierra de Guadarrama
Sizilien
Spessart
Steigerwald
Steirisches Weinland
Sterzing
Stubai - Wipptal
Trekking im Stubai
Stuttgart
Südafrika West
Surselva
Sylt, Amrum, Föhr
Tannheimer Tal
Tasmanien
Hohe Tatra
Tauern-Höhenweg
Hohe Tauern Nord
Tauferer Ahrntal
Taunus
Tegernsee
Teneriffa
Tessin
Teutoburger Wald
Thüringen Mitte/Nord
Thüringer Wald
Tiroler Höhenweg
Toskana Nord, Süd
Türkische Riviera
Uckermark
Umbrien
Ungarn West
Usedom
Vanoise
Veltlin
Vía de la Plata
Via Francigena
Via Gebennensis
Vierwaldstätter See
Vinschgau
Vizentiner Alpen
Vogelsberg
Vogesen
Vogesen Mehrtagestouren
Vogesen-Durchquerung
Vogtland
Wachau
Waldviertel
Wales
Oberwallis
Unterwallis
Walliser Alpen
Weinviertel
Welterbesteig Wachau
Weserbergland
Westerwald
Westerwald-Steig
Wien
Wien - Lago Maggiore
Wiener Alpenbogen
Wiener Hausberge Nord, Süd
Wilder Kaiser
Zillertal
Trekking im Zillertal
Zürichsee
Zugspitze
Zypern

Vorwort

Die Wallfahrt zum Grab des Apostels Jakobus ist ein europäisches Phänomen, das seit dem Mittelalter Menschen zusammen auf den Weg quer durch Europa über Frankreich in den äußersten Westen Spaniens führt. Glaubt man Goethe, so ist durch den Jakobsweg über die Jahrhunderte hinweg eine gewisse kulturelle und innere Einheit Europas entstanden. Wer sich damals wie heute auf den Weg macht, wird mit vielfältigen Begegnungen beschenkt, durch abwechslungsreiche Landschaften geführt und erfährt stets ganz persönliche Erlebnisse. Das Abenteuer Jakobsweg ist heutzutage kalkulierbarer geworden und hält trotzdem für jeden, der sich auf den Weg macht, seine Überraschungen bereit.

Von den vier Hauptwegen, die durch Frankreich führen, gilt die Via Podiensis als die herausragende Strecke hinsichtlich der kulturellen Höhepunkte, wie zum Beispiel die Kathedrale von Le Puy-en-Velay, die Abtei von Conques oder der Kreuzgang von Moissac. Eingebettet sind diese Perlen der romanischen Baukunst in einen atemberaubend schönen Naturraum, der dem Wanderer von Vulkanlandschaften über Kalkhochflächen und milde Hügelketten bis hin zu schroffen Canyons und lieblichen Flussläufen alles zu bieten hat. Durch Wiesen, Wälder, Weiden und Felder schlängelt sich der französische Jakobsweg vom Ausgangsort Le Puy-en-Velay im südlichen Zentralmassiv zu den Pyrenäen, die auf zwei traditionellen Passwegen überwunden werden können.

In diesem Wanderführer ist die Via Podiensis, die als Fernwanderweg GR 65 gekennzeichnet ist, mit ausführlichen Routenbeschreibungen, Höhenprofilen, Infrastruktur sowie kurzen kulturhistorischen Hinweisen und Legenden dargestellt. Der Weg lebt von den Landschaften, den Kirchen, Klöstern und Brücken, aber vor allem durch die Pilger und Wanderer aus allen Ländern, die sich durch alle Generationen hindurch und mit verschiedensten Motivationen auf den Jakobsweg begeben haben.

Ein ganz herzliches Dankeschön für die zahlreichen Leserzuschriften, Ergänzungen, Neuerungen und Anmerkungen, die uns helfen, den Wanderführer zu aktualisieren und auf dem neuesten Stand zu halten.

Allen, die sich auf den Weg machen, ein gutes Gelingen: Bon courage!

Winter 2018/19 — Bettina Forst

Inhaltsverzeichnis

Symbole und Abkürzungen

⬛ (Haus, gefüllt)	(Pilger)Herberge (Gîte d'Etape)	✚	Medizinisches Zentrum/ Hospital
⬜ (Haus, leer)	Hotel/Auberge/Chambres d'Hôtes	✉	Post
⛺	Campingplatz	i	Touristeninformation
✕	Restaurant	🚆	Zuganbindung
☕	Café, Bar	†	Kirche/Kapelle/Kloster
🛒	Laden/Supermarkt	)(	Pass/Sattel
🚰	Trinkwasserbrunnen	⊼	Rastplatz
A	Apotheke	∴	archäologische Stätte

GR Grande Randonnée, Weitwanderweg

N »Nationale«, Bundesstraße

D »Départementale«, Departementstraße/Landstraße

OT »Office de Tourisme«, Touristeninformation

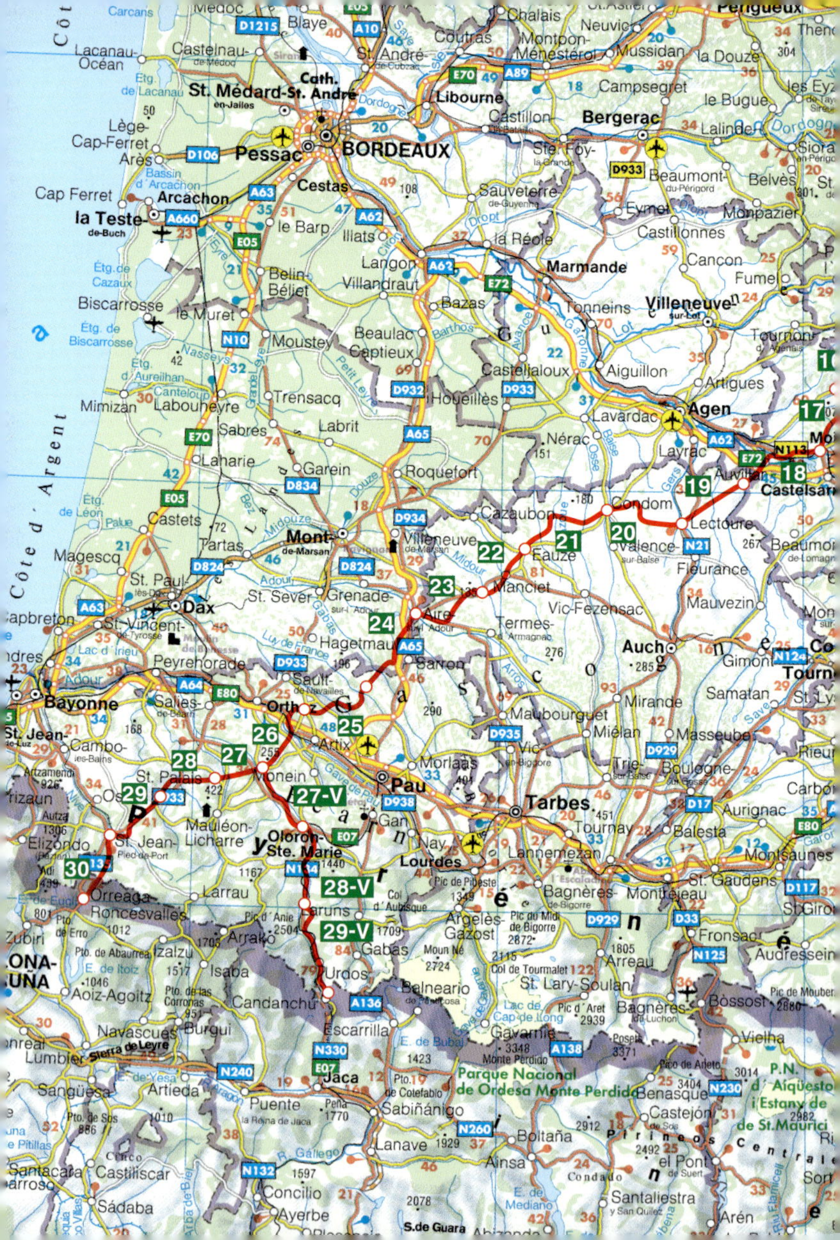

Carcans
Lacanau-Océan
Castelnau-de-Médoc
Blaye
St. André-de-Cubzac
Coutras
Chalais
Montpon-Ménestérol
Neuvic
Mussidan
Périgueux
la Douze
St. Médard-St. André en-Jalles
Cath.
Libourne
Campsegret
le Bugue
Bergerac
Lalinde
Dordogne
Lège-Cap-Ferret
Arès
Pessac
BORDEAUX
Castillon-la-Bataille
Ste. Foy-la-Grande
Beaumont-du-Périgord
Belvès
Bassin d´Arcachon
Cap Ferret
Arcachon
la Teste-de-Buch
Cestas
Sauveterre-de-Guyenne
Eymet
Monpazier
le Barp
Illats
la Réole
Castillonnes
Cancon
Étg. de Cazaux
Langon
Marmande
Fumel
Belin-Béliet
Villandraut
Biscarrosse
le Muret
Bazas
Tonneins
Villeneuve-sur-Lot
Étg. de Biscarrosse
Moustey
Beaulac
Captieux
Tournon-d'Agenais
Étg. d´Aureilhan
Castelјaloux
Aiguillon
Artigues
Mimizan
Labouheyre
Trensacq
Houeillès
Lavardac
Agen
Sabres
Labrit
Nérac
Layrac
Castelsarrasin
Laharie
Garein
Roquefort
Auvillar
Étg. de Léon
Castets
Mont-de-Marsan
Villeneuve-de-Marsan
Cazaubon
Condom
Lectoure
Magescq
Tartas
Eauze
Valence-sur-Baïse
Beaumont-de-Lomagne
St. Paul-lès-Dax
Dax
Manciet
Fleurance
Capbreton
St. Vincent-de-Tyrosse
St. Sever
Grenade-sur-l'Adour
Aire-sur-l'Adour
Vic-Fezensac
Mauvezin
Termes-d'Armagnac
Hagetmau
Auch
Gimont
Bayonne
Peyrehorade
Sault-de-Navailles
Sarron
Samatan
Salies-de-Béarn
Orthez
Maubourguet
Mirande
Tournay
St. Jean-de-Luz
Cambo-les-Bains
Artix
Miélan
Masseube
Rieumes
St. Palais
Monein
Morlaàs
Vic-en-Bigorre
Trie-sur-Baïse
Boulogne-sur-Gesse
Pau
Tarbes
Aurignac
Carbonne
Mauléon-Licharre
Oloron-Ste. Marie
Gan
Nay
Tournay
Balesta
Elizondo
St. Jean-Pied-de-Port
Lourdes
Lannemezan
Montsaunes
Orreaga-Roncesvalles
Larrau
Arudy
Pic de Pibeste
Bagnères-de-Bigorre
Montréjeau
St. Gaudens
St. Girons
Zubiri
Pto. de Erro
Arrako
Pic d´Anie
Col d´Aubisque
Argelès-Gazost
Pic du Midi de Bigorre
Fronsac
Pto. de Abaurrea
Izalzu
Gabas
Arreau
Audressein
PAMPLONA-IRUÑA
E. de Itoiz
Isaba
Urdos
Col du Tourmalet
St. Lary-Soulan
Aoiz-Agoitz
Pto. de las Coronas
Candanchú
Balneario de Panticosa
Lac de Cap-de-Long
Pic d´Aret
Bagnères-de-Luchon
Bossòst
Pic de Mouberné
Navascués
Burgui
Escarrilla
Gavarnie
Vielha
Lumbier
Sierra de Leyre
E. de Bubal
Monte Perdido
Posets
Pic de Aneto
E. de Yesa
Artieda
Jaca
Pto. de Cotefablo
Parque Nacional de Ordesa Monte Perdido
Benasque
P.N. d´Aigüestortes i Estany de St. Maurici
Sangüesa
Puente la Reina de Jaca
Peña
Sabiñánigo
Castejón de Sos
Pto. de Sos
Lanave
Boltaña
Pirineos centrales
Castiliscar
R. Gállego
Aínsa
el Pont de Suert
Sádaba
Concilio
E. de Mediano
Santaliestra y San Quílez
Ayerbe
S. de Guara
Arén
Côte d'Argent
Gascogne
Pyrénées
27-V
28-V
29-V

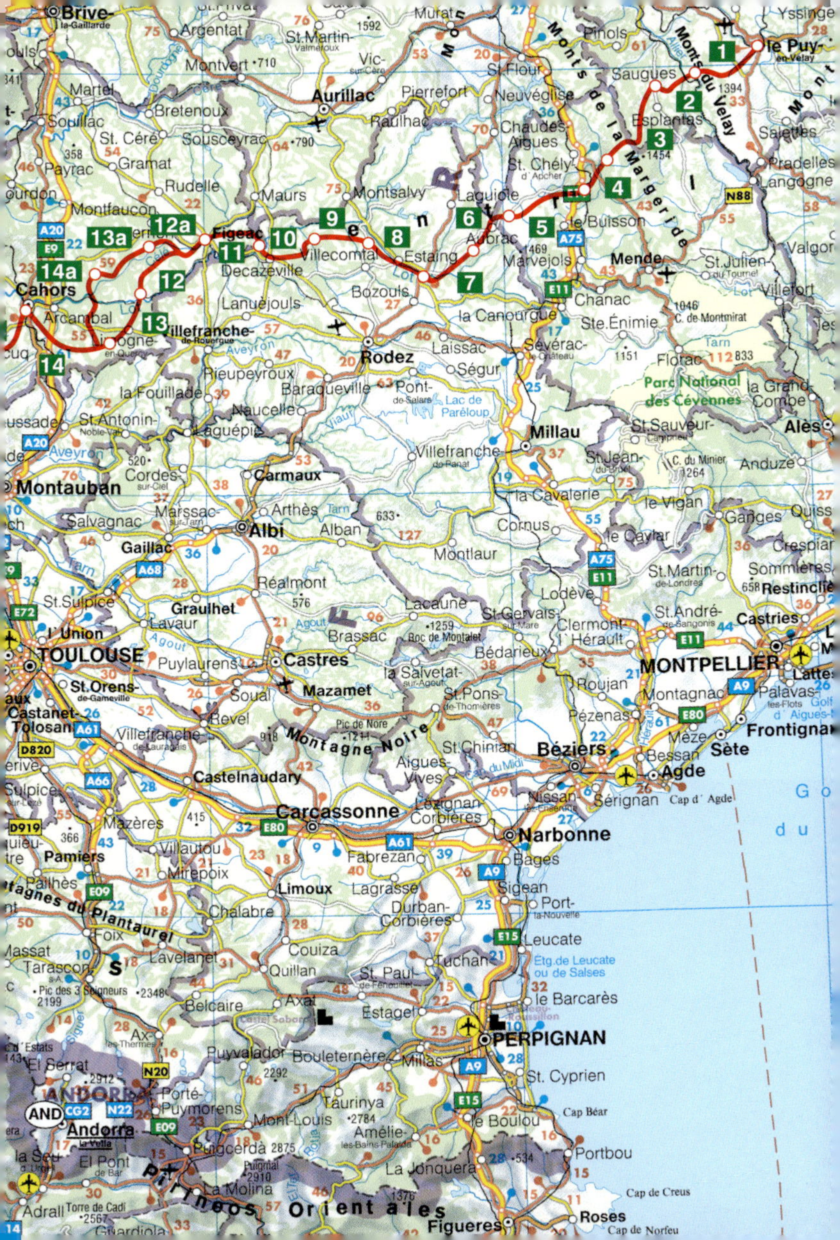

Brive-la-Gaillarde
Argentat
St.Martin-Valmeroux
Murat
Yssingeaux
Le Puy-en-Velay
Monts du Velay
Monts de la Margeride
Pinols
Saugues
St.Flour
Aurillac
Vic-sur-Cère
Pierrefort
Raulhac
Neuvéglise
Chaudes-Aigues
Montvert
Martel
Bretenoux
Souillac
St. Céré
Sousceyrac
Payrac
Gramat
Rudelle
Gourdon
Maurs
Montsalvy
Esplantas
St. Chély-d'Apcher
Salettes
Pradelles
Langogne
Laguiole
Aubrac
le Buisson
Marvejols
Mende
St.Julien-du-Tournel
Villefort
Montfaucon
Figeac
Decazeville
Villecomtal
Estaing
Bozouls
Cahors
Arcambal
Lalbenque
Lanuéjouls
Villefranche-de-Rouergue
Rodez
Laissac
la Canourgue
Chanac
Ste.Énimie
Sévérac-le-Château
Florac
C. de Montmirat
Parc National des Cévennes
la Grand-Combe
Alès
Rieupeyroux
Baraqueville
Ségur
Pont-de-Salars
Lac de Pareloup
la Fouillade
Naucelle
St.Antonin-Noble-Val
Laguépie
Millau
St.Sauveur-Camprieu
Villefranche-de-Panat
St.Jean-du-Bruel
C. du Minier
Anduze
Cordes-sur-Ciel
Montauban
Carmaux
la Cavalerie
le Vigan
Salvagnac
Marssac-sur-Tarn
Arthès
Albi
Alban
Cornus
Ganges
Quissac
Gaillac
Montlaur
le Caylar
Crespian
Réalmont
St.Martin-de-Londres
Sommières
Restinclières
St.Sulpice
Graulhet
Lodève
St.André-de-Sangonis
Castries
Lavaur
Lacaune
St.Gervais-sur-Mare
Clermont-l'Hérault
L'Union
Brassac
Roc de Montalet
Bédarieux
TOULOUSE
Puylaurens
Castres
la Salvetat-sur-Agout
MONTPELLIER
Lattes
St.Orens-de-Gameville
Soual
Mazamet
St.Pons-de-Thomières
Roujan
Montagnac
Palavas-les-Flots
Castanet-Tolosan
Revel
Pic de Nore
Pézenas
Aigues-Mortes
Frontignan
Villefranche-de-Lauragais
Montagne Noire
St.Chinian
Béziers
Mèze
Sète
Aigues-Vives
Bessan
Agde
Castelnaudary
Nissan-lez-Enserune
Sérignan
Cap d'Agde
Mazères
Carcassonne
Lézignan-Corbières
Narbonne
Villautou
Fabrezan
Pamiers
Mirepoix
Bages
Limoux
Lagrasse
Sigean
Pailhès
Port-la-Nouvelle
Montagnes du Plantaurel
Chalabre
Durban-Corbières
Foix
Leucate
Massat
Lavelanet
Couiza
Tuchan
Étg.de Leucate ou de Salses
Tarascon-s-A.
Quillan
St. Paul-de-Fenouillet
Pic des 3 Seigneurs
le Barcarès
Belcaire
Axat
Estagel
Ax-les-Thermes
PERPIGNAN
Puyvalador
Bouleternère
Millas
El Serrat
St. Cyprien
ANDORRA
Porté-Puymorens
Taurinya
AND
Andorra la Vella
Mont-Louis
Amélie-les-Bains-Palalda
le Boulou
Cap Béar
Puigcerdà
Portbou
El Pont de Bar
Puigmal
La Jonquera
la Seu d'Urgell
La Molina
Cap de Creus
Adrall
Torre de Cadí
Pirineos Orientales
Roses
Figueres
Cap de Norfeu
1 2 3 4 5 6 7 8 9 10 11 12 12a 13 13a 14 14a
A20 E9 A75 E11 N88 A68 A61 A66 E72 D820 D919 E09 A9 E80 E15 N20 N22 CG2

Allgemeine Hinweise

Zum Gebrauch des Wanderführers

Den einzelnen Etappenbeschreibungen sind die wichtigsten Infos zur schnellen Orientierung steckbriefartig vorangestellt. Die Schreibweise der Ortschaften, Flüsse und anderer Bezeichnungen sind in der Regel von den französischen IGN-Karten (Institut Géographique National) übernommen, bei Orten direkt am Jakobsweg wurde aber meist die der Ortsschilder verwendet. Die gelb unterlegten Texte geben Hinweise zu Sehenswürdigkeiten, Geschichte oder kulturhistorischen Hintergründen. In den Karten sind neben dem Etappenverlauf die wichtigsten Symbole zur Infrastruktur eingetragen. Die Wanderrouten sind rot und Varianten gestrichelt eingezeichnet. Die Höhenprofile geben nicht nur das Relief der aktuellen Etappe wieder, sondern auch ein Stück der vorangegangenen und der folgenden Strecke. Außerdem sind auch hier wichtige Infrastruktursymbole enthalten, wie zum Beispiel für Übernachtungsmöglichkeiten in Ortschaften, in denen sich keine Herberge (Gîte) befindet. Die Gîtes sind in der Kurzinfo unter Herbergen gesondert aufgelistet. Die Etappen entsprechen den häufig in dieser Form zurückgelegten Wegabschnitten, die die kulturhistorischen und kirchlichen Sehenswürdigkeiten berücksichtigen und meist an einem größeren Ort enden. Deshalb variieren die Längen zwischen 14 und 33,5 km pro Tag. Varianten zum GR 65 sind kurz in die Beschreibungen mit aufgenommen. Die mehrtägigen Varianten durchs Célétal und zum Col du Somport werden extra beschrieben.

Der Jakobsweg führt durch berühmte Weinanbaugebiete, unter anderem durch das Armagnac.

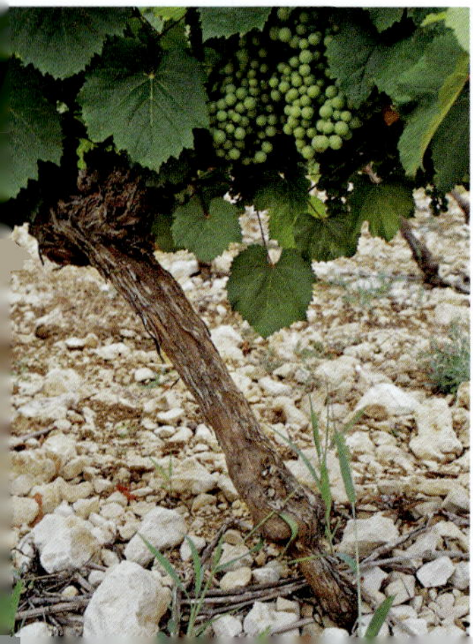

Herbergen (Gîtes)

Die Herbergen sind in Frankreich entlang des GR 65 meist privat geführt. Diese »Gîtes d'Etape« sind einfache Unterkünfte, die gewöhnlich über Gemeinschaftsküche, Waschmaschine und Trockner verfügen. Gewöhnlich bieten die Gîtes ein einfaches Frühstück ab 6 € an. Chambres d'Hôtes bieten Übernachtung und Frühstück, Chambres et Table d'Hôtes Übernachtung mit Halbpension bei Privatpersonen. Die Übernachtung in kleineren Orten eröffnet die Möglichkeit, etwas versetzt zu den Hauptpilgerströmen zu wandern. Allerdings ist dann eine Reservierung der Herbergen, etwa zwei bis drei Tage im voraus, empfehlenswert, da diese meist geringe Kapazitä-

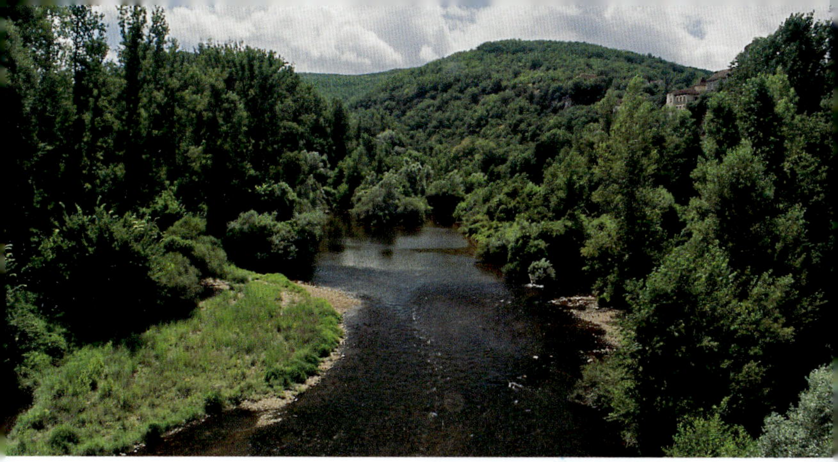

Das liebliche Tal des Lot.

ten aufweisen. Häufig gibt es in den Gîtes d'Etape auch ein typisch französisches Frühstück mit Milchkaffee, Tee, Baguette, Butter und Marmelade. Die Möglichkeit zur Halbpension (HP) ist in der Kurzinfo angegeben. Ansonsten bestehen in den Ortschaften ausreichend Möglichkeiten sich zu verpflegen. Ein Problem könnten vereinzelt Parasiten wie Flöhe oder Bettwanzen darstellen, jedoch sind diese Blutsauger auf der Via Podiensis kaum verbreitet. Einige Herbergen stellen Einmalbettwäsche zur Verfügung, die Matratzen sind mit einer abwaschbaren Oberfläche geschützt und in den Apotheken auf dem Weg können Sprays erworben werden. Einen hundertprozentigen Schutz vor diesen lästigen Bettbewohnern gibt es natürlich nicht. Hilfreich ist beim Befall (juckende, kleine Stiche), die Bereiche mit einer anitseptischen Salbe vor Entzündung zu schüzen.
Die Preise und andere Angaben beziehen sich auf den Stand 2018. Es gibt nur wenige kommunal geführte Gîtes d'Etape (Gîte communal) oder kirchliche Unterkünfte. Entlang des Französischen Jakobsweges schießen private Übernachtungsmöglichkeiten, die Chambres d'Hôtes, wie Pilze aus dem Boden. Ihre Auflistung würde aber den Rahmen dieses Wanderführers sprengen. Man erhält die Adressen von Chambres d'Hôtes, Appartements oder Hotels bei der jeweiligen Touristeninfo.

Infrastruktur

Hier findet man in der Kurzinfo wichtige Informationen zur Infrastruktur (Stand 2018). Sie ist zum großen Teil auch mit Symbolen in den Karten sowie im Höhenprofil dargestellt. Das Symbol für ärztliche Versorgung steht für Gesundheitszentren oder Krankenhäuser, nicht für niedergelassene Ärzte.

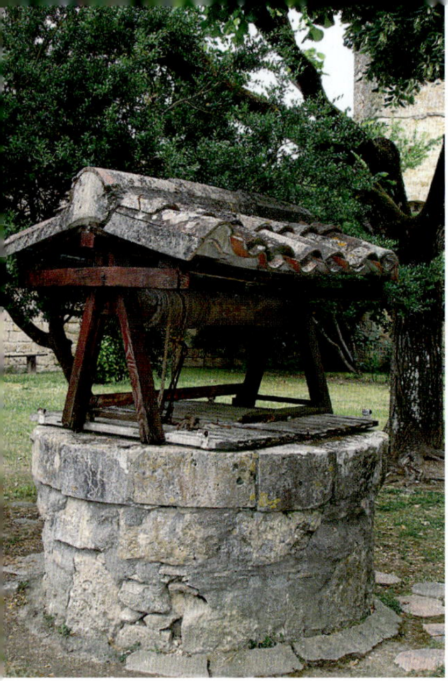

Nicht jeder Brunnen löscht den Durst ...

Das Symbol für Trinkwasser/Brunnen ist bei Orten, auf der Karte (Symbol: blauer Punkt) auch entlang des Weges angegeben; alle größeren Gemeinden besitzen einen Dorfbrunnen oder eine Quelle. Die Brunnen sind in der Regel gekennzeichnet mit den Schildern »*eau potable*« (Trinkwasser) oder »*eau non potable*« (kein Trinkwasser). Im Zweifelsfall nachfragen oder beobachten, ob die Bevölkerung das Wasser zum Trinken nutzt. Meistens kann in Restaurants, Cafés, Hotels oder anderen öffentlichen Einrichtungen Leitungswasser nachgefüllt werden. Auch Privatpersonen sind sehr hilfsbereit, wenn man am Garten oder Haus um Wasser bittet. Tipp: Friedhöfe besitzen oftmals Brunnen oder Trinkwasserleitungen.

Gehzeiten

Die Zeitangaben berücksichtigen keine Pausen und gehen von durchschnittlich 4 km/Stunde aus. Die Zeit- und Kilometerangaben in den Wegbeschreibungen beziehen sich auf die Spanne zu den jeweils zuvor angegebenen Werten.

GPS-Tracks

Zu diesem Wanderführer stehen auf der Internetseite des Bergverlag Rother (www.rother.de) GPS-Daten zum kostenlosen Download bereit – Benutzername: **gast** / Passwort: **wfFrJak05bj22a**

Die GPS-Daten wurden von der Autorin über eine digitale Karte erfasst. Verlag und Autorin haben die Tracks und Wegpunkte nach bestem Wissen und Gewissen überprüft. Dennoch können wir Fehler oder Abweichungen nicht ausschließen, außerdem können sich die Gegebenheiten vor Ort zwischenzeitlich verändert haben. GPS-Daten sind zwar eine hervorragende Planungs- und Navigationshilfe, erfordern aber nach wie vor sorgfältige Vorbereitung, eigene Orientierungsfähigkeit sowie Sachverstand in der Beurteilung der jeweiligen (Gelände-)Situation. Man sollte sich für die Orientierung auch niemals ausschließlich auf GPS-Gerät und -Daten verlassen.

Wandern auf dem Jakobsweg

Viele Gründe sprechen für dieses historische und moderne Abenteuer, sich auf die Jakobswege zu begeben und durch Europa zum Apostelgrab nach Santiago de Compostela zu pilgern. Hier finden Begegnungen zwischen Wanderern und Pilgern, Jung und Alt, sportlich Motivierten oder spirituell Suchenden, Alleinreisenden und Gruppen sowie Menschen verschiedenster Nationalitäten statt. Vor allem aber ist der Französische Jakobsweg entlang der Via Podiensis ein beschütztes Abenteuer – eine Fernwanderung auf der vielleicht am besten markierten Route Europas mit einem dichten Netz an Übernachtungsmöglichkeiten und ausreichend Infrastruktur. Gerade die Via Podiensis, die als GR 65 ausgewiesen ist, führt durch sehr vielfältige Naturlandschaften: von den Vulkangebieten des südlichen Zentralmassivs durch idyllische Flusstäler, über karge Hochebenen und die sanften Hügelketten der Gascogne bis zu den Pyrenäen. Dabei verläuft der Jakobsweg meist auf Wanderpfaden, Feld- und Wirtschaftswegen und nur selten entlang von Straßen. Vorbei an geschichtsträchtigen Stätten, Kulturdenkmälern, jahrhundertealten Wegkreuzen, Brunnen, Brücken, Pilgerhospizen und prachtvollen Kirchen, Abteien und Kreuzgängen versetzt der Weg den Wanderer in eine längst vergangene Zeit.

Wandersaison

Die schönste Reisezeit ist von Mitte Mai bis Ende September. Die Wiesen sind dann meist übersät von zahlreichen Wildblumen oder Orchideen, die Laubmischwälder tragen ein dichtes Blätterkleid und auf den Feldern blühen Sonnenblumen und es gedeihen Wein oder Getreide. Die Temperaturen sind meist moderat, wobei im Hochsommer auch längere Hitzeperioden auftreten können. Noch ist auch in den Ferienmonaten Juli und August der Andrang auf die Wanderherbergen in der Regel nicht zu groß, wobei jedoch insgesamt ein stetig wachsender Strom von Wanderern zu verzeichnen ist. Während der gesamten Saison muss mit Niederschlägen oder Gewittern gerechnet werden.

Zahlreiche Sonnenblumenfelder begleiten die Pilger.

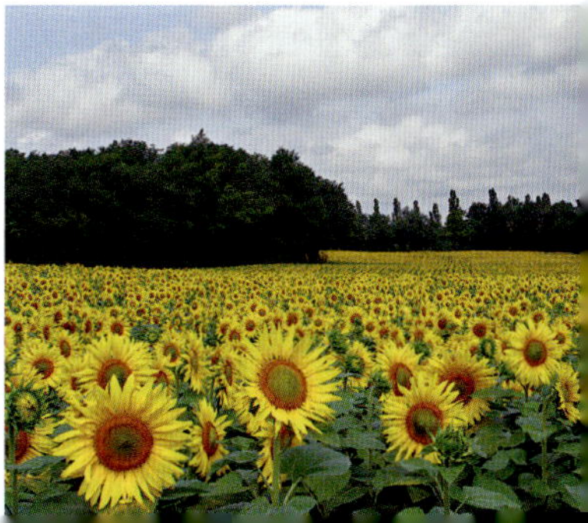

Konditionelle Anforderungen

Die Via Podiensis ist für Wanderer mit guter Gesundheit und einer durchschnittlichen Kondition gut zu meistern. Bis auf wenige Etappen sind die Höhenunterschiede sehr moderat und die Wege sind in der Regel gut zu begehen.

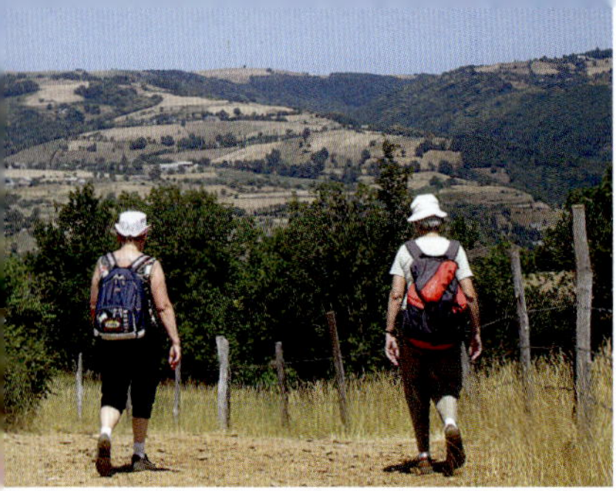

Wanderer auf der Via Podiensis.

Die Herausforderung des Französischen Jakobsweges liegt weniger in einer konditionellen Spitzenleistung als vielmehr in der Kontinuität, täglich eine gewisse Strecke zurückzulegen. Falls Sie den gesamten GR 65 an einem Stück gehen möchten, sollten Sie gegebenenfalls eine längere Pause einplanen, um sich körperlich zu regenerieren. Die besonderen Herausforderungen einer Fernwanderung werden immer wieder unterschätzt. Keinesfalls sollte man völlig ungeübt, schlecht vorbereitet oder mit einem zu schweren Rucksack aufbrechen. Empfehlenswert ist es, bereits einige Zeit vorher ein- bis zweimal pro Woche längere Spaziergänge und Wanderungen zu unternehmen, auf denen idealerweise ein Rucksack mit dem geplanten Gewicht mitgenommen werden sollte. Diese Probewanderungen verbessern nicht nur die Kondition, sondern man kann auch die Auswirkungen des Gewichts des gepackten Rucksacks auf Schultern, Rücken, Gelenke und Füße (Blasen!) gut testen.

Zeitplanung und Routenwahl

Der Hauptweg der Via Podiensis kann in 30 Tagesetappen bewältigt werden, wobei ein gewisser zeitlicher Spielraum eingeplant werden sollte. Die Etappen mit den größten Höhenunterschieden liegen im ersten Drittel des Wegabschnitts. Wer die Variante über das Célétal wählt, sollte einen Tag mehr einplanen. Immer wieder bieten sich am Weg Abzweigungen und Varianten, die die Wanderzeit insgesamt nur unwesentlich verlängern. Die klassische Route führt von Le Puy-en-Velay über St-Jean-Pied-de-Port nach Roncesvalles und dann weiter auf der spanischen Seite über Pamplona auf dem Camino Francés nach Santiago de Compostela. Pilger, die sich aus der Schweiz, Italien und Südfrankreich auf den Weg machen, überqueren die Pyrenäen in der Regel von Oloron-Sainte-Marie aus über den Col du Somport. Es gibt keinen offiziell markierten Abzweig von der Via Podiensis auf die »Voie d'Arles«, wie diese Route, die ab Arles nördlich der Pyrenäen entlang führt, genannt wird. Die beiden Wege berühren sich jedoch fast bei Navarrenx (Etappe 26/27), so dass man hier bequem auf den Voie d'Arles wechseln kann. Der spektakuläre Pyrenäenübergang am Col du Somport befindet sich immerhin auf 1632 m, während der höchste Pass auf der Strecke nach Roncesvalles 1344 m beträgt. Für die Variante über den Col du Somport muss ein Tag mehr eingeplant werden. Pilger, die auf der spanischen Seite weitergehen möchten, sollten bedenken, dass der anschließende Camino Aragonés eine geringe Herbergsdichte aufweist und somit die Etappen entsprechend lange werden. Dafür ist diese Variante gegenüber dem sehr populären Camino Navarro, wie das Teilstück des Camino Francés in Navarra genannt wird, bedeutend geruhsamer, beschaulicher und landschaftlich recht abwechslungsreich.

Kosten

Für die Übernachtung in Wanderherbergen (Gîte d'Etape) können pro Person 15–30 € in privaten bzw. ab10 € in kirchlichen und kommunalen Gîtes in Mehrbettzimmern oder Schlafsaal veranschlagt werden. Übernachtungen in Privatunterkünften oder Hotels sind um ein Vielfaches teurer. Die Kosten für Mahlzeiten fallen je nach individuellen Bedürfnissen recht unterschiedlich aus. Insgesamt ist zu beachten, dass in Frankreich das Preisniveau in allen Restaurants, Brasserien oder Cafés höher ist als in Deutschland. Auch die Lebensmittelpreise sind gerade in den ländlichen Regionen etwa um 10 % höher.

Ausrüstung

Für die Wahl der Ausrüstung sollte man sich genügend Zeit lassen, denn immerhin wird einen diese rund 770 km begleiten. Die Kleidung sollte bequem, vielseitig tragbar, strapazierfähig und aus leichten sowie schnell trocknenden Fasern bestehen. Um Volumen und Gewicht zu reduzieren, achten Sie auf Kleidung, die sich schichtweise kombinieren lässt und multifunktional ist, wie zum Beispiel Outdoorhosen mit abnehmbaren Beinen. Beschränken Sie sich auf die allernötigste Kleidung, denn es gibt überall die Möglichkeit zu waschen und zu trocknen oder bei einem Engpass in Frankreich etwas zu kaufen.
Der Rucksack sollte genügend Volumen bieten, sowie ausreichend Unterteilungen und Taschen, die auch von außen zugänglich sind. Sollten Sie keinen bereits erprobten Rucksack besitzen, lassen Sie sich in einem Fachgeschäft beraten und testen Sie die Rucksäcke dort mit dem voraussichtlichen Packgewicht, das im Normalfall maximal 12 kg für Frauen und 15 kg für Männer betragen sollte. Ideal wäre ein Packgewicht ohne Proviant und Trinkwasser von nicht mehr als 10 kg. Ein passender Rucksack verteilt das Gewicht gleichmäßig auf den Körper, wobei der Hüftgurt fest sitzen sollte und die Schulterriemen dem Ausbalancieren dienen. Schwere Gegenstände sollten körpernah eingepackt werden mit dem Schwerpunkt in Schulterhöhe.
Vor allem die Schuhfrage ist von größter Bedeutung. Begeben Sie sich auf keinen Fall mit noch nicht eingelaufenen Schuhen auf den Weg, egal, ob es sich dabei um Wanderstiefel oder knöchelhohe Trekkingschuhe handelt. Gute Trekkingschuhe mit fester Profilsohle sind grundsätzlich ausreichend für die Via Podiensis. Wichtig ist vor allem, dass man sich »wohl fühlt«, egal, ob in Wanderstiefeln oder Trekkingschuhen. Es empfiehlt sich, neue Schuhe wirklich gründlich einzulaufen, auch mit Gepäck auf den Schultern, bei jeder Witterung und vor allem auch in unterschiedlichem Gelände.

An- und Rückreise

- *Per Flugzeug:* Über Paris/Orly zum Regionalflughafen Loudes, etwa ¼ Std. außerhalb von Le Puy-en-Velay. Information: Twin Jet, Tel. 0033 (0)8 92 70 77 37, www.twinjet.fr. Rückflug: Ab Bordeaux gibt es Direktflüge z. B. nach Frankfurt, Düsseldorf oder München (Air France, KLM). Tel. 0033 (0)5 56 34 50 50 (Flughafen Bordeaux).
- *Per Bahn:* Verbindungen nach Le Puy-en-Velay über Paris, Lyon, St-Etienne oder Clermont-Ferrand. Von Paris erreicht man z. B. mit dem TGV in rund 3 Std. St-Etienne und von hier in etwa 1½ Std. Le Puy. Vom Ziel St-Jean-Pied-de-Port gelangt man mit mehrmaligem Umsteigen wieder nach Deutschland. Info: www.sncf.de. Von Roncesvalles gibt es Shuttle- bzw. Taxifahrten, z. B. Express Bourricot, Tel. 0033 (0)6 61 96 04 76, contact@expressbourricot.com, www.expressbourricot.com oder Taxi Nafarroa, Tel. 0033 (0)6 75 78 36 23, giteguill.lopepe@gmail.com, ab 15 €/Person inklusive Rucksack.

Tipps für die Ausrüstung

Was dabei sein sollte

- Schlafsack, der Jahreszeit entsprechend
- Regenschutz für Rucksack
- Regenkleidung
- evtl. Wanderstöcke
- gut eingelaufene Wander- oder Trekkingschuhe
- Trekkingsandalen oder andere leichte Schuhe
- Badeschlappen
- mindestens drei Paar Wandersocken
- bequeme, strapazierfähige Kleidung, der Jahreszeit angemessen
- Halstuch
- Kopfbedeckung
- Sonnenbrille
- Sonnenschutz (hoher Lichtschutzfaktor)
- Mikrofaserhandtuch
- Handwaschmittel
- Toilettenartikel
- Ohrenstöpsel (einer schnarcht immer!)
- Nähzeug
- Wäscheklammern oder Sicherheitsnadeln (zum Trocknen der Kleidung am Rucksack beim Gehen)
- Fotoapparat mit ausreichend Speicherkarten
- Taschenmesser
- evtl. Büchsenöffner / Taschenbesteck
- Taschen- oder Stirnlampe, Ersatzbatterien
- Wasserflasche 1–1½ Liter
- Mobiltelefon mit Ladekabel

Worauf man verzichten kann

- Zelt
- Campingkocher und Zubehör
- dicke Schmöker

Tipps für die Reiseapotheke

- Pflaster, spezielle Blasenpflaster, Leukoplast
- Desinfektionsmittel für Wunden
- antibiotische Salbe
- Schmerzmittel
- persönliche Medikamente
- evtl. Salbe für Sonnenbrand und Insektenstiche
- Mullbinde

Wichtige Dokumente

- Personalausweis oder Reisepass
- Pilgerausweis
- EHIC-Karte (European Health Insurance Card)
- EC- oder Kreditkarte sowie Notrufnummern zum Sperren

- *Per Auto:* Über die RN 102 von Clermont-Ferrand oder über die RN 88 von Lyon bzw. Toulouse. Le Puy-en-Velay ist 515 km von Paris, 134 km von Lyon und 290 km von Genf entfernt. Wer mit dem Auto anreist, kann das Fahrzeug in der Tiefgarage unter dem Place du Breuil in Le Puy-en-Velay parken. Das Parkhaus ist an Sonn- und Feiertagen geschlossen. Spezieller Tarif für Wanderer (»tarif spécial randonneur«): 7 Tage 22 €, 14 Tage 44 € und einen Monat 48 €. Information und Reservierung: Tel. 0033 (0)4 71 02 03 54.

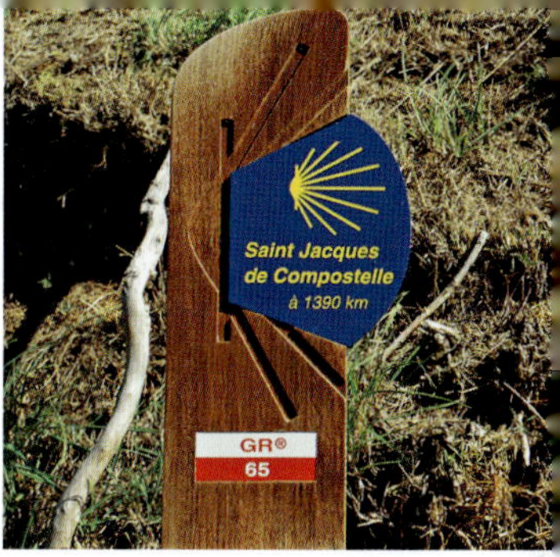

Die Via Podiensis ist hervorragend und eindeutig markiert.

Orientierung

Der Französische Jakobsweg ist durchgehend mit der weiß-roten GR-Markierung gekennzeichnet. Auf manchen Abschnitten sind zusätzliche blaue Schilder mit dem gelben Muschelsymbol angebracht oder Holzstelen und Wegweiser mit Ortschaften und Gehzeiten weisen den Weg. Der GR 65 ist gut gekennzeichnet, so dass ein Verlaufen kaum möglich ist. Nur bei Kreuzungen mit anderen Weitwanderwegen, die ebenfalls weiß-rot ausgewiesen sind, kann es zu Verwirrungen kommen. Auf nicht eindeutige Stellen wird in der Wanderbeschreibung hingewiesen.
Karten: IGN-Karten im Maßstab 1:100.000 (2011 neu aufgelegt und GPS-fähig), Nr. 154, 155, 156, 159, 161, 166, 168; 9,90 €.

Medizinische Versorgung

Namen und Adressen von behandelnden Ärzten können am besten in Apotheken, im Office de Tourisme oder in kleineren Orten im Rathaus erfragt werden. An Wochenenden oder abends sind die Adressen von Bereitschaftsärzten an der Apotheke angeschlagen. Hilfreich ist für EU-Angehörige die europäische Versicherungskarte EHIC. Allerdings bezahlt man in Frankreich den Arzt direkt in bar. Die Kosten für Behandlung und für Medikamente übernehmen die Krankenkassen bei Vorlage der Quittungen meist nur zum Teil. Auslandskrankenversicherungen decken in der Regel den Differenzbetrag ab. Die Apotheken am Jakobsweg sind sehr gut ausgestattet für die Bedürfnisse der Wanderer – von Blasenpflaster über spezielle Fuß- oder Kniebandagen und Sportsalben bis zu Ohropax.

Blasen

Wer auf dem Jakobsweg unterwegs ist, wird schon bald eine Abhandlung zur Vermeidung von Blasen und deren Behandlung abfassen können. Die Tipps und Erfahrungen jedes Wanderers sind unterschiedlich bis abenteuerlich. Die wirksamste Vorbeugung sind sicherlich gut eingelaufene Schuhe sowie ein nicht zu schwerer Rucksack. Als hilfreich erweisen sich auch Wandersocken ohne Nähte mit speziell gepolsterten Stellen. Während der Wanderpausen sollten Schuhe, Socken und Füße so gut als möglich gelüftet und getrocknet werden, denn Feuchtigkeit lässt die Haut aufquellen und Blasen können sich schneller bilden. Deshalb sind zwar Fußbäder in frischen Bächen angenehm, aber das Blasenrisiko steigt. Ob es hilfreich ist, die Füße mit einer speziellen Salbe mit Kräuterauszügen oder einer Hirschtalgsalbe einzureiben, ob zwei Paar Socken übereinander besser sind als nur ein Paar oder ob man die Socken über Feinstrümpfen trägt, muss jeder für sich selbst herausfinden. Achten Sie aber darauf, dass gerade im Sommer die Schuhe nicht zu fest geschnürt sind, damit sich der Fuß ausdehnen kann und so Scheuerstellen vermieden werden.

Die Techniken und Vorgehensweisen bei der Behandlung von Blasen sind eine Wissenschaft für sich. Sobald erste Scheuerstellen auftreten, sollten diese sofort abgeklebt werden mit Blasenpflaster, herkömmlichem Pflaster oder Leukoplast, um weitere Reibungen zu verhindern und eine Blase abzuwenden. Moderne Blasenpflaster können die Wundheilung fördern und den Druck von der Blase nehmen. Hierzu einfach nach der Anleitung verfahren und das Pflaster mehrere Tage auf der Stelle lassen, notfalls mit Leukoplast fixieren. Bei anhaltendem Schmerz oder einer Infektion sollte ein Arzt aufgesucht werden.

Bei sommerlicher Hitze zu wandern, ist eine Herausforderung und Belastung für den ganzen Körper. Häufiger treten bei einer solchen Belastung bei Pilgerinnen plötzlich rote Flecken oberhalb der Socken auf. Diese sind harmlos und verschwinden nach einigen Tagen. Es ist das Phänomen der Purpura d'Effort, unter Pilgern besser bekannt als Pilgerkrätze. In der Tat sind meist Frauen ab mittlerem Alter von der Purpura d'Effort betroffen. Diese Belastungsrötung entsteht durch eine hitzebedingte Fehlregulation der Hautvenolen. Abhilfe schafft Kühlung und ein Hochlagern der Beine.

Ernährung

Grundsätzlich gilt beim Wandern: viel Wasser trinken, insbesondere im Sommer und bei größerer Anstrengung. Das Pensum schwankt individuell stark, doch sind zwei Liter im Sommer bei einer mittleren Etappenlänge sicherlich eine untere Grenze. Denken Sie daran, stets einen ausreichenden Wasservorrat mit sich zu führen, auch wenn Brunnen oder Ortschaften in kurzer Entfernung aufeinanderfolgen. In vereinzelten Regionen, wie auf den wasserarmen Causses, liegen die Brunnen wie auch die Dörfer weit verstreut, sodass sich nur wenige Möglichkeiten ergeben, Proviant und Wasser aufzufüllen. Darauf wird in der Kurzinfo jeweils hingewiesen.

Trotz ausreichender Versorgung mit Restaurants oder Lebensmittelläden sollte man darauf achten, eine kleine Notreserve im Rucksack zu haben. Bewährt haben sich hier einfache Kekse, Brot, Riegel, Trockenfrüchte oder

Nüsse, um einen plötzlichen Leistungsabfall kompensieren zu können. Viele Restaurants oder Brasserien bieten einen relativ günstigen Mittagstisch, der meist aus einem einfachen dreigängigen Menü besteht. Am Abend haben die Restaurants meist ab 19.30 Uhr warme Gerichte, wobei die Preise hierfür je nach Region und eigenem Gusto sehr variieren können, aber durchschnittlich isst »Gott in Frankreich« etwas kostspieliger aber dafür auch qualitativ besser als in Deutschland.

Tagespensum

Die vorgeschlagenen Etappen orientieren sich an den Unterkunftsmöglichkeiten in den Herbergen und den Sehenswürdigkeiten und steuern nach Möglichkeit größere Orte mit einer gewissen Infrastruktur als Tagesziel an. Jeder Wanderer legt täglich ganz unterschiedliche Entfernungen zurück, so dass die vorliegende Einteilung lediglich einen Anhaltspunkt bietet. Am schönsten ist es, sich einfach nach Lust und Laune treiben lassen zu können, auf seinen Gehrhythmus zu achten und den Tag zu beenden, wenn die Beine schwer werden. Zu Beginn des Jakobsweges empfiehlt es sich, die Etappen eher kürzer zu wählen, damit sich der Körper und vor allem die Beine und Füße auf diese Belastung gut einstellen können.

Vierbeiner

Die lieben vierbeinigen Freunde, die uns auf dem Weg begleiten, können ein Problem bei der Wahl der Unterkunft darstellen. Nicht viele Gîtes d'Etape akzeptieren Hunde. Oft muss man auf spezielle Unterkünfte, die Chambres d'Hôtes, ausweichen. In den Beschreibungen wird darauf hingewiesen, wo Hunde auch mit aufgenommen werden. In ländlichen Regionen halten nahezu alle Haus- und Hofbesitzer Wachhunde, die in der Regel nicht frei laufen, sondern hinter dem Zaun lautstark ihren Unmut bekunden. Frei laufende Hunde sind eher selten anzutreffen.

Wer sich mit Esel, Maultier oder Pferd auf den Weg macht, sollte unbedingt entweder am jeweiligen Office de Tourisme nachfragen, bei welchen Herbergen auch Reittiere untergestellt werden können. Man kann sich auch von Herberge zu Herberge weiterfragen. Im Normalfall sind die Besitzer und Vermieter darüber informiert, wo sich die nächsten Möglichkeiten bieten, mit den Tieren unterzukommen. In der Kurzinfo wird beim jeweiligen Gîte mit dem Stichwort »Pferd« auf eine Unterstellmöglichkeit für Esel, Maultier und Pferd hingewiesen.

Unterwegs mit Vierbeinern.

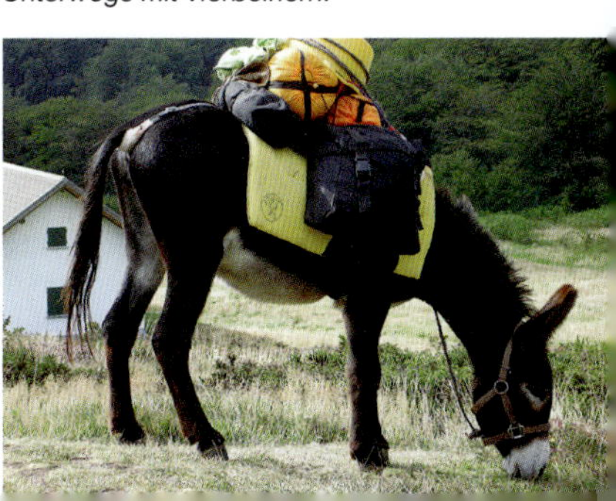

Informationen und Adressen

Bank

In der Regel sind die Banken wochentags von 9.00–12.00 und 14.00–17.00 Uhr geöffnet. Die meisten Banken sind mit einem Geldautomaten ausgestattet, der gängige Kredit- und EC-Karten akzeptiert. In größeren Geschäften und Orten kann man problemlos mit den Karten bezahlen, während in ländlichen Regionen genügend Bargeld benötigt wird. Bei Verlust oder Diebstahl sollte umgehend die rund um die Uhr besetzte Hotline angerufen werden, um die Karte sperren zu lassen.

Feiertage

1. Januar, Ostern (Sonntag und Montag), 1. Mai, 8. Mai (Waffenstillstand 1945), Pfingsten (Sonntag und Montag), 14. Juli (Nationalfeiertag), 15. August (Mariä Himmelfahrt), 1. November, 11. November (Waffenstillstand 1918), 25. Dezember. Darüber hinaus sind viele Geschäfte im August, dem Ferienmonat der Franzosen, geschlossen.

Bus- und Gepäcktransport

Der Gepäck- und Personentransport entlang des GR 65 und der Varianten ist sehr gut abgedeckt. Die Preise variieren je nach Länge der Strecke, sind aber bei den diversen Anbieter nahezu gleich. Am besten informiert man am Nachmittag das Transportunternehmen über die Anzahl der Personen und Gepäckstücke, die transportiert werden sollen. Die Bezahlung lässt sich meist über die Unterkunft abwickeln, im Durchschnitt kann man ab 10 € pro Rucksack pro Transport rechnen. Diese Auswahl an Unternehmen transportiert nicht nur Gepäck, sondern auch Pilger zwischen den Unterkünften:

- Express Bourricot, zwischen Moissac und Burgos, Tel. 0033 (0)6 61 96 04 76. www.expressbourricot.com
- Taxi de l'Ostibarret, zwischen Barcelonne-du-Gers und Roncesvalles, Tel. 0033 (0)5 59 65 76 05 und 0033 (0)6 30 53 85 52, www.taxi-ostibarret.fr
- Paty Services, entlang des gesamten GR 65, Tel. 0033 (0)4 71 57 59 32 und 0033 (0)6 18 63 62 52, www.paty43.com
- Taxi Le Montagnard, Le Puy bis Conques, Tel. 0033 (0)4 71 74 46 99 und 0033 (0)6 81 04 00 39
- La Malle Postale verbindet mit einem Shuttlebus zweimal täglich in der Saison Le Puy-en-Valey mit Conques und Figeac. Fahrt ab 35 €, www.lamallepostale.com, Tel. 0033 (0)4 71 04 21 79, 06 67 79 38 16
- Die Strecke Le Puy-en-Velay – Conques verbindet der Compostel'Bus in der Saison (Mai–Okt.) mit mehreren Zwischenstationen jeweils zweimal täglich, einmal in jede Fahrtrichtung. Preis für die längste Strecke 35 €, www.bus-chemin-compostelle.com, Tel. 0033 (0)4 71 02 43 23

Internet

In nahezu allen Herbergen, Hotels oder anderen Unterkünften ist WLAN verfügbar. Auch Bars, Cafés, Restaurants oder die Offices de Tourisme bieten diesen kostenlosen Service.

Ladenöffnungszeiten

Die Ladenöffnungszeiten variieren je nach Region. Die Kernzeiten sind 9.00–12.00 und 15.00–19.00 Uhr, wobei viele kleinere Geschäfte am Montag geschlossen bleiben. Allerdings hat stets mindestens eine Bäckerei im Ort geöffnet, auch sonntags. In zahlreichen kleinen Gemeinden kann man im »Tante-Emma-Laden« oft auch am Sonntagvormittag einkaufen.

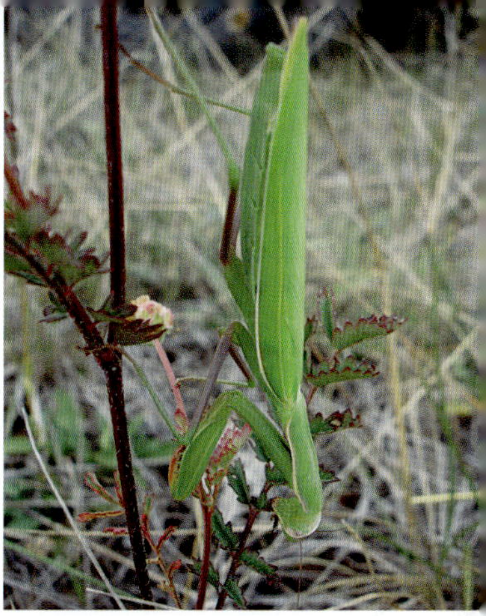

Ein »Pilger« der anderen Art: eine Gottesanbeterin.

Literaturtipps

Es gibt eine Fülle an Literatur zum Jakobsweg, von Erfahrungsberichten über Romane bis zu Pilgerführern und historischen Abhandlungen. Aber nur wenige Autoren befassen sich mit der Via Podiensis oder den Wegen durch Frankreich. Die meisten beziehen sich auf den Camino Francés in Spanien. Eine Auswahl deutschsprachiger Literatur:

- Andreas Drouve: Abenteuer Jakobswege in Frankreich. 2009. Bildband mit kunsthistorischen Erläuterungen, der Lust macht, sofort den Rucksack zu packen.
- Herbert Noack: Albtraum Jakobsweg. Mord auf der Via Podiensis. 2017. Hier ist der obligatorische Regionalkrimi zum Jakobsweg in Frankreich.
- Heinrich Wipper: Der Jakobsweg von Le Puy nach Cahors und zum Marienheiligtum von Rocamadour (Via Podiensis, Teil 1). 1992. Und: Der Jakobsweg von Cahors nach Roncesvalles (Via Podiensis, Teil 2). 2000. Pilgerführer mit historischen und kulturellen Hintergründen. Derzeit nur antiquarisch.
- Yves Bottineau: Der Weg der Jakobspilger. Geschichte, Kunst und Kultur der Wallfahrt nach Santiago de Compostela. 1997. Derzeit antiquarisch erhältlich.
- René Freund: Bis ans Ende der Welt – zu Fuß auf dem Jakobsweg. 2009. Erfahrungsbericht mit viel Humor.
- Roland Breitenbach: Lautlos wandert der Schatten. Auf dem Pilgerweg nach Santiago de Compostela. 2004. Erlebnisbericht eines Pfarrers, ab Le Puy.

Notrufnummern

- Europäische Notrufnummer: 112
- Polizei: 17; Feuerwehr: 18; Notarzt: 15

Pilgerausweis

Wer seinen Pilgerpass (Créanciale) nicht schon über die nationale Jakobusgesellschaft bezogen hat, kann ihn in Le Puy im Maison St-François, in der Rue St-Mayol nahe der Kathedrale, erwerben. In Santiago de Compostela wird die Wallfahrt auf der Basis der täglich abgestempelten Créanciale bestätigt. In Spanien ist dieser Pilgerausweis wichtig, um ein Bett in den Herbergen zu erhalten. Abgesehen davon ist er ein wichtiges Zeugnis der Pilgerschaft – ein Dokument, das den Besitzer als Jakobspilger ausweist, ein Dokument des Weges und der Erinnerung.

- Deutsche St. Jakobus-Gesellschaft e. V., Tempelhoferstr. 21, 52068 Aachen, Tel. 0049 (0)2 41 47 90 127
- Sankt Jakobus Bruderschaft zur Förderung der Pilgerbewegung nach Santiago, Stanganstr. 7, 2392 Sulz im Wienerwald, Österreich, Tel. 0043 (0)2 23 88 270
- Dachverband Jakobsweg Schweiz, Fliederweg 11, 3601 Thun, Tel. 0041 (0)3 36 55 04 00, admin@jakobsweg.ch, www.jakobsweg.ch
- Freunde des Jakobswegs der Schweiz, Schanzweg 5, 4132 Muttenz, Tel. 0041 (0)7 63 19 45 66, sekretariat.de@jakobusweg.ch, www.jakobusweg.ch

Post/Briefmarken

Die großen Postämter sind wochentags von 8.00–19.00 Uhr und samstags von 8.00–12.00 Uhr geöffnet. Kleinere Ämter schließen in der Mittagszeit von 12.00–14.00 Uhr und haben auch nur bis 16.00 Uhr geöffnet. Briefmarken innerhalb Europas für Postkarten und Briefe kosten 1,20 €. Briefmarken erhält man meist auch in Tabak- und Schreibwarenläden. Die Post nach Deutschland, Schweiz bzw. Österreich dauert zwischen drei Tagen und einer Woche.

Telefon

In Frankreich besteht zumindest ein noch existentes Netz an öffentlichen Telefonzellen, die allerdings fast ausschließlich mit Telefonkarten zu benutzen sind – Münztelefone gibt es so gut wie keine mehr. Die Telefonkarten, zu 50 oder 120 Einheiten, erhält man in den Tabak- und Schreibwarenläden sowie auf den Postämtern und in manchen Bars oder Cafés. Die Mehrzahl der französischen Telefonzellen bieten die in Deutschland unbekannte Möglichkeit, sich dort anrufen zu lassen. Diese Zellen haben als Symbol eine blaue Glocke. Die Nummer der Telefonzelle steht oberhalb des Apparates, wobei bei Anrufen aus dem Ausland die erste 0 weggelassen werden muss. Internationale Vorwahlnummern: Deutschland 0049; Frankreich 0033; Österreich 0043; Schweiz 0041; Spanien 0034.

Zum Apostelgrab am Ende der Welt

Die Legende vom Apostelgrab

Am Anfang steht die Legende vom Apostel Jakobus dem Älteren, Bruder des Evangelisten Johannes, der in Spanien missioniert haben soll – was wissenschaftlich nicht haltbar ist. Er habe nach seiner Rückkehr nach Jerusalem dort im Jahr 44 den Märtyrertod durch das Schwert erlitten. Sein Leichnam soll von Jüngern in ein Schiff gebettet worden sein, das von Engeln geleitet, in Galicien, wo er einst gepredigt hatte, an Land gespült worden sei. Ein adliger Anhänger des Apostels soll vom Anblick des ankommenden Schiffes so begeistert gewesen sein, dass er auf seinem Ross dem Schiff ins Meer entgegenritt und samt Pferd in den Wogen verschwand. Er wurde gerettet, war allerdings schon überall mit Muscheln bedeckt – den Jakobsmuscheln, dem Symbol des Jakobsweges. Dies wurde Jakobus als erstes Wunder zugeschrieben. Der Legende nach fand der Apostel seine letzte Ruhe im *campus stellaru*« (Sternenfeld) oder eher»*compostum* (Friedhof), dem späteren Santiago de Compostela.

Die Entdeckung des Grabes

Das Grab soll in Vergessenheit geraten sein und wurde erst um das Jahr 813 vom Eremiten Pelagius, geleitet von himmlischen Zeichen, wiederentdeckt. Die »Zufallsentdeckung« erfolgte gerade zu einer Zeit, in der Spanien seit 711 fast ganz von muslimischen Eroberern eingenommen worden war, bis auf wenige Regionen im Norden, wie dem Königreich Asturien. Das Grab des Apostels Jakobus (spanisch »Santiago«) kam der christlichen Kirche und Asturien sehr gelegen, um den Kampf gegen die Mauren zu legimitieren und vom christlichen Europa politische und wirtschaftliche Unterstützung zu erfahren. Im Jahre 844 erschien Santiago angeblich in der Schlacht bei Clavijo (La Rioja) und führte das christliche Heer zum Sieg über die Mauren. Der Apostel wurde von nun an als

Steine von Pilgern schmücken ein altes Wegkreuz.

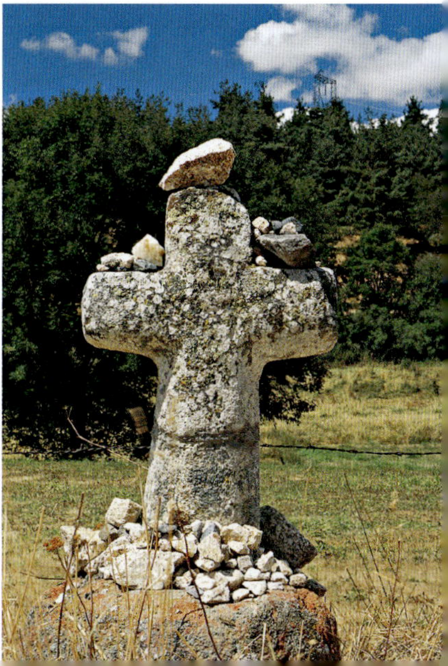

der »Maurentöter« (*matamoros*) dargestellt und zur spirituellen Symbolfigur der Reconquista, der christlichen Rückeroberung des maurischen Spanien. Sogar Karl dem Großen soll der Pilgerweg nach Santiago im Traum wie die funkelnde Milchstraße erschienen sein. Diese Vision führte zur Bezeichnung der Pilgerstraße als »Sternenweg« und der Spanienfeldzug Karls des Großen diente der Befreiung dieses Wegs von den Mauren. Die Entdeckung des Apostelgrabes war so sensationell, dass sie schon bald im gesamten Westen Europas bekannt wurde. Bald darauf begann auch das Pilgerwesen nach Compostela.

Die Anfänge

Pilger machen sich in der Regel dann auf den Weg, wenn ihnen von Wundern berichtet wird und an einem Grab Heilung zuteil werden soll. Seit dem 10. Jh. mehrten sich die Nachrichten von Pilgern, die von ihren körperlichen Gebrechen geheilt worden waren. Erster namentlich bezeugter Pilger von außerhalb der spanischen Halbinsel ist der Bischof Godeschalk von Le Puy, der Compostela in den Jahren 950/51 besucht haben soll. Auch der Herzog von Aquitanien und andere hochstehende Persönlichkeiten wie die hl. Brigitta von Schweden haben zur Verbreitung des Ansehens dieses Pilgerziels maßgeblich beigetragen. 1124 wurde Santiago zum Erzbistum erhoben und bereits 1138 entstand ein Sammelwerk zur Ehre und Verehrung des heiligen Jakobus, das *Liber Sancti Jacobi*, wahrscheinlich verfasst vom Mönch Aimeric Picaud. Unter anderem werden in dem Buch auch die Wege beschrieben, die die Pilger von Frankreich zum Apostelgrab führten. Somit kann das *Liber Sancti Jacobi* als einer der ersten Reiseführer des europäischen Mittelalters betrachtet werden. Zahlreiche Orte, die an den genannten Routen liegen, sind selbst Pilgerzentren, wie zum Beispiel Conques auf der Via Podiensis. Diese Orte sind im *Liber* als Stationen zum Apostelgrab aufgeführt und damit Compostela deutlich untergeordnet. So rückte Santiago de Compostela, das ganz am Ende der damals bekannten Welt lag, ins ideelle Zentrum.

Romanisches Juwel: Eglise de Perse.

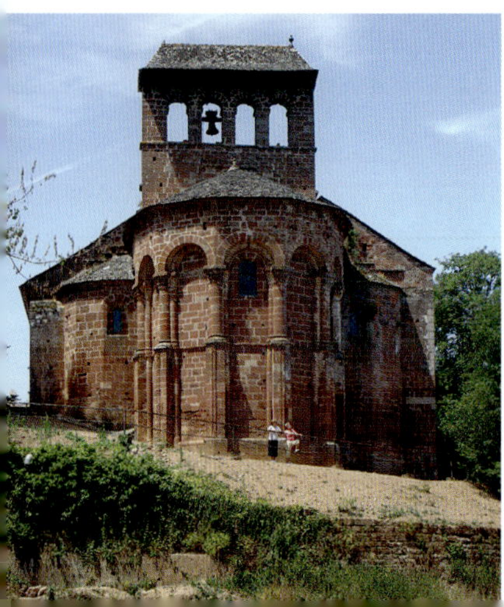

Blütezeit im Mittelalter

Die wachsende Mobilität der Gesellschaft ab dem 11. Jh., die Reconquista, die Reliquienfrömmigkeit und der Wunderglaube des mittelalterlichen Menschen führten zu einem raschen Anwachsen der Pilgerströme vor allem aus Frankreich, Deutschland oder England. Gerade aus Frankreich kamen die meisten Pilger, sodass der spanische Abschnitt des Pilgerwegs bald den Namen »Camino Francés« (französischer Weg) trug. Die Wallfahrt erlebte ihre Blütezeit zwischen dem 11. und 15. Jh. Der Jakobsweg wurde zum wichtigsten europäischen Pilgerweg und zählt seit dem 13. Jh. zu den *Peregrinationes Maiores*, den großen Pilgerzielen, wie Rom oder Jerusalem. Im Zuge dieser enormen Pilgerbewegung wurden befestigte Wege und Brücken neu angelegt. Herbergen, Hospitäler und Klöster schossen aus dem Boden. Diese intensive Bautätigkeit schuf einen ersten einheitlichen und charakteristischen gesamteuropäischen Baustil, die Romanik. Für Johann Wolfgang von Goethe ist die Pilgerbewegung entlang der Jakobswege sogar ein entscheidender Faktor zur Ausbildung einer gemeinsamen europäischen Identität: »Europa ist auf der Pilgerschaft geboren und das Christentum ist seine Muttersprache.« Dank der Wallfahrten erlebten die Königreiche Nordspaniens einen bedeutenden wirtschaftlichen Aufschwung, was nicht unwesentlich zum Sieg gegen die Mauren beitrug. Nicht umsonst wurde Santiago zum Retter in der Reconquista und der Schlachtruf der spanischen Eroberer der Neuen Welt lautete folgerichtig »Santiago!«.

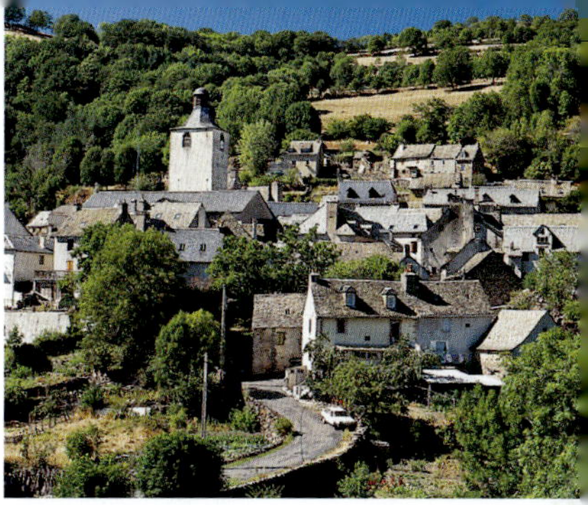

St-Chély-d'Aubrac.

Niedergang der Pilgerbewegung

Erste Krisenzeichen zeigten sich bereits im 15. Jh. als Folge einer neuzeitlichen Lebenseinstellung. Im 16. Jh. ließ die Pilgerbegeisterung durch die Reformation, dem Ende der Reconquista und vor allem aufgrund der unsicheren Zeiten nach. Der große Reformator Martin Luther zweifelte sehr an dem Pilgerwesen an sich und speziell am Apostelgrab: »man waißt nit ob sant Jacob oder ain todter hund oder ein todts roß da liegt...« In Frankreich wurden in den folgenden Jahrhunderten viele Kirchen, Klöster, Hospize und Brücken zuerst im 100-jährigen Krieg, dann in den Religionskriegen und schließlich natürlich in der Französischen Revolution teilweise oder gar ganz zerstört. So wird im Spätmittelalter und in der frühen Neuzeit die Pilgerfahrt mehr zum Abenteuer und zur Bildungsreise, hinter der die religiöse Komponente zurück tritt. Das Apostelgrab geriet in Vergessenheit, Santiago de Compostela versank in die Bedeutungslosigkeit und die Jakobswege verwahrlosten.

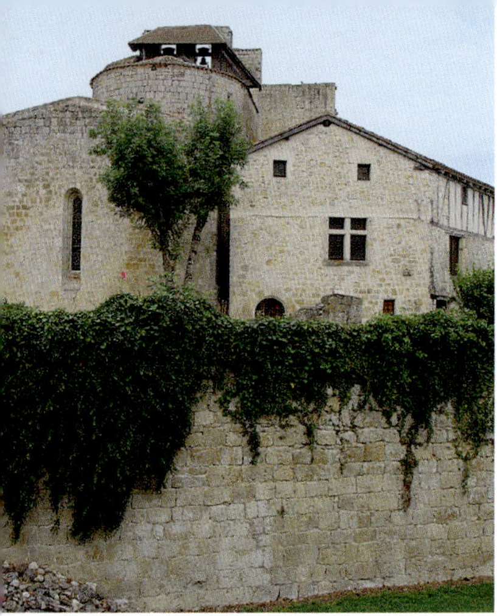

Larresingle, eine perfekte Bastide.

Renaissance der Jakobswege

Bei Grabungen in der Kathedrale von Santiago wurde das Grab des Apostels »wiederentdeckt« – man hatte nämlich vergessen, wo genau die Gebeine des verehrten Heiligen lagen. Sogleich wurden die gefundenen Knochen durch die päpstliche Bulle Leo XIII. als die des Heiligen Jakobs ausgewiesen. Sowohl die Ausgrabungen wie die folgende römische Untersuchung mit dem Ergebnis der Bestätigungsbulle sind umstritten, doch sie verhalfen der Pilgerfahrt zu neuem Leben. General Franco bestätigte auf seine Art die Richtigkeit des Jakobskultes, indem er den 25. Juli, den Jakobstag, zum spanischen Nationalfeiertag und den Heiligen zum Landespatron erklärte. Bereits seit 1122 ist jedes Jahr, indem der 25. Juli auf einen Sonntag fällt, ein Heiliges Compostelanisches Jahr. Ein Besuch des Grabes in diesem Heiligen Jahr bringt Ablass aller Sünden. Nur in diesen Jahren wird die *puerta del perdón* (Tor der Vergebung/Abbitte) oder *puerta santa* (Heiliges Tor), das Ostportal der Kathedrale von Santiago, geöffnet. Das nächste Heilige Jahr wird erst wieder 2021 sein. Wiederbelebt wurden die Pilgerwege seit 1985, nachdem Santiago de Compostela von der UNESCO zum Kulturerbe der Menschheit erklärt wurde. 1993 folgte dann der »Camino Francés« in Spanien und 1998 die vier Hauptwege in Frankreich. Um das Grab des Apostels Jakobus des Älteren zu besuchen, machen sich alljährlich wieder an die Zweihunderttausend auf den beschwerlichen Weg. Die meisten Pilger allerdings, die heute auf dem Jakobsweg unterwegs sind, gehen nicht aus strikt religiösen Gründen. Auf dem Jakobsweg treffen sich die unterschiedlichsten Menschen aus der ganzen Welt und er trägt seine Bezeichnung »Erste europäische Kulturstraße« zu Recht.

Pilgerherberge in St-Chèly d'Aubrac.

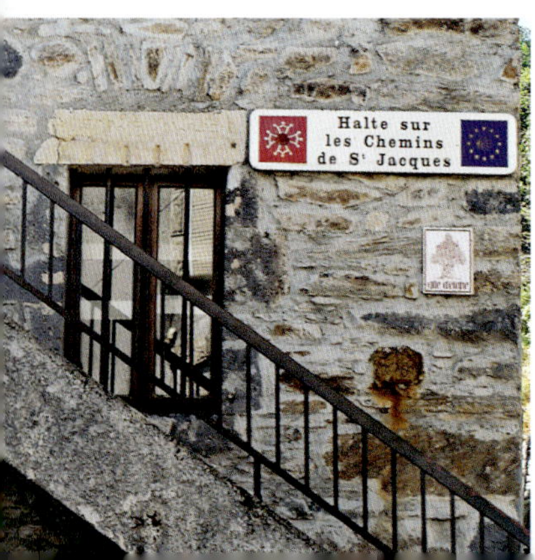

Die Via Podiensis

Bereits vor über zwanzig Jahren erlebte Frankreich einen Jakobswege-Boom, was einem echten Wunder gleichkommt, denn kaum ein Franzose wäre damals freiwillig mehr als 500 m zu Fuß gegangen, aber seither hat sich diesbezüglich viel verändert. Die historischen Routen wurden landesweit in das Fernwandernetz der *Grande Randonnée* integriert und die Via Podiensis einheitlich als GR 65 ausgeschildert. Besonders die »Via Podiensis«, die ihren Ausgang in Le Puy-en-Velay (lat. *Podium*) nimmt, gilt als Naturabenteuer, sportliche Herausforderung und kulturelles Highlight. Die Pilgerroute führt von Le Puy durch das Zentralmassiv über Conques nach St-Jean-Pied-de-Port. Vor der Pyrenäenüberquerung vereinigen sich in Ostabat die »Via Lemovicensis« von Vézelay über Limoges und die »Via Turonensis« von Paris über Tours mit der »Via Podiensis«, um dann über Roncevalles und weiter nach Pamplona zu führen. Lediglich die »Via Tolosana« zieht von Arles kommend über Toulouse zum Pyrenäenübergang am Col du Somport und mündet als »Camino Aragonés« erst nach Pamplona in den spanischen Hauptweg, den »Camino Francés«.

Landschaftlich ist die Via Podiensis einer der schönsten Jakobswege. Vielfältig und abwechslungsreich führt die Route durch die Vulkanlandschaften des südlichen Zentralmassivs, über die kargen Kalkhochflächen der Causses und dann durch den Gemüsegarten Frankreichs, entlang des Garonnetals, bis zu den grünen Hügeln des Pyrenäenvorlandes. Die Infrastruktur am GR 65 ist sehr gut und es stehen dem Wanderer zahlreiche Unterkünfte von einfachen Herbergen (Gîte d'Etape) bis zu Hotels zur Verfügung.

Vulkanlandschaft des Puech de Vermus.

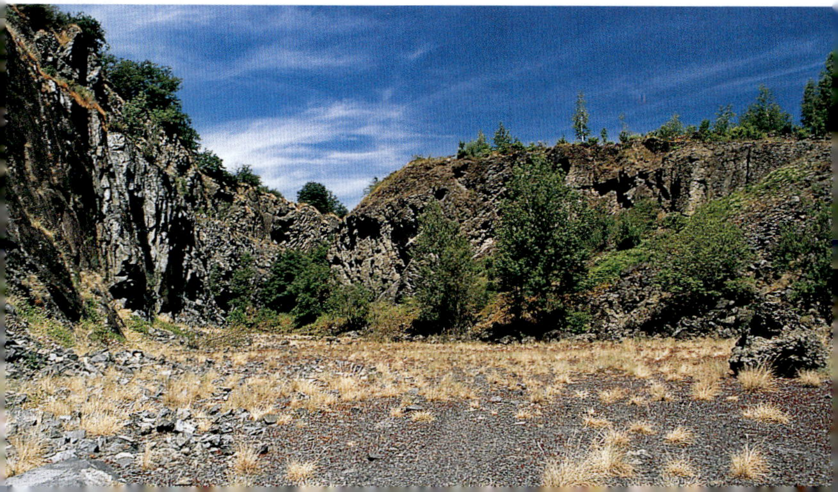

Das Velay

Das Landschaftsbild des Velay ist durch ein weitläufiges und unruhiges Relief gekennzeichnet, das von meterdicken Basaltdecken geprägt ist. Das nördliche Velay, die Heimat der berühmten Grünen Linsen rund um Le Puy-en-Velay, ist eine eher liebliche Gegend, überzogen mit Wiesen, Wäldern und Äckern. Im Westen wird die Region von der Schlucht des Allier begrenzt, der in den Cevennen entspringt. Der Fluss hat sich tief in die massiven Gesteinsschichten aus Graniten, Gneisen und Basaltdecken eingegraben. Er trennt die Hochebene der Margeride im Westen vom Velay im Osten ab. Der Oberlauf des Allier bahnt sich in immer schmäler werdenden Schluchten seinen Weg durch das südliche Velay. Selbst die kleine Landstraße, die D 585, kann dem immer engeren Taleinschnitt nicht mehr folgen. Nur noch die Bahnlinie Clermont–Nîmes läuft hier entlang des Flussbetts mit zahlreichen Tunneln und Brücken.
Eingebettet in die weiten Hochplateaus des südlichen Vulkangebietes der Auvergne liegt die bemerkenswerte Hauptstadt der Region Le Puy-en-Velay: reich an Legenden, Traditionen und sakralen Bauwerken. Der erste Blick auf Le Puy-en-Velay ist absolut verblüffend: Gekrönt von einer gigantischen roten Marienstatue und der Kapelle St. Michael, ragen die Basaltsäulen der Roche Corneille und der Aiguilhe keck über den Dächern der Stadt auf und verleihen Le Puy-en-Velay eine bizarre und unwirkliche Silhouette. Die Stadt ist seit dem 10. Jh. Sammelpunkt für die Jakobspilger, die dem Ruf ans Grab des Heiligen Apostels Jakob nach Santiago de Compostela über die Via Podiensis folgen. Ab Le Puy-en-Velay verläuft der Jakobsweg im Wechsel durch Weiden, Felder und Wälder. Auf diesen ersten beiden Wegabschnitten sind einige steilere An- und Abstiege zu bewältigen. Zunächst führt die Via Podiensis uns aus dem Becken, in dem Le Puy-en-Velay liegt, auf die landwirtschaftlich genutzten Hochebenen des Velay und zum bewaldeten Bergkamm der Mont Devès. Über einen längeren Abstieg geht es an den Rand der Allierschlucht und weiter durch Weiden und Wälder, zum Teil steil bergab, hinunter zum Flusslauf des Allier. Unmittelbar nach dem Abstieg führt der Weg aus dem Alliertal durch ein ausgedehntes Waldgebiet länger bergan auf die Hochfläche der Margeride.

Prächtige Fassade der Kathedrale von Le Puy.

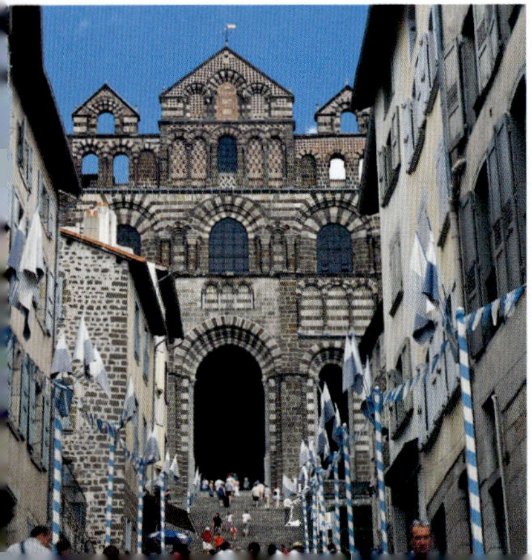

6.00 Std.
24,4 km

Le Puy-en-Velay – St-Privat-d'Allier 1

Herbergen: Le Puy-en-Velay (628 m, 22.010 EW): (1) St-Georges, Grand Séminaire, 4 Rue St-Georges, versch. Zimmer: 215 B/ÜF ab 18 €, Abendessen 12 €, Küche, geschl. Mitte Dez.–Anfang Jan., Tel. 04 71 09 93 10, grandseminaire43@live.fr. (2) Gîte, Accueil St-François, 6 Rue St-Mayol, 22 B/ÜF 19 €, Abendessen 12 €, Küche, ganzj., Tel. 04 71 05 98 86, 06 63 81 48 37. (3) Gîte des Capucins, 29 Rue des Capucins, 19 B/ab 18,50 €, Frühstück 8,50 €, Küche, kleiner Garten, dt., engl., ganzj., Tel. 04 71 04 28 74, contact@lescapucins.net. (4) Gîte Le Relais du Pèlerin St-Jacques, 28 Rue Cardinal de Polignac, 27 B., April–Okt., Spendenbasis, Tel. 04 71 09 43 92, 06 37 08 65 83. (5) Jugendherberge, Centre Pierre Cardinal, 9 Rue Jules Vallès, 50 B/15 €, Frühstück 4,50 €, Küche, Okt.–März, Sa./So. und Weihnachtszeit geschl., Tel. 04 71 05 52 40, auberge.jeunesse@lepuyenvelay.fr. (7) Gîte le Bellevue, 141 Allée des Hauts de Chastelvol, Tel. 04 71 05 73 04, jmbringer@free.fr, 1 Pers./38 €, 2 Pers./44 €, Frühstück 7 €, Küche, Schwimmbad. **Tallode** (930 m, 10 EW): Gîte/Chambre d'Hôtes Allègre, 14 B/ÜF 26 €, Abendessen, Pferd, ganzj., Tel. 04 71 03 17 78, 06 18 11 38 06, michel.allegre38@sfr.fr. **Montbonnet** (1100 m, 100 EW): (1) Gîte L'Escole, 15 B/14 €, Frühstück 5,50 €, HP 32 €, Küche, Pferd, keine Hunde, März–Okt., Tel. 04 71 57 51 03, 06 22 71 90 09, www.lescole.com. (2) Gîte d'Etape La Grange, Mme & M. Gentes, 4 B/15 €, Frühstück 5 €, Essen 13 €, Bettwäsche, April–Okt., Tel. 04 71 57 54 44, 06 20 74 47 43, christiangentes@orange.fr. **Faÿ** (975 m, <50 EW): (1) Gîte du Velay, 40 B/ab 13 €, Frühstück, Essen, Küche, ganzj., Tel. 04 71 02 71 60, 06 47 75 96 42, sylvetteetlaurent@grand-gite.fr. **St-Privat-d'Allier** (890 m, 414 EW): (1) Gîte La Cabourne, 47 B/HP ab 40 €, Küche, keine Hunde, engl., ganzj., Tel. 04 71 57 25 50, jereserve@sfr.fr, www.lacabourne.fr. (2) Gîte L'Abri du Jacquet, 15 B/ÜF 17 €, HP 30 €, Küche, ganzjährig, Tel. 04 71 07 53, 06 36 98 45 84, labridujacquet@gmail.com. (3) Gîte la Petite Place, 4 B/13 €, Küche, Mai–Sept., Tel. 04 71 57 23 95, 06 63 12 20 54, lise-agnes@hotmail.fr. (4) Gîte L'Eau Vive, Place de la Fontaine, 6 B/12,50 €, Frühstück 5,50 €, Essen ab 8 €, Küche, Tel. 04 71 02 15 04, 06 98 24 31 25, giteleauvive@gmail.com.

Die Strecke: Durch das Muschelsymbol und die weiß-roten Markierungen des GR 65 gut gekennzeichnet. Bis Montbonnet verläuft der Weg entlang von Straßen, auf kleinen Wirtschaftsstraßen, Feldwegen und Wanderpfaden durch Wiesen und Weiler mit teils steileren Anstiegen. Den letzten Streckenabschnitt legt man auf einem kleinen Wanderweg zunächst leicht ansteigend in die Monts Devès und später mit leichtem Gefälle auf Feldwegen und Pfaden nach St-Privat-d'Allier zurück. Variante über Bains (siehe unten).

Höhenunterschied: 600 m im Aufstieg, 350 m im Abstieg.

Kritische Stellen: Lediglich in der Altstadt von Le Puy-en-Velay ist eine erhöhte Aufmerksamkeit vonnöten, um die jedoch gut beschilderten und markierten Straßen des Pilgerweges zu finden.

Landschaft: Von der Metropole Le Puy-en-Velay im südlichen Zentralmassiv verlässt man das Tal der Borne in südwestlicher Richtung. Am Ortsende, mit Blick zurück auf Le Puy, quert man ein hügeliges und vulkanisch geprägtes Plateau, das nur spärlich bewaldet ist und vorwiegend landwirtschaftlich genutzt wird. Nach Montbonnet verläuft der GR über die Kette der bewaldeten Monts Devès, die auch vulkanischen Ursprungs sind, bis nach St-Privat-d'Allier.

Infrastruktur: Le Puy-en-Velay; St-Christophe-sur-Dolaison; Montbonnet; St-Privat-d'Allier; Variante: Bains.

Touristeninformation: OT, 2 Place du Clauzel, 43000 Le Puy-en-Velay, Tel. 04 71 09 38 41, info@ot-lepuyenvelay.fr, Juli/Aug. durchgehend geöffnet, ansonsten 12.00–13.30 Uhr geschlossen. Das OT hat viele nützliche Informationen zum GR 65 und zum Wandern/Pilgern allgemein.

Anmerkung: Die Mehrzahl der Pilger beginnt an einem Wochenende die Strecke in Le Puy-en-Velay, sodass in den Sommermonaten die Herbergen bzw. Gîtes d'Etape häufig belegt sein können. Aus diesem Grund ist es sehr ratsam, die Herbergen vorab zu reservieren oder unter der Woche ab Le Puy zu starten. Der Wegabschnitt bis Conques ist recht gut frequentiert, danach trifft man auf deutlich weniger Wanderer oder Pilger, sodass sich die Übernachtungssituation deutlich entspannt. In der Kathedrale findet täglich um 7 Uhr die Segnung der Pilger statt.

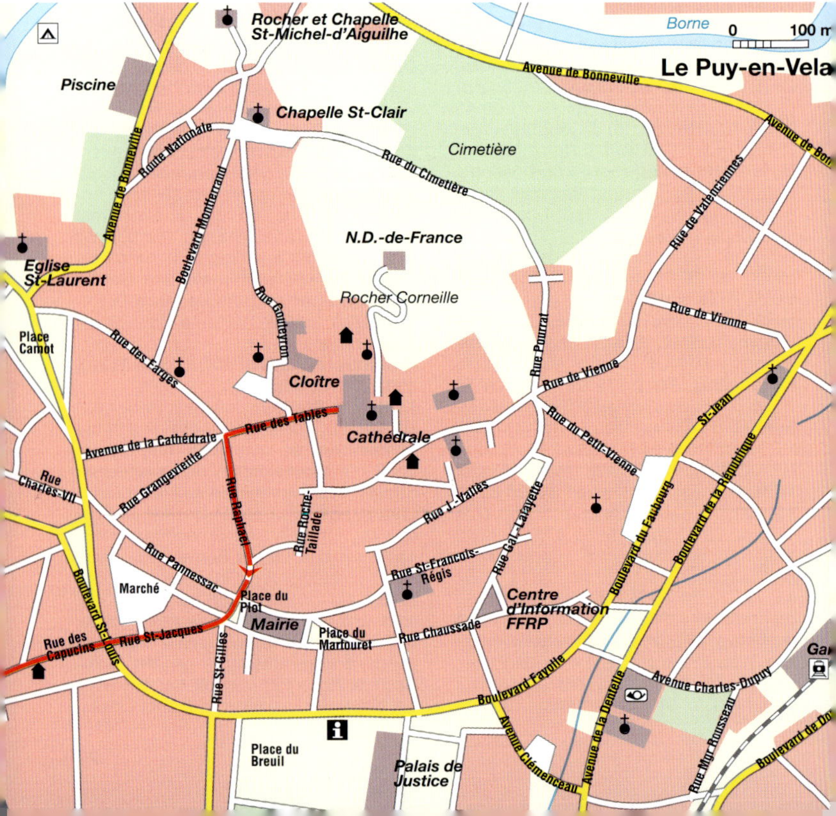

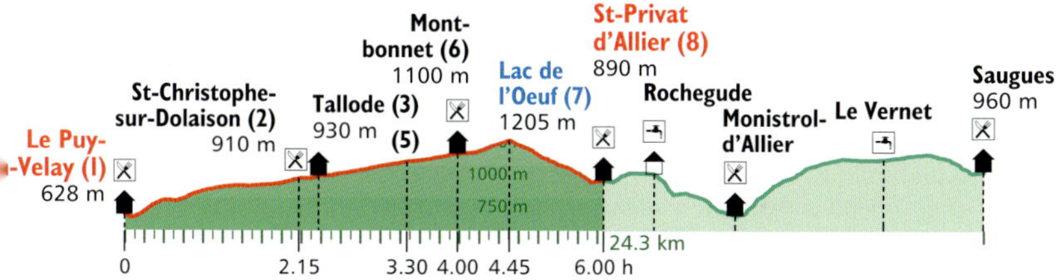

Der Beginn der Via Podiensis in **Le Puy-en-Velay (1)**, 628 m, ist kurios, denn nicht an der Kathedrale, sondern auf dem zentralen Marktplatz der Altstadt, am Place du Plot, nimmt die historische Pilgerroute auf dem Weg nach Santiago de Compostela ihren Ausgang. Dennoch ziehen Wanderer und Pilger in den Morgenstunden vom beeindruckenden Westtor der Kathedrale aus auf ihren beschwerlichen Weg, der zunächst steil bergab über Stufen und die Rue des Tables führt. Am Fontaine du Choriste geht es nach links durch die Rue Raphaël und die Rue Chênebouterie zum Place du Plot, dem ältesten Platz der Stadt mit einem Brunnen von 1246. Hier ist am Rathaus ein Schild mit den Jakobswegen in Südfrankreich angebracht, sowie die steinerne Tafel, die diesen Platz als Ausgangspunkt bezeichnet.

i *Eingebettet in die weiten Hochplateaus des südlichen Vulkangebietes der Auvergne liegt* ***Le Puy-en-Velay****, die Hauptstadt der Region Haute-Loire. Le Puy, das heißt übersetzt der Gipfel – eine Stadt, in der die Gassen und Stufen immer wieder steil bergan führen. Gekrönt von einer gigantischen roten Marienstatue und der Kapelle St. Michael recken sich die Basaltsäulen des Rocher Corneille und des Aiguilhe über die Dächer der Stadt und verleihen Le Puy eine einprägsame Silhouette. Der Mont Anis, das heutige Fundament der Kathedrale Notre-Dame, soll einst ein druidischer Kultplatz mit Dolmen und heiliger Quelle gewesen sein. Einer von starkem Fieber geplagten Witwe sei die Muttergottes erschienen, die ihr riet, auf dem heidnischen Druidenaltar zu übernachten und am nächsten Tag wachte sie völlig geheilt auf. Dieser Deckstein des Dolmens, der bekannte »Fieberstein«, der Pierre des Fièvres, lockte schon sehr früh große Pilgerscharen in die Stadt. Le Puy ist auch Sammelpunkt für die Jakobspilger, die seit dem 10. Jh. dem Ruf ans Grab des heiligen Apostels Jakob folgen. Hier beginnt die berühmte Via Podiensis, die die Pilger aus Deutschland, der Schweiz und Frankreich über die Pyrenäen bis ins ferne Santiago de Compostela führt.*

Ludwig der Heilige brachte 1254 vom Kreuzzug eine schwarze Madonna, die in der Kathedrale hoch verehrt wird, nach Le Puy. Im Zentrum der Stadt steht die ungewöhnliche ***Kathedrale Notre-Dame****, die im 11. Jh. als Station auf dem Weg nach Santiago de Compostela gebaut und in den folgenden Jahrhunderten laufend erweitert wurde. Die Kathedrale weist eine eigentümliche Mischung aus* *romanischem Baustil mit maurischen Elementen auf. Die Sakristei verbirgt einen ganz besonderen Schatz, die Theodulf-Bibel des gleichnamigen Bischofs von Orleans aus dem 8. Jh. Der herrliche romanische Vorbau, das* ***Porche du For*** *aus dem 12. Jh., besitzt das älteste gotische Gewölbe der Region, in dessen Wabenmustern und durchbrochenen Bögen sich der arabische Einfluss spiegelt. Der sehr stimmungsvolle* ***Kreuzgang*** *der Kathedrale gilt als einer der schönsten des christlichen Abendlandes. Die bunten Arkaden, verziert mit roten, weißen, schwarzen und ockerfarbenen Rautenmosaiken, entstammen verschiedenen Stilepochen. Die Kapitelle schmückt eine reiche Vielfalt von teilweise skurrilen und fratzenhaften Motiven. Vom Kreuzgang führt der Weg zum Gipfel des Rocher Corneille. Dort steht seit 1860 die rote Madonnenfigur der* ***Notre-Dame de France****. Der 16 m hohe Körper wurde aus dem Metall von über 200 Kanonen, einer Beute des Krimkrieges, gegossen. Aus ihrer Krone hat man bei gutem Wetter einen weiten Blick über die Stadt und die Hochebenen des Velay. Schmale Stufen führen zur* ***Kapelle St-Michel-d'Aiguilhe****, die dem Erzengel Michael geweiht ist. Das Hauptschiff mit seinem Gewölbe im frühromanischen Stil ist eine gelungene Lösung, um die*

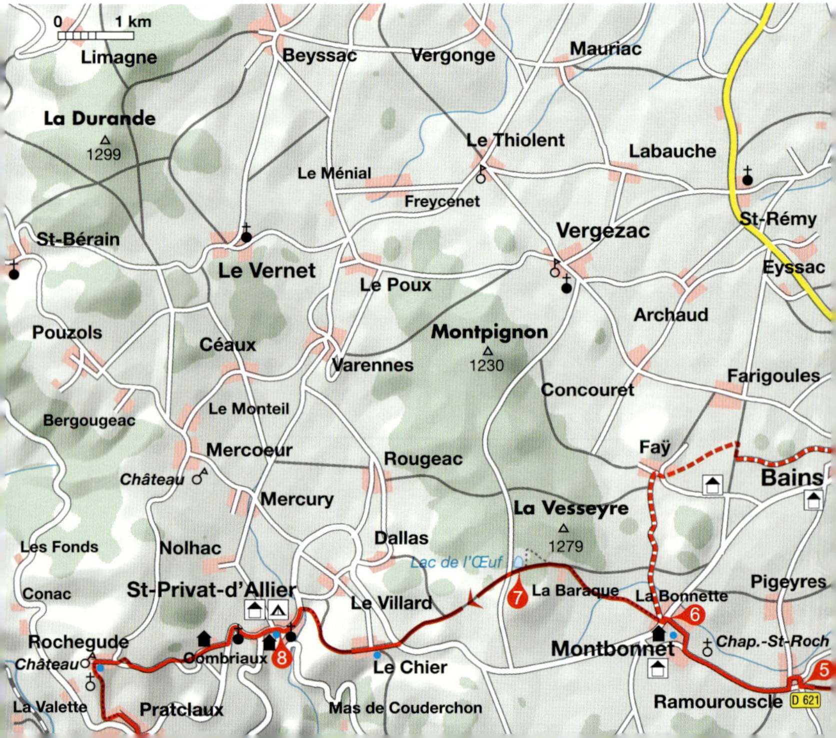

geringe Bodenfläche optimal auszunutzen. Ein romanisches Portal aus dem 10. und 11. Jh. umspannt die in Felsen gehauene Treppe, von der aus ein Rundweg um die Kirche führt.

Die Rue St-Jacques führt aus der Altstadt heraus, gegenüber der großen Ringstraße (Boulevard St-Louis) geht sie in die Rue des Capucins über. Gut erkennbar weist ein Kreuz aus dem 16. Jh., auf dem der hl. Jakob sowie ein Pilger dargestellt sind, auf die Vorstadt St-Jacques hin. Durch ein Wohngebiet verlassen wir Le Puy-en-Velay in südwestlicher Richtung bergan und folgen nach einer Rechtskurve der Rue de Compostelle an einem Tennisplatz vorbei bis zum Sportplatz. Hier geht es nach rechts auf einem Erdweg, der nach 200 m wieder auf die Straße einmündet, die weiter bergan auf eine Hochebene führt. Von hier aus kann man den Blick zurück schweifen lassen über die zu Füßen liegende Stadt mit dem charakteristischen Panorama, das von der Kathedrale und den Felsnadeln dominiert wird. Wir gehen einen breiten Weg nach links, der nach knapp 1 km zu einer Wegverzweigung

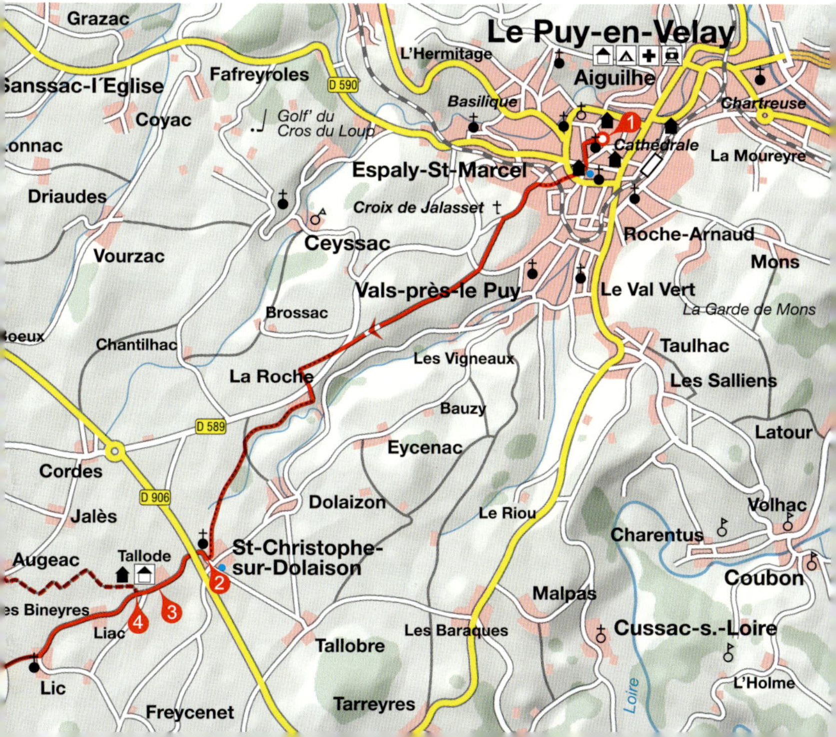

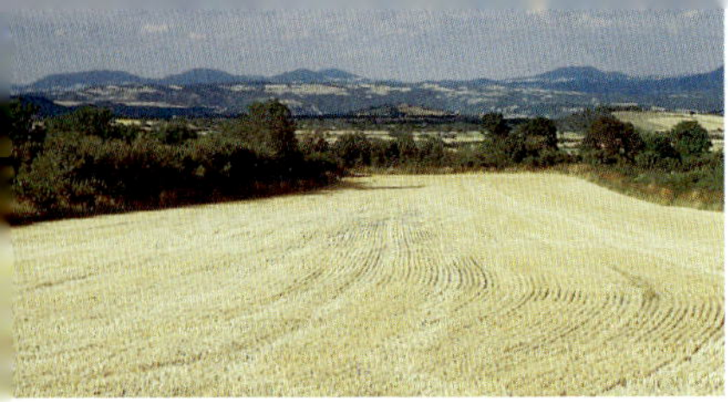

Blick auf die Vulkanketten des Velay.

führt, an der noch die Reste des **Croix de Jalasset** (1621) stehen. Hier nehmen wir den Weg nach rechts, am kleinen Vulkankegel Le Croustet, 892 m, vorbei. 2 km nach dem Croix de Jalasset kreuzt die D 589 unseren Weg. Wir queren sie und gehen auf einem Pfad durch die Wiesen weiter Richtung La Roche. An der nächsten Kreuzung nach links abzweigen auf einen geschotterten Wirtschaftsweg, der uns direkt nach **La Roche**, 872 m, bringt, das wir nach knapp 1.30 Std. erreichen. Im Ort queren wir nochmals die D 589 und gehen eine Dorfstraße entlang. Kurz bevor man wieder auf die D 589 gelangt, auf einen Pfad nach links abzweigen, der oberhalb der kleinen Schlucht des Bachlaufes der Roche verläuft. Der Jakobsweg hält sich nach rechts, durchstreift ein Wäldchen und führt an Wiesen vorbei. Entlang des Bachlaufs der Roche erreichen wir nach 45 Min. **St-Christophe-sur-Dolaison (2)**, 910 m.

i *Die kleine romanische Kirche aus dem 12. Jh. hat einen hübschen Glockenturm mit vier Arkaden und ist vollständig aus dem rötlichen Vulkangestein der Region errichtet. Im Ort kann man noch Reste eines Dorfbackhauses sehen, das mit Reisig beheizt wurde und in dem die Bewohner Brot oder Pasteten gebacken haben.*

An der Kirche und am Denkmal für die Gefallenen des Krieges vorbei geht es aus dem Ort hinaus. Nach dem Schloss aus dem 14. Jh. schlagen wir eine kleine Straße nach rechts bergab ein, die unter der D 906 hindurchführt. Kurz darauf zweigen wir an der Gabelung links ab und durchqueren den Weiler **Tallode (3)**, 930 m. Bald hinter dem Ort zweigt die **Variante (4)** nach Bains ab.

Variante (10 km/2.45 Std.)
Diese alternative Route trifft in Montbonnet wieder auf den GR 65. Nach dem Weiler Tallode verlässt man den GR 65 nach rechts auf einen Feldweg, der durch die Äcker und Felder verläuft. Gut 50 m nach dem Verlassen des GR halten wir nach links und folgen der Markierung weiter geradeaus. An einem breiteren Feldweg geht es nach rechts leicht ansteigend weiter bis zu einer Abzweigung, an der es nach links bis zum Ort Augeac weitergeht. Im Weiler nach links, vor dem Ortsende nach rechts orientieren. Rund 200 m später an einer Gabelung nach rechts halten. Dieser Weg trifft auf eine kleine Straße, der wir nach links bis nach **Bains** folgen. An der Kirche nach links der Rue Vergezac folgen und den Ort auf einem Feldweg verlassen. Man wandert links am Vulkankegel La Garde de Moutet, an einem Lavastrom und an einem Steinbruch (für Puzzolantuff) vorbei, den man links umgeht. Dann auf einen ansteigenden Weg nach rechts abbiegen und anschließend auf der

Ebene nach links den von niedrigen Mäuerchen flankierten Fahrweg entlang, der in einen größeren Weg bis nach **Faÿ** (Wasser bei Viehtränke) übergeht. Rund 50 m nach Faÿ verlassen wir den Weg nach links auf einen breiten Wirtschaftsweg, der geradeaus in Richtung Süden ansteigend nach **Montbonnet** führt. An der D 589 treffen wir in bzw. etwas nordöstlich von Montbonnet nach 2.45 Std. wieder auf den GR 65.

i *Die Variante über* ***Bains*** *ist ein Teilstück des historischen Verlaufs des Jakobsweges. Der Weiler Faÿ wurde bereits in den Aufzeichnungen der Templer im Jahre 1236 erwähnt. Der Ritterorden hatte es sich mit zur Aufgabe gemacht, die Pilgerwege nach Santiago de Compostela zu bewachen und die Pilger zu beschützen. Schon vor den Pilgerrouten durchzogen die Römer die »romanisierten« bzw. eroberten Gebiete mit Handelswegen, die durchaus auch militärischen Zwecken dienten. Ab Faÿ wandert man auf einem Teilstück der Via Bollena, die Toulouse mit Lyon verband.*
Die romanische Kirche des hl. Martial von Bains aus dem 12./13. Jh. wurde der mächtigen Abtei von Conques unterstellt (bis 1613) und war ursprünglich der hl. Fides (Ste-Foy) geweiht.

Nach dem Abzweig der Variante nach Bains wandern wir auf dem Hauptweg geradeaus nach Liac, das wir 30 Min. nach St-Christophe-sur-Dolaison passieren und weiter auf einem geschotterten Weg zum Gehöft Lic. Kurz nach dem letzten Haus nach rechts auf einen kleinen ebenfalls geschotterten Weg abbiegen, der wenig später eine Straße kreuzt. Weiter geradeaus bis nach **Ramourouscle (5)**, 1040 m (knapp 1 Std.). Am Ortseingang folgen wir der D 621 an einem Steinkreuz (datiert auf das Jahr 1631, auf der Rückseite Maria von einem Engel umgeben) für 200 m nach rechts. Im Ort zweigen wir nach links Richtung Montbonnet und nach wenigen Metern nochmals nach links auf eine kleine Straße ab. Knapp 100 m vor Montbonnet sehen wir rechts die Chapelle St-Roch mitten in einer Weide liegen.

i *Dieses kleine romanische Juwel aus dem 11. Jh. war ursprünglich St-Bonnet geweiht, dann St-Jacques und schlussendlich* ***St-Roch*** *(hl. Rochus), dem man auf der Via Podiensis noch häufig begegnen wird. Der hl. Rochus war von Geburt an wohlhabend. Er verteilte aber sein Vermögen unter den Armen und pflegte auf einer Pilgerreise nach Rom Pestkranke. Dabei wurde er selbst angesteckt. Daraufhin lebte er zurück-*

Chapelle St-Roch.

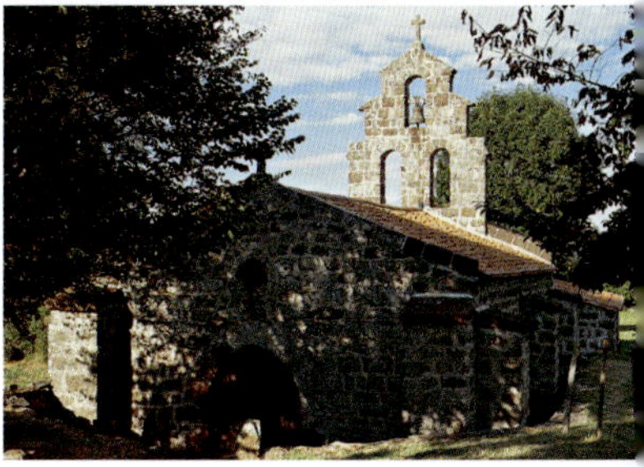

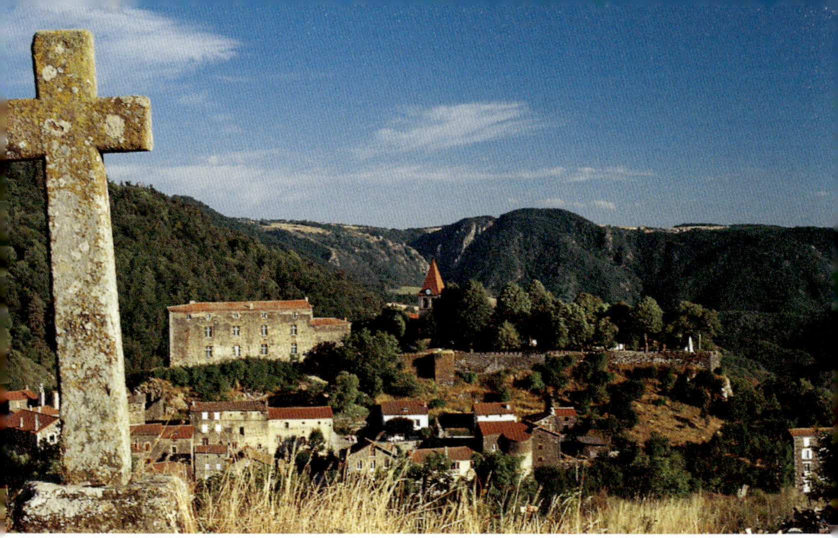

Hoch über dem Alliertal liegt St-Privat-d'Allier.

gezogen in einem Wald, wobei ihn ein Engel gepflegt haben soll und der Hund eines Edelmannes ihm Brot brachte, bis er wieder gesundete. Man findet ihn meist als Pilger dargestellt mit einem vorgestreckten Bein, auf dem eine Pestbeule zu sehen ist. Er zählt zu den Pestheiligen.

In **Montbonnet (6)**, 1100 m (gut 30 Min.), angekommen durchqueren wir den verschlafenen Ort der Markierung folgend nach rechts, bis wir die D 589 erreichen. Ihr folgt man 200 m nach links, um dann vor der Bar St-Jacques eine Gasse nach rechts einzuschlagen. Von hier ab verläuft der GR 65 bis zum Lac de l'Œuf gemeinsam mit dem GR 40 (Tour du Velay). Der Weg steigt am Bauernhof La Baraque vorbei und durch einen Wald an und wir erreichen das Hochmoor des kreisrunden ehemaligen Vulkansees **Lac de l'Œuf (7)**, 1205 m (45 Min.). Wir nehmen den Weg links um das moorige Gelände und stoßen nach etwa 100 m auf einen geteerten Forstweg, dem wir nach links für wenige Meter folgen und dann nach rechts auf einem Pfad verlassen. Es geht geradeaus bergab, über die D 589 hinweg in den Weiler Le Chier, 1034 m (Wasser bei Rathaus) hinein. Nach dem Ortsende zweigen wir an einer Gabelung nach rechts ab. Nach 500 m, bevor der Weg ansteigt, schlagen wir einen steinigen Pfad nach links ein, der zwischen kleinen Steinmauern verläuft. Wir gelangen weiter relativ steil bergab zur Mühle Piquemeule. Nach wenigen Metern erreichen wir dann die D 589 und unser Etappenziel **St-Privat-d'Allier (8)**, 890 m (1.15 Std.).

5.30 Std.
19,2 km

St-Privat-d'Allier – Saugues 2

Herbergen: **Combriaux** (920 m, <50 EW): Gîte L'Estaou, 13 B/15 €, Frühstück 5 €, HP 33 €, Zelten möglich, Tel. 04 71 09 58 91, 06 48 12 63 80, estaou@gmail.com. **Rochegude** (940 m, >30 EW): Gîte de Rochegude, 13 B/14 €, Frühstück 6 €, HP 33 €, Küche, ganzjährig, Tel. 06 33 70 48 10, 04 71 02 78 79, contact@gitederochegude.fr. **Pratclaux** (762 m, <50 EW): Gîte de la Ribeyre, 13 B/HP 34 €, keine Hunde, Pferde, März–Sept., Tel. 06 63 46 37 09, contact@gitedelaribeyre.com. **Monistrol-d'Allier** (619 m, 260 EW): (1) Centre d'accueil, 12 B/12 €, Frühstück 6 €, HP 31 €, Küche, März–Okt., Tel. 04 71 57 24 14, 06 29 85 26 76, camping.gite@laposte.net. (2) Gîte La Tsabone, 10 B/HP 18 €, Bettwäsche, Küche, Pferd, engl., März–Okt., Tel. 04 71 06 17 23, 06 15 15 38 39, latsabone@yahoo.fr. (3) Gîte Au Ricochet, Route du Gévaudan, 15 B/ÜF 20 €, HP 32 €, Tel. 06 59 07 70 66, auricochet@gmail.com. (4) Gîte Le Repos du Pèlerin, 9 B/HP 34 €, Pferd, März.–Nov., Tel. 04 71 57 23 57, 06 18 33 30 73, reposdupelerin@gmail.com. **Saugues** (960 m, 2013 EW): (1) Gîte communal, 8, Rue de la Margeride, 15 B/13 €, Küche, Ostern–Nov., Tel. 04 71 77 80 62, 06 65 15 04 32. (2) Centre d'accueil La Margeride, Rue des Tours Neuves, 40 B/16 €, Frühstück 6 €, HP 34 €, Küche, engl., keine Hunde, März–Okt., Tel. 04 71 77 60 97, www.lamargeride.com. (3) Gîte à la ferme, Rue des Roches, 6 B/HP 38 €, Mitte März–Okt., Pferde, Tel. 04 71 77 83 45. (4) Gîte Le Chalet du Pélerin, 70, Rue des Cimes, 6 B/HP 32 €, Pferd, dt., engl., Tel. 06 09 60 09 65, lechaletdupelerin@yahoo.fr. (5) Gîte du Bonheur, 14, Place St-Antoine, 6 B/16 €, Küche, keine Hunde, März.–Nov., Tel. 06 37 24 30 54, iolaviaga@yahoo.com.

Die Strecke: Gut markiert und auf z. T. steilen Pfaden und Wirtschaftswegen von St-Privat-d'Allier in die Allierschlucht und direkt bei Monistrol-d'Allier mit großer Steigung auf die Hochfläche der Margeride. Auf Feldwegen und Pfaden nach Saugues.

Höhenunterschied: 580 m im Aufstieg, 500 m im Abstieg.

Kritische Stellen: Die schmalen Pfade beim Abstieg in die Allierschlucht erfordern Trittsicherheit. Bei feuchtem Untergrund ist der Pfad glitschig. Dann besser von St-Privat-d'Allier nach Monistrol-d'Allier der D 589 folgen. Auch der kurze Aufstieg zwischen der Chapelle de la Madeleine und Escluzels ist bei Feuchtigkeit rutschig, Holzbohlen erleichtern das Gehen.

Landschaft: Das Alliertal ist die Schnittstelle zwischen dem vulkanisch überformten Velay im Osten und der westlich gelegenen Hochfläche der Margeride. Der Fluss hat sich hier tief in das Gestein gegraben. Die Margeride ist geprägt von Wäldern und weiten Heide- und Weideflächen, aus denen gelegentlich große abgerundete Granitfelsen ragen.

Infrastruktur: Combriaux; Rochegude; Pratclaux; Monistrol-d'Allier; Escluzels; Roziers; Montaure; Le Vernet; Saugues.

Touristeninformation: OT Saugues, 6, Cours Gervais, Tel. 04 71 77 71 38, www.haut-allier.com.

Anmerkung: Zwischen Monistrol-d'Allier und Saugues keine Einkehr- oder Einkaufsmöglichkeit, aber Trinkwasser-Brunnen in Pratclaux, Escluzels, Montaure und Le Vernet.

An der Durchgangsstraße, der D 589, zweigt im Zentrum von **St-Privat-d'Allier (1)** nach rechts eine bergan führende Straße ab, der wir aus dem Ort hinaus bis zu einer kleinen Anhöhe folgen, auf der drei Kreuze thronen. Hier sieht man, wie malerisch St-Privat auf einem Felssporn über dem Alliertal liegt. Die Straße geht über in einen Feldweg, der sich mit Asphalt abwechselt und über den Weiler Combriaux nach Rochegude führt. Der GR 65 zweigt dabei immer wieder von der Straße ab und benutzt teilweise schattige Wanderpfade, die manche Kurve abkürzen, oder führt an der Seite der kleinen Straße entlang. In **Rochegude (2)**, 940 m (50 Min.), sollte man nicht versäumen, der kleinen Chapelle St-Jacques einen Besuch abzustatten.

i *Die Kapelle war einst Teil einer Burg, von der lediglich ein Wehrturm die Wirren der verschiedenen Kriege und der Revolution überstanden hat. Die Anlage, datiert auf das Jahr 1328, markiert genau die Grenze zwischen dem Velay und der Margeride bzw. dem Gévaudan. Hoch über der Schlucht konnten Feinde sehr früh erspäht werden. Man genießt hier einen der imposantesten Ausblicke in das tiefe Alliertal und auf die gegenüberliegende Margeride.*

Unterhalb der Kapelle führt der Weg zwischen zwei Häuserruinen entlang. Der anfangs gute Pfad wird schnell steiniger sowie steiler. An dem ersten Abzweig orientieren wir uns nach rechts. Wir folgen dem Serpentinenpfad zwischen den Felsen durch den Wald, bis wir auf die D 301 einmünden, der wir kurz nach links folgen und dann gleich wieder einen Pfad nach links einschlagen. Wir erreichen nach wenigen Metern den Weiler **Pratclaux**, 770 m, den wir geradeaus durchwandern. Nach dem letzten Haus auf der linken Straßenseite biegen wir nach rechts auf einen Wiesenweg ab.

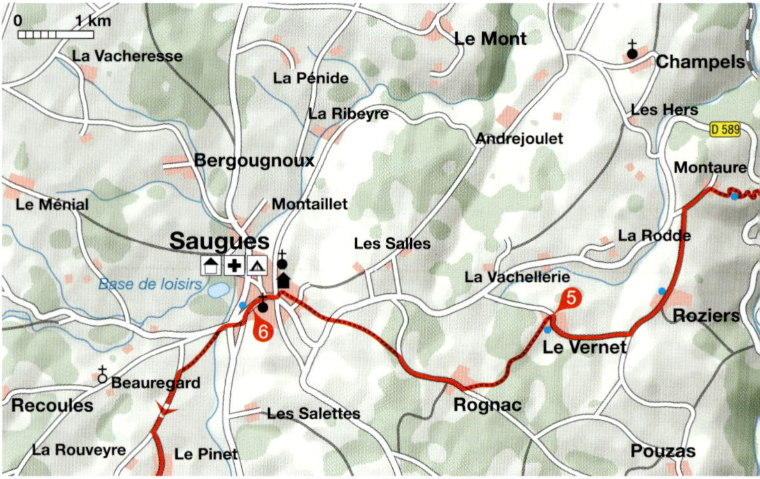

Die romanische Kirche des kleinen Orts Monistrol-d'Allier war einst der mächtigen Abtei La Chaise-Dieu unterstellt. Im vorderen Teil des Mittelschiffes befindet sich ein Kreuz aus dem 16. Jh. mit einem Abbild des hl. Jakobus oder einem Jakobsbruder, der mit einem Pilgerstab nach Santiago de Compostela im fernen Spanien unterwegs ist.

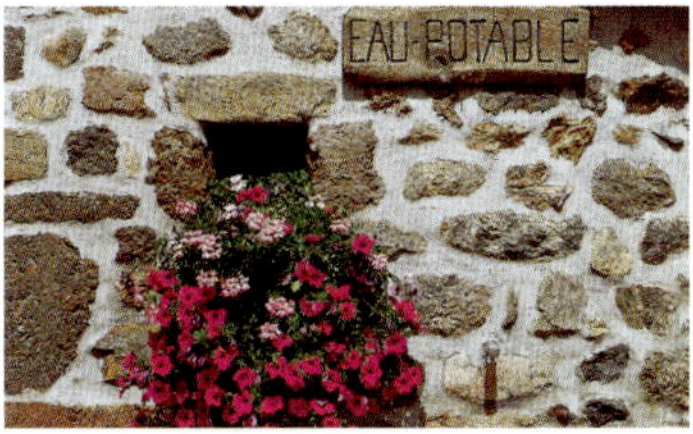

Schmucker Brunnen in Rochegude.

Wir überqueren die D 301 und folgen der kleinen gegenüberliegenden Straße am Gehöft La Guéronne vorbei. Danach zweigt ein Pfad nach links ab, der zweimal die Serpentinen der Straße abkürzt und dann bis zum Ortseingang von **Monistrol-d'Allier (3)**, 619 m (1 Std.), auf der Straße verläuft. Monistrol-d'Allier am Allier-Ufer bietet die letzte Möglichkeit vor Saugues (12 km), sich zu versorgen.

Wir gehen auf der Durchgangsstraße weiter Richtung Allier und queren den Fluss über eine Stahlbrücke. Weiter nach rechts entlang der Straße gut 200 m durch den Ort hindurch. Dann verlassen wir die Straße nach rechts auf einem kleinen Fahrweg, der bergab zu einer Mühle am Flüsschen Ance führt. Hier beginnt der steile, aber gut begehbare Anstieg auf die Hochebene der Margeride. Nach 800 m zweigen wir an einem hübschen Metallkreuz nach links ab und stehen vor der Chapelle de la Madeleine, die in eine kleine Grotte gebaut wurde, die wohl schon keltischen Völkern als Unterschlupf diente. Die Kapelle wurde bereits 1312 urkundlich erwähnt. Der Weg steigt am Hang hinauf zum Weiler Escluzels steil an. Ein Handlauf und mit Holzbohlen befestigte Treppen erleichtern den Aufstieg. Am Dorfeingang von **Escluzels (4)** biegen wir in eine Gasse nach rechts ein, an einer Tränke und einem Trinkwasserbrunnen vorbei. Eine kleine Straße führt bergauf aus dem Weiler hinaus, nach 800 m zweigt ein Pfad nach links ab, der die Straße abkürzt. Nachdem wir die D 589 gequert haben, windet sich der Wanderweg in

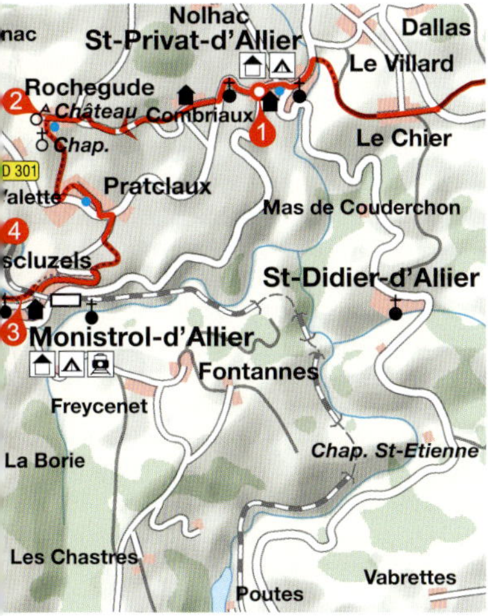

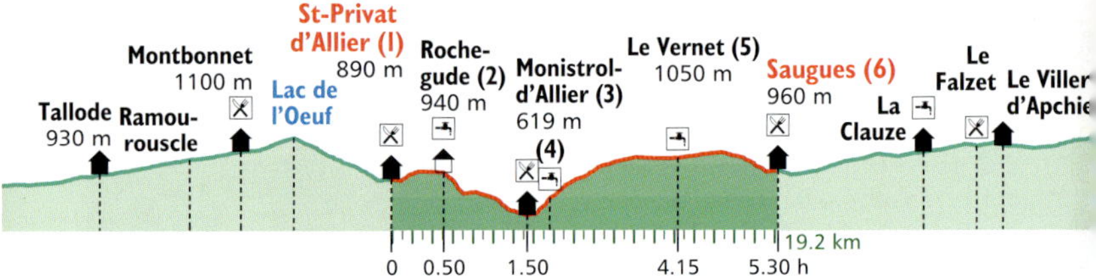

Serpentinen durch den Wald bergan, bis wir Montaure, 1022 m (1.25 Std.), erreichen. Jetzt haben wir den größten Anstieg hinter uns gelassen. In Montaure biegen wir auf eine Straße nach links ab, die wir 250 m nach dem Ortsende nach links auf einem Feldweg verlassen und so auf direktem Weg durch Wiesen und Weiden hindurch nach Roziers gelangen. Im Ort den geteerten Weg nach rechts einschlagen, an einem Brunnen vorbei; an einer Weggabelung gut 500 m weiter wenden wir uns rechts und wandern bis zum Weiler **Le Vernet (5)**, 1050 m (1 Std.). Wir gehen bis zu einem Brunnen, an dem wir nach links ansteigend abbiegen. An den letzten Häusern des Ortes, auf der Höhe eines Wegekreuzes, nach links in einen Feldweg abbiegen. Nach rund 700 m an einer Gabelung nach rechts, entlang den Weidezäunen. Vor Rognac geht der Weg in einen Pfad über, der je nach Witterung auch etwas matschig sein kann. In Rognac wenden wir uns nach rechts und gehen entlang einer kleinen Straße immer geradeaus. Auf der Höhe eines Hauses auf der linken Seite macht die Straße eine Rechtskurve. Wir nehmen geradeaus einen Pfad durch ein kleines Waldstück und Wiesen. Bevor er die D 589 quert, sieht man bei einer hölzernen Pilgerskulptur das Städtchen Saugues eingebettet in die sanft hügelige Landschaft im Tal liegen. Der Weg führt mit mittlerem Gefälle direkt auf **Saugues (6)**, 960 m, zu. Wir gehen an der Hauptdurchgangsstraße nach rechts und erreichen den Ortskern (1.15 Std.).

Eglise St-Médard, die Stadtkirche von Saugues.

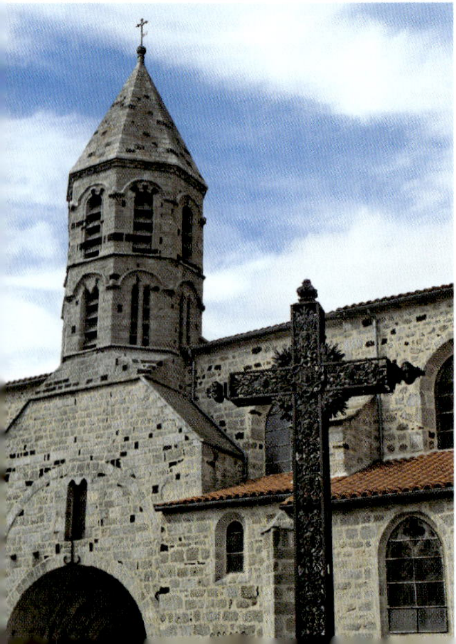

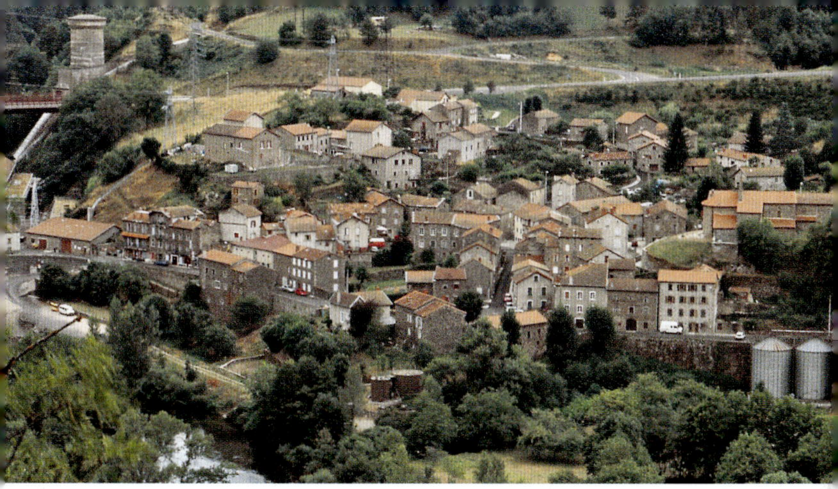

Monistrol-d'Allier schmiegt sich eng an den Flusslauf.

i *Das heute friedlich schlummernde Provinznest* ***Saugues*** *war einst ein Ort des Schreckens. Erste Berichte von einer wolfsähnlichen Bestie stammen aus dem Jahr 1764. Die* ***Bête du Gévaudan*** *soll vor allem wehrlose Frauen bei der Feldarbeit und Kinder angegriffen und innerhalb von drei Jahren über 100 Opfer gefunden haben. Viele Menschen trauten sich nicht mehr, nachts ihr Haus zu verlassen. Nach einem brutalen Angriff auf zwei Kinder suchte man beim König um Hilfe an. Ludwig XV. sandte daraufhin einen starken Truppenverband ins Gévaudan. Den Truppen gelang es nicht, die Bestie zu erlegen – sie verkleideten sich sogar als Frauen, um dem Untier eine leichte Beute vorzutäuschen. Mit der Zeit hörten die Überfälle auf und die Truppen kehrten wieder zurück. Und das Morden der Bête du Gévaudan begann erneut. Eine hohe Belohnung wurde ausgesetzt und mehrere 100 Wölfe dabei getötet, aber die Bestie konnte nicht erlegt werden. Einem Jäger soll es schließlich gelungen sein, das Untier mit einer Silberkugel direkt ins Herz zu töten. Wer oder was die Bestie tatsächlich war, ist aber nie geklärt worden. Die Geschichte der Bestie von Gévaudan ist jedoch kein reiner Mythos, sondern beruht auf nachweisbaren Tatsachen. Heute blickt das riesige aus Holz geschnitzte Untier von einer Anhöhe an der D 589 mit gefletschten Zähnen auf das Städtchen herab und man begegnet ihm im Musée Fantastique de la Bête du Gévaudan.*
Die ***Eglise St-Médard*** *ist eine schöne Kirche aus dem 13.–15. Jh., die noch in der Tradition der Romanik erbaut wurde und einen kleinen Kirchenschatz besitzt mit einer Madonna aus dem 12. Jh., einer Pietà aus dem 15. Jh. und drei Prozessionskreuzen aus Silber aus dem 15. und 16. Jh. Von der ehemaligen Burg aus dem 14. Jh. hat nur der Bergfried, der Tour des Anglais, die Zeiten überdauert. Heute beherbergt er das Heimatmuseum des Ortes und des Gévaudan.*

Die Margeride

Geografisch bildet die Margeride den Übergang zwischen dem Cantal-Vulkan und dem Aubrac-Massiv im Westen sowie der Region Haute-Loire im Osten. Die Margeride ist ein granitisches Mittelgebirge mit abgerundetem Relief. Dieser 60 km lange Gebirgszug blieb von der vulkanischen Tätigkeit des Zentralmassivs verschont. Ganz unvermittelt ragen durch Verwitterung abgerundete Granitfelsen aus dem Boden, die wie gigantische Murmeln über die Landschaft verstreut sind. Der Granit wurde als Baumaterial für die robusten Bauernhöfe und soliden Häuser des Hochplateaus verwendet, die so bestens dem rauen Winterklima und den warmen Sommern trotzen. Die Margeride überzieht ein Kleid aus Heide- und Weidelandschaften, auf der Wildnarzissen im Frühjahr den Hängen einen weißen Schleier verleihen. Ab etwa 1000 m Höhe werden die landwirtschaftlich nutzbaren Flächen von dichten Wäldern abgelöst, in denen die Kiefer vorherrscht.

Der Mont Mouchet ist mit 1497 m die höchste Erhebung in der Margeride und gleichzeitig ein bedeutendes Denkmal der französischen Geschichte. Während der deutschen Besatzung im Zweiten Weltkrieg befand sich hier das Hauptquartier der Résistance. Sie soll allein in der Margeride und im Cantal rund 11.000 aktive Mitglieder gehabt haben. Die Via Podiensis überschreitet diesen Höhenzug auf zwei Pässen, dem Croix du Fau und dem Col de l'Hospitalet.

Das Klima auf der Hochfläche der Margeride ist rau, häufig windig und kühler als im Velay. Das liegt zum einen an der durchschnittlichen Höhe von über 1000 m und zum anderen an den kräftigen Winden, die selbst im Sommer über die Weiden fegen. Der Jakobsweg führt in einem gemäßigten Auf und Ab durch landwirtschaftlich genutzte Senken und Ebenen sowie über zumeist bewaldete Kuppen. Hier wird der höchste Punkt der Via Podiensis am Col de l'Hospitalet, 1304 m, erreicht. Wanderunterkünfte sind eher rar, aber dennoch in ausreichender Distanz eingerichtet.

Die Landwirtschaft prägt das Bild der Margeride.

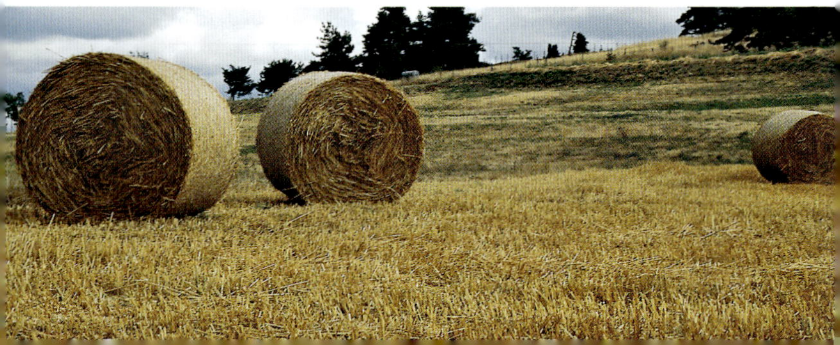

8.30 Std.
32,7 km

Saugues – St-Alban-sur-Limagnole 3

Herbergen: La Clauze (1095 m, >100 EW): (1) Gîte à la Ferme, Au Repos d'Antan, 5 Zi/HP ab 37 €, Bettwäsche, keine Hunde, April–Okt., Tel. 06 66 47 67 18, sonia.vidal@orange.fr. **Le Falzet** (1135 m): Gîte à la ferme Delcros, 7 B/15 €, Frühstück, HP 32 €, Lunchpakete, Bettwäsche, Küche, keine Hunde, engl.; März–Okt., Tel. 04 71 74 42 28. **Le-Villeret-d'Apchier** (1105 m, >100 EW): Auberge des 2 Pèlerins, 19 B/16 €, Frühstück, HP 35 €, Bettwäsche, Küche, Pferd, dt., April–Nov., Tel. 06 30 66 88 45, 06 07 28 06 44, www.aubergedes2pelerins.fr. **Chanaleilles** (1152 m, 228 EW): Gîte du Café du Pont, 20 B/ab 12 €, Frühstück, Küche, Pferd, April–Nov., Tel. 04 71 74 41 63, Nic.Richard@wanadoo.fr. **Le Sauvage** (1292 m): Gîte Domaine du Sauvage, 41 B/17 €, HP 35 €, Küche, Hofladen, Pferd, ganzj., Tel. 04 71 74 40 30, www.sauvage-en-gevaudan.fr. **La Roche-de-Lajo** (1184 m, 136 EW): Gîte La Bergerie de Compostelle, 500 m vom GR Richtung La Roche, 14 B/20 €, Frühstück 5 €, Essen 11 €, keine Hunde, Bettwäsche, Küche, Pferd, April–Okt., Tel. 06 79 69 85 11, francoiseastruc@yahoo.fr, www.bergerie-de-compostelle.fr. **Les Faux** (1127 m): Gîte L'Oustal de Parent, 1 km südl. vom GR, 19 B/14 €, Frühstück 8 €, HP 33 €, Küche, Pferd, dt., engl., April–Nov., Tel. 04 66 31 50 09, www.oustaldeparent.com. **Le Rouget** (1015 m): Gîte La Croix du Plô, 12 B/15 €, Frühstück, Küche, Pferd, ganzj., Tel. 04 66 31 53 51, 06 33 55 61 03. **St-Alban-sur-Limagnole** (950 m, 1650 EW): (1) Gîte Le Penote, 19, Route de Saugues, 4 B/15 €, Küche, keine Hunde, span., ganzj., Tel. 04 66 31 54 13, 06 88 24 51 32, cocojeanine@orange.fr. (2) Accueil La Maison du Pèlerin, 37, Grand Rue, 13 B/Spendenbasis, Essen mit der Familie, Pferd, dt., engl., April–Sept., Tel. 04 66 45 74 33, rai.connan@orange.fr. (3) Gîte L'Europe, 30, Grand Rue, 19 B/ab 15 €, Frühstück, Küche, ganzj., Tel. 04 66 31 15 82, lebardeleurope@orange.fr. (4) Gîte Antre Nous, 19, Rue de la Comète, 11 B/ab 17 €, Frühstück 5 €, Essen 10 €, ganzj., Tel. 06 38 02 38 33, gladys.michael@hotmail.fr. (5) Gîte Le Gévaudan, 38, Grand Rue, 12 B/13 €, HP 29 €, ganzj., Tel. 04 66 45 10 42, la-familiale@orange.fr. (6) Gîte Aux Amis das les Chemin, 34, Grand Rue, 8 B/Spendenbasis, ganzj., Tel. 06 21 64 39 51, b-rebasse@outlook.fr. (7) Gîte du Centre, 32, Grand Rue, 10 B/ab 13 €, HP ab 29 €, ganzj., Tel. 04 66 31 50 04, hotel.maury@orange.fr.

Die Strecke: Vor allem Feldwege und Pfade durch Weiden und Nadelmischwälder. Bei feuchter Witterung sind die Pfade häufig schlammig. Sehr gut mit den weiß-roten GR-Symbolen markiert. Kurze Abstecher in die etwas abseits liegenden Orte Chanaleilles, La Roche und Les Faux möglich (s. Beschreibung). Der Umweg über Le Sauvage kann auch ausgelassen werden indem man auf der D 587 bleibt.

Höhenunterschied: 480 m im Aufstieg, 500 m im Abstieg.

Kritische Stellen: Zu Verwechslungen kann es lediglich an dem Gut Le Sauvage kommen, da hier der ebenfalls weiß-rot markierte GR 4 abzweigt, sowie vor Le Rouget, wo der GR 4, Tour de la Margeride, nochmals abbiegt. Bei nasser Witterung kann der abschüssige Pfad durch den Wald vor Le Rouget glitschig sein.

Landschaft: Diese Etappe führt durch die einsamen Hochebenen der Margeride. Das rauhe Klima lässt hier nur Viehzucht landwirtschaftlich lohnend erscheinen. Häufig durchquert man kleine Waldstücke, die um Le Sauvage immer dichter werden. An der Chapelle St-Roch, an der Grenze der Departements Haute-Loire und Lozère gelegen, haben wir einen der höchsten Punkte des gesamten Französischen Jakobsweges erreicht – mit einem bezaubernden 180-Grad-Blick hinunter auf Lozère.

Infrastruktur: Le Falzet ; Le-Villeret-d'Apchier; Chanaleilles; Chazeaux; Le Sauvage; Col de L'Hospitalet; La Roche-de-Lajo; Les Faux; Le Rouget; Saint-Alban-sur-Limagnole. **Touristeninformation:** OT, St-Alban-sur-Limagnole, Rue de l'Hôpital, Tel. 04 66 31 57 01, www.ot-saint-alban-sur-limagnole.fr. **Anmerkung:** Auf der Strecke gibt es ausreichend Brunnen. Zwischen Saugues und Chanaleilles und dann bis St-Alban-sur-Limagnole keine Möglichkeit, Lebensmittel einzukaufen, nur kleine Bars/Rest. in den Orten etwas abseits vom Weg.

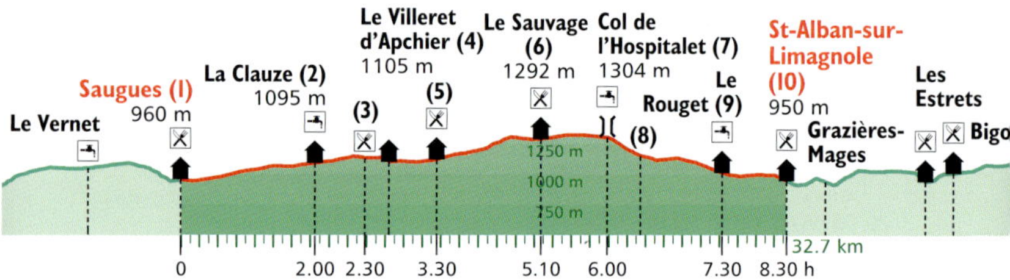

Auf dem GR 65, der in südwestlicher Richtung auf der Durchgangsstraße verläuft, durchqueren wir **Saugues (1)**. Kurz vor dem Ortsende gehen wir an einer Gabelung nach rechts auf die D 33 und über das Flüsschen Seuge, dann weiter bis zu einer überdimensionierten Pilgerstatue aus Holz. Hier zweigen wir nach links in eine kleine Straße ein, die an einem Neubaugebiet vorbei führt ab.Die Straße geht über in einen Feldweg, mündet dann nach links wieder auf eine kleine Straße, die uns bis Le Pinet, 1005 m, bringt. Wir durchwandern den Weiler geradeaus und gehen dann am letzten Haus nach rechts auf einen breiten Feld- und Waldweg, der uns ohne Abzweigungen bis nach **La Clauze (2)**, 1095 m (2 Std.), führt.

i *Dieser kleine verschlafene Ort der Margeride beherbergte ab dem 12. Jh. ein Adelsgeschlecht, von deren mächtiger Burg nur der achteckige Turm auf einem Granitfelsen die Wirren des Hundertjährigen Krieges sowie der Religionskriege überstanden hat. Die trutzigen Häuser des Dorfes sind aus mächtigen Granitblöcken errichtet und die Dächer mit Steinschindeln gedeckt. Im Ort ist ein sogenannter »travail« zu sehen, eine Vorrichtung, die beim Beschlagen der Pferde und Esel zum Einsatz kam.*

Der Jakobsweg führt auf einer kleinen Straße – am Turm der ehemaligen Burg vorbei – aus dem Weiler hinaus und mit sanftem Anstieg bis nach **Le Falzet (3)**, 1135 m (gut 30 Min.), hinauf. Zunächst bleiben wir auf der Asphaltstraße, biegen dann aber nach dem Ortsende nach rechts in einen Feldweg ab, der uns nach gut 1 km nach **Le-Villeret-d'Apchier (4)**, 1105 m (1 Std.), bringt.

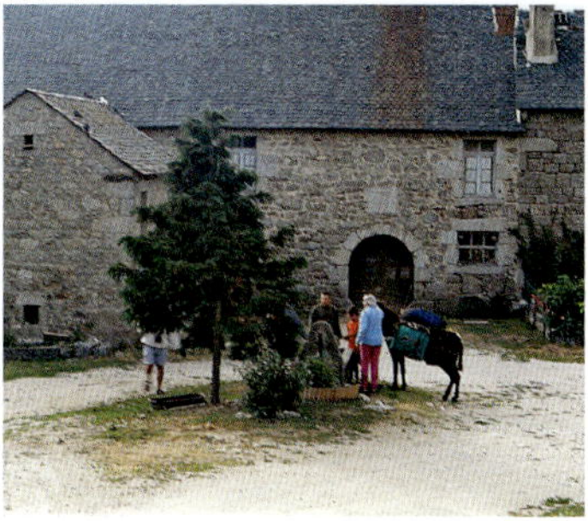

Le Sauvage: vor der Herberge ...

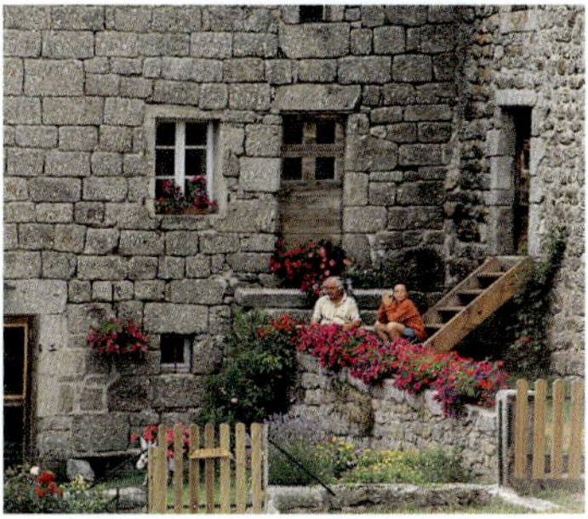

... und im blumengeschmückten Hof.

Im Ort befindet sich eine kleine Quelle, die dem hl. Petrus geweiht ist. Ihm werden auch die zahlreichen Wunderheilungen zugeschrieben, die diese Quelle bewirkt haben soll. An einem kleinen Steinbruch an der D 587 kann man im granitischen Ausgangsgestein einen kleinen »Dyke«, einen Basaltschlot vulkanischen Ursprungs, sehen.

Im Ort kreuzt der GR 65 die D 587. Der geschotterte Feldweg fällt bergab zur Virlange, die wir überqueren. Der Weg verläuft nach rechts leicht ansteigend und nach knapp 500 m nach rechts durch ein kleines Waldstück. Weiter geht es entlang des Bachlaufes und unter Hochspannungsleitungen zum Gehöft **Contaldès (5)**, 1124 m. Von Contaldès kann man einen kleinen Abstecher nach rechts zum Weiler **Chanaleilles** machen. Der Weg geht weiter geradeaus bis zum Weiler Chazeaux, 1152 m (45 Min.).

Im Ort orientieren wir uns nach links. Nach dem Ortsende überqueren wir eine kleine Straße und zweigen an einer Weggabelung wiederum nach links ab. Dieser Feldweg führt uns bergan auf einen Nadelwald zu. Wir durchqueren dem Muschelsymbol folgend das Waldstück, wobei wir zweimal kleine Tore passieren, und treffen am Waldrand auf eine Variante des GR 4. Hier geht es nach rechts weiter über die Weiden, die bereits zum Gut **Le Sauvage (6)** gehören. Wir halten auf die mächtigen Gebäude des Hofes zu, die wir nach 1.40 Std. erreichen.

*Mitten in der unwirtlichen Margeride wirkt die **Domaine du Sauvage** wie eine Trutzburg gegen die Unbill der Witterung und zum Schutze der Pilger und Wanderer. Wörtlich bedeutet »Sauvage« Wildnis – das Gut wurde vom Orden der Templer in dieser Einöde zu Beginn des 13. Jh. errichtet. Die mächtigen Granitquader und die Größe des Anwesens beeindrucken noch heute, so dass man sich hinter diesem Mauerwerk sicher und geborgen fühlt. Heute ist Le Sauvage Eigentum des Departements Haute-Loire und wird landwirtschaftlich und als Pilgerherberge genutzt.*

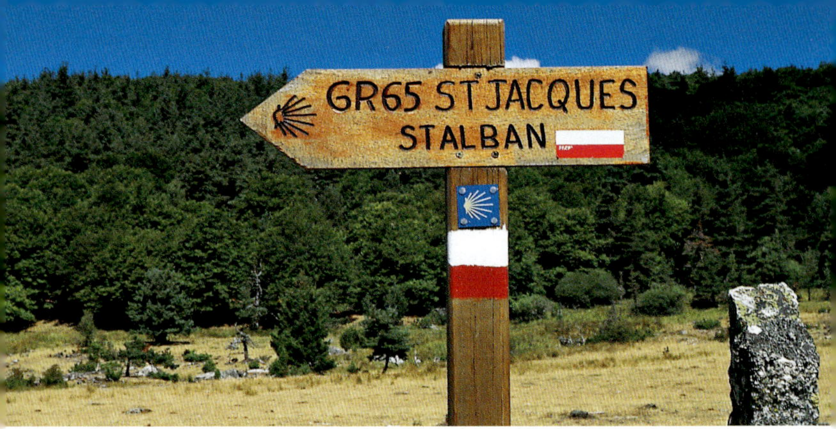

Typischer Wegweiser mit Muschelsymbol auf der Via Podiensis.

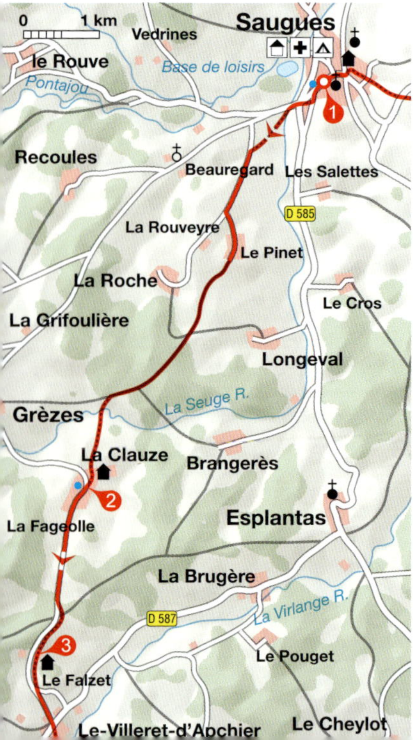

Hinter Le Sauvage geht der GR 65 nach rechts an der Pferdekoppel vorbei und um den Fischteich herum auf den Wald zu. Hier zweigen wir nach rechts auf einen breiten Waldweg ab, der uns am **Col de l'Hospitalet (7)**, 1304 m, wieder auf die D 587 zurück bringt. Hier befindet sich die Quelle des hl. Rochus.

i *Der Pestheilige vermag bei vielerlei Leiden hilfreich zur Seite zu stehen – diese Quelle soll bei Augenkrankheiten und offenen Wunden helfen. Der Name der Passhöhe (Hospitalet) verweist auf ein Hospiz, dass hier von den Templern unterhalten wurde, allerdings ist nur noch die Quelle übrig geblieben.*

Weiter geht es nach links gut 700 m an der Straße entlang bis zur modernen **Chapelle St-Roch**, 1280 m (50 Min., Wasser), die 1901 an der Departementsgrenze zwischen Haut-Loire und Lozère erbaut wurde und an das ehemalige Hospiz von 1198

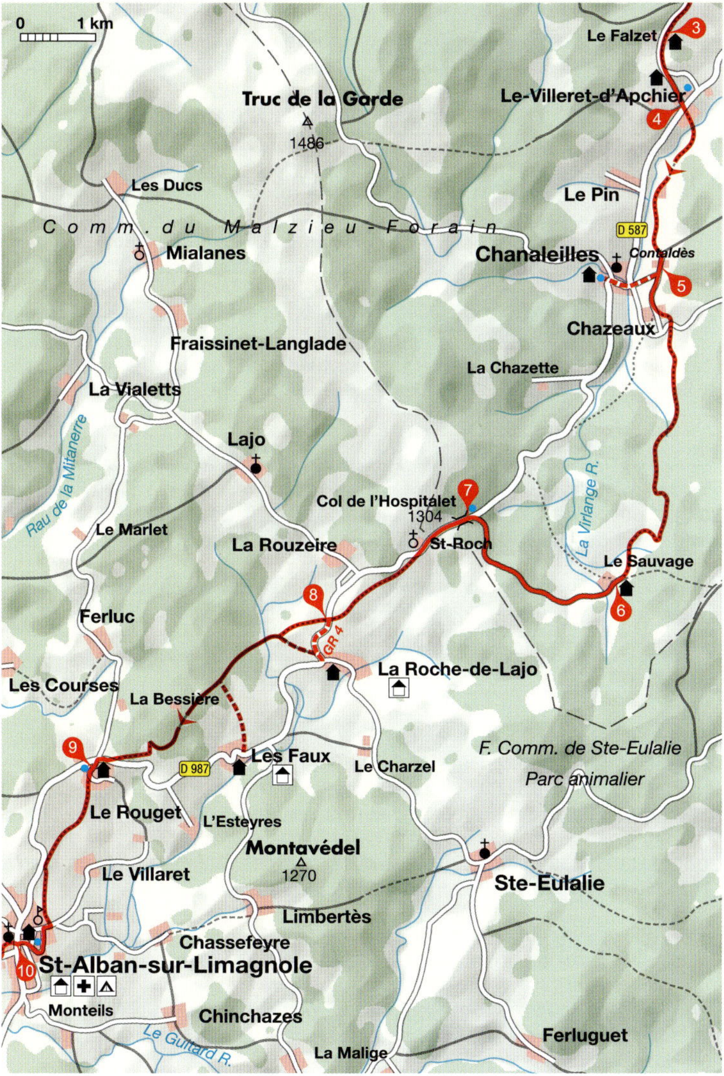
0 1 km
Le Falzet
Le-Villeret-d'Apchier
Truc de la Garde
1486
Les Ducs
Le Pin
Comm. du Malzieu-Forain
D 587
Chanaleilles
Contaldès
Mialanes
Chazeaux
Fraissinet-Langlade
La Chazette
La Vialetts
Rau de la Mitanerre
Lajo
La Virlange R.
Col de l'Hospitalet
1304
St-Roch
Le Marlet
La Rouzeire
Le Sauvage
Ferluc
GR 4
La Roche-de-Lajo
Les Courses
La Bessière
F. Comm. de Ste-Eulalie
Les Faux
Le Charzel
Parc animalier
D 987
Le Rouget
L'Esteyres
Montavédel
1270
Le Villaret
Ste-Eulalie
Limbertès
Chassefeyre
St-Alban-sur-Limagnole
Monteils
Chinchazes
Le Guitard R.
La Malige
Ferluguet

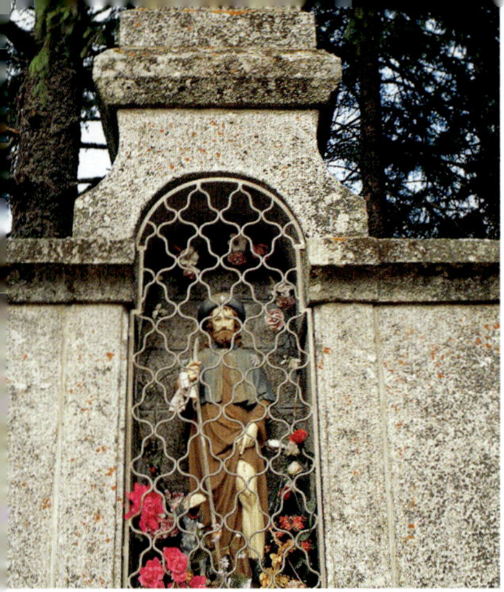

Quelle des Pestheiligen St-Roch.

erinnern soll. Etwa 200 m nach der Kapelle geht ein breiter Wald- und Wiesenweg nach links mit mäßigem Gefälle von der Straße ab, die wir nach gut 1,5 km geradeaus queren. Der Weg wird von Weidezäunen gesäumt und trifft nach 700 m auf den **GR 4 (8)**. Hier könnte man dem GR 4 nach links folgen und so zum Weiler La Roche (bzw. zur Gîte) gelangen. Der Jakobsweg führt aber geradeaus über den Bachlauf des Gazamas in den Wald hinein und weiter bergab. Nach gut 500 m ginge es links auf einer Variante des GR nach Les Faux. Kurz darauf zweigt nach rechts nochmals der GR 4 ab. Wir gehen geradeaus auf dem Waldpfad, der nun etwas steiler und steiniger wird. Vor Le Rouget mündet der Pfad an einer Tränke/Brunnen auf die D 987, die wir schräg nach links in den Weiler hinein queren. **Le Rouget (9)**, 1015 m (1.30 Std.), durchwandern wir in südliche Richtung.

i *Der Weiler **Le Rouget** zeugt schon von einem ganz anderen Charakter als die dunkelgrauen Häuser der Margeride. Hier bestimmt ein warmer Rotton die Häuserfassaden, die aus dem anstehenden rötlichen Buntsandstein errichtet wurden. Auch in der Umgebung sowie in St-Alban-sur-Limagnole ist es der vorherrschende Baustein.*

Die Dorfstraße geht in einen Wirtschaftsweg über, der unter Hochspannungsleitungen hindurch führt. An einer Weggabelung folgen wir dem rechten Pfad, der an der D 987 endet. Hier biegen wir auf eine Straße nach links ein, die uns durch ein Neubaugebiet und am psychiatrischen Krankenhaus (ehemaliges Schloss) vorbei führt. Wir gelangen auf die Durchgangsstraße und erreichen das Zentrum des geschäftigen Ortes **St-Alban-sur-Limagnole (10)**, 950 m (1 Std.).

i *Die Kirche von **St-Alban-sur-Limagnole** ist, wie der Name verrät, dem hl. Albanus geweiht, der als erster Märtyrer Englands gilt. Die im Ursprung romanische Kirche aus dem 11. Jh. erfuhr im Laufe der Zeit zahlreiche bauliche Veränderungen, wie zum Beispiel die Arkaden über der Vierung anstelle eines Glockenturms. Das schlichte Kirchenschiff wird im Inneren von einem spitzbogigen Tonnengewölbe überspannt.*

3.45 Std.
15,1 km

St-Alban-sur-Limagnole – Aumont-Aubrac 4

Herbergen: Les Estrets (940 m, 280 EW): Gîte Le Gévaudan, 22 B/HP 36 €, Pferd, Tel. 04 66 45 61 90, 06 88 90 97 89, www.legevaudan-gite-chambre.com. **Bigose** (1010 m, 20 EW): Auberge Les Granges de Bigose, 8 B/39 €, Pferd, keine Hunde, engl., März–Mitte Nov., Tel. 04 66 47 12 65, www.grangesbigose.com. **Aumont-Aubrac** (1050 m, 1066 EW): (1) Gîte La Ferme du Barry, 9, Rue du Barry, 36 B/ab 15 €, Essen, Mitte März–Mitte Okt., Tel. 04 66 42 90 25, 06 71 83 17 46, www.ferme-du-barry.com. (2) Gîte Les Sentiers Fleuris, 7, Place du Portail, 20 B/ab 29 €, HP ab 43 €, Pferd, Mitte März–Okt., Tel. 04 66 42 94 70, 06 42 64 80 02, www.sentiers-fleuris.com. (3) Gîte Chemin Faisant, 14 B/ÜF 22 €, Küche, keine Hunde, ganzj., Tel. 06 24 83 19 36, 06 86 52 57 47, annie.lautard@live.fr. (4) Gîte Aubrac Hotel, Place du Forail, 12 €, HP 32 €, Pferde, ganzj., Tel. 04 66 42 99 00. (5) Gîtes Aubrac Randonnée, 2, Route d'Aubrac, ÜF ab 15 €, ganzj., Tel. 04 66 31 33 12, 06 20 06 05 66. (6) Gîte Route d'Aubrac, 4, Route d'Aubrac, 7 B/ab 12 €, Küche, ganzj., Tel. 06 76 68 43 90, romain.dalle48@gmail.com.

Die Strecke: Ausreichend weiß-rot markiert. Die Etappe verläuft größtenteils auf kleinen Wanderpfaden und Feldwegen und benutzt nur ganz selten eine Straße. Die Höhenunterschiede sind moderat.
Höhenunterschied: 350 m im Aufstieg, 250 m im Abstieg.
Kritische Stellen: Unmittelbar vor Les Estrets geht es im Wald sehr steil bergab ins Tal der Truyère.
Landschaft: Vom Talbecken der Limagne geht es auf die meist bewaldeten Ausläufer der Margeride, die von der Truyère zum Aubrac-Massiv hin abgegrenzt werden. Bei Aumont-Aubrac haben wir dann die Rumpffläche des alten, glazial überformten Aubrac-Vulkans vor uns.
Infrastruktur: Les Estrets; Bigose Aumont-Aubrac.
Touristeninformation: OT, Aumont-Aubrac, Rue du Prieuré, Tel. 04 66 42 88 70, www.ot-aumont-aubrac.fr, info@ot-aumont-aubrac.fr.
Anmerkung: Zwischen den Ortschaften gibt es keinerlei Möglichkeit einzukehren oder Trinkwasser aufzufüllen.

Von dem Kirchplatz von **St-Alban-sur-Limagnole (1)** geht es über die Rue de la Baysse auf die D 987, der wir nach rechts am Sportplatz vorbei für 400 m folgen. Wir zweigen nach rechts in einen Feldweg ab, der parallel zur D 987 zunächst ansteigend, dann bergab zum Weiler **Grazières-Mages (2)**,

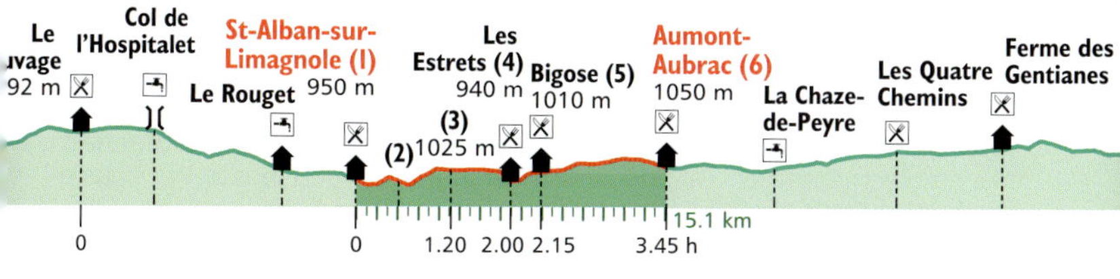

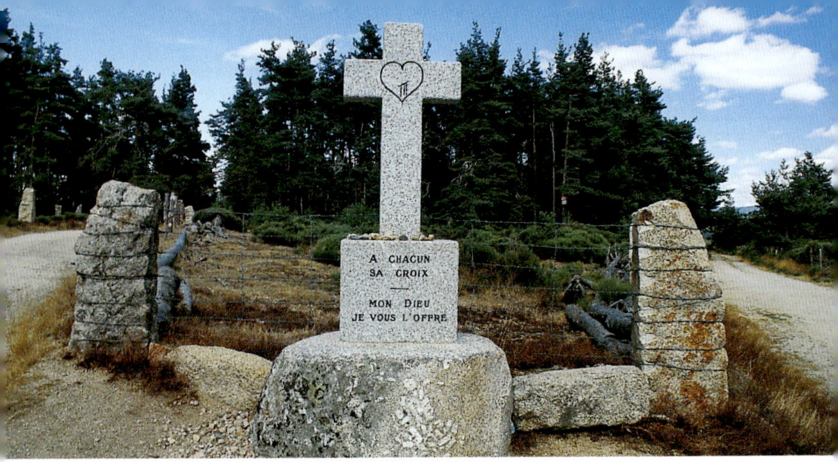

Wegekreuz in der Margeride.

940 m, verläuft. Auf der Dorfstraße biegen wir vor einem eisernen Wegkreuz nach rechts und gleich darauf nach links ab, queren die Limagnole und kurz danach die D 987. Ein steiniger Feldweg verläuft zwischen Waldstücken und Wiesen. An einer Wegverzweigung gehen wir nach links auf den Ort **Chabanes-Planes (3)**, 1025 m, zu. Wir umrunden den Weiler auf einer kleinen Straße und gehen dann zunächst auf einer geteerten Straße leicht bergan. Auf einer Anhöhe zweigen wir an einem Steinkreuz nach rechts in einen breiteren Wanderpfad ab. Der schöne Wald-/Wiesenpfad wird erst auf den letzten Metern vor Les Estrets sehr steil, steinig und schwer begehbar. Wir erreichen **Les Estrets (4)**, 940 m, nach 2 Std. Gehzeit.

i ***Les Estrets** ist ein kleiner Ort, der an einer wichtigen Furt über die Truyère entstand. Der Handelsflecken gehörte einst dem Johanniterorden. Geografisch beginnt mit der Truyère ab Les Estrets die Landschaft des Aubrac. Geologen sehen dies allerdings anders, da sich das granitische Gestein auch jenseits der Truyère noch bis Aumont-Aubrac weiter fortsetzt.*

Wir durchwandern den Weiler nach rechts auf der Durchgangsstraße bis zur N 106, die wir überqueren (Achtung: hohe Geschwindigkeiten der Autos!). Eine kleine Straße führt nach rechts auf eine alte Brücke über die Truyère. Nach der Brücke geht es links auf einem historischen Weg einen Feldweg bergan Richtung Aumont-Aubrac. Kurz bevor der Weg auf die D 7 zuläuft, biegt er nach links an einem eisernen Wegkreuz nach **Bigose (5)**, 1010 m, ab. Wir passieren das Gehöft und nehmen den breiten geschotterten Feldweg nach rechts, der über den schmalen Bachlauf der Bigose führt. Im hügeligen Gelände zweigen wir in einem Waldstück rechts ab und gelangen nach wenigen Minuten auf einen Wirtschaftsweg, auf dem wir nach rechts weitergehen. Diesem geschotterten Weg folgen wir gut 2 km, bis er in die D 7 mündet. Wir zweigen auf die D 7 nach rechts ab und wenden uns nach 2 Min. auf einen Weg, der nach links abzweigt. An einem steinernen Wegekreuz, dem Croix de l'Azuel, erreichen wir wieder die D 7. Hier folgen wir einem Pfad nach rechts, der die Straße abkürzt und kurz vor Aumont-Aubrac auf die D 50 stößt, der wir nach rechts ins Zentrum von **Aumont-Aubrac (6)**, 1050 m (gut 1.45 Std.), folgen.

i *Das zentrale Ortsbild zeugt von der einstigen Bedeutung **Aumont-Aubracs** an der Kreuzung zweier römischer Handels- und Verbindungswege. Von der ehemaligen Bedeutung ist heute kaum mehr etwas zu spüren, verschlafen zeigt sich die Pforte zum Aubrac. Um die Abtei von St-Étienne, die zu Beginn des 12. Jh. entstanden sein dürfte, bildete sich im Mittelalter eine bescheidene Ansiedlung, in der sogar die Grafen von Peyre sich ein Stadthaus errichten ließen.*

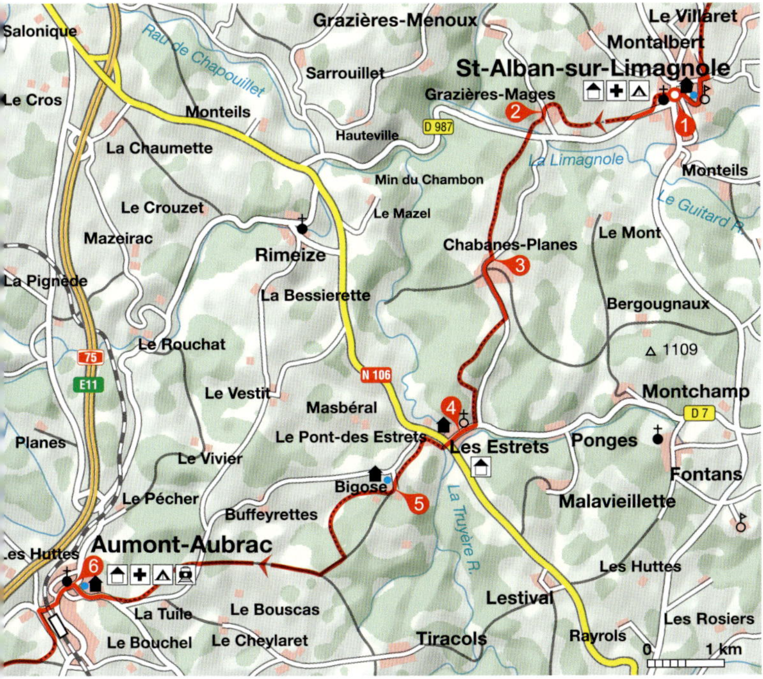

Das Aubrac

Der Höhenzug des Aubrac erstreckt sich zwischen den Flusstälern der Truyère und des Lot. Er besteht ähnlich wie die Margeride aus granitenem Urgestein, das jedoch von einer meterhohen Basaltdecke überdeckt wurde. Zum Tal des Lot bricht das Bergland in steile bewaldete Täler (Boraldes) ab und macht diesen Abschnitt der Via Podiensis zu einem landschaftlichen Höhepunkt.

Faszinierend und menschenleer ist die Landschaft des Aubrac, des südlichsten Vulkankomplexes des Zentralmassivs. Hier ist die ländliche Idylle noch perfekt: grüne Wiesen, glückliche Kühe, kleine Seen, murmelnde Bäche und viele Steine. Das Aubrac-Massiv ist mit alten Sennhäusern übersät, in denen die Hirten Unterschlupf vor dem Wind fanden und die zur Käseherstellung dienten. Die trutzigen Häuser mit meist kleinen Fenstern aus grauem Basaltstein zeugen von der jahrhundertealten Architektur der Region. Zwischen den Seen, Wiesen und Steinen säumen immer wieder alte Steinkreuze und Kirchen den Jakobsweg. Hier werden die hübschen Aubrac-Rinder noch auf traditionelle Weise im Mai auf die Hochalmen getrieben, die Hirten ziehen mit den Schafherden über die Wiesen. Auf Märkten und Ausstellungen werden die Produkte des Aubrac feilgeboten: die Messer aus Laguiole, der würzige Hartkäse, Honig oder Kräuter. Die Küche ist deftig, die Menschen sind zurückhaltend, aber warmherzig, und die Flora der zum Glück noch naturbelassenen Hochwiesen ist wirklich sehenswert. Vor allem im Frühjahr überzieht ein Blumenteppich das Bergland, von wilden Narzissen, gelbem Enzian über Stiefmütterchen bis hin zu seltenen Orchideen, und macht das Aubrac zu einem besonderen Fleckchen Erde.

Rund 50 km führt der Jakobsweg durch die einsame und unwirtliche Landschaft des Aubrac. Wie zuvor in der Margeride, kann das Wetter dem Pilger hier einiges abverlangen: Niederschläge, Wind und Kälte sind häufig die Begleiter auf dem Weg. Und ebenso schutzlos ist man im Hochsommer der sengenden Sonne oder plötzlich heranziehenden Gewittern ausgesetzt. Entlang von Steinmauern und Kuhweiden im zumeist ebenen und offenen Gelände geht es über das Aubrac-Massiv. Richtung Süden sind die Hochflächen des Aubrac stark zertalt und fallen steil zum Tal des Lot ab.

Steinmauern und saftige Weiden des Aubrac.

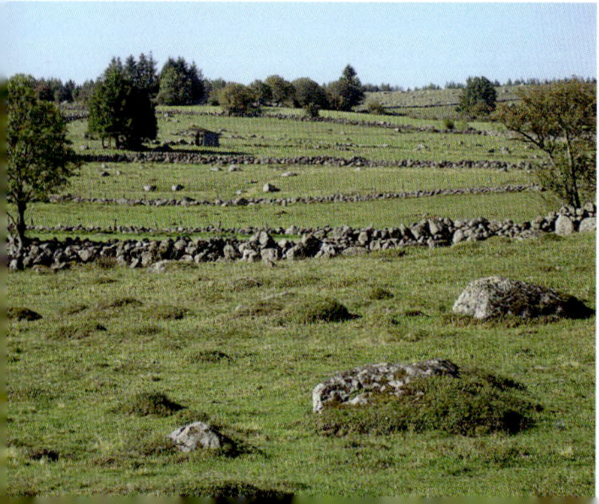

7.15 Std.

26,7 km

Aumont-Aubrac – Nasbinals 5

Herbergen: **Les Quatre Chemins** (1174 m, <10 EW): Gîte, 13 B/20 €, HP 38 €, keine Hunde, ganzj., Tel. 04 66 45 72 16, 06 64 19 34 03, granier-jean.marc@orange.fr. **Pratviala** (1190 m, >20 EW), Gîte La Borieta del Prat, Jurte mit 6 B/18 € und Zelt 2 P/15 €, Frühstück 6 €, Essen 15 €, Pferd, Küche, span., engl., ganzj., Tel. 04 66 45 21 46, 06 82 69 17 44, canzact@laborietadelprat.fr. **Les Gentianes** (1192 m): Gîte Les Gentianes, 26 B/HP 38 €, Frühstück, Lunchpaket, Küche, Pferd, keine Hunde, engl., ganzj., Tel. 06 73 02 70 15, 04 66 32 52 77. **Finieyrols** (1220 m, >50 EW): Gîte La Rose de l'Aubrac, 7 B/ÜF 25 €, HP 40 €, ganzj., Pferde, Tel. 06 08 31 55 61, 04 66 45 78 55, larosedelaubrac@orange.fr. **Malbouzon** (1174 m, >100 EW): Centre d'accueil communal, 2 km nördlich des GR, 14 €, Küche, keine Hunde, Mai–Okt.,Tel. 04 66 45 77 86, 09 34 45 07 83. **Montgros** (1234 m): Gîte/Auberge La Maison de Rosalie, 14 B/HP ab 45 €, keine Hunde, engl., April–Okt., Tel. 04 66 32 55 14, www.lamaisonderosalie.com. **Nasbinals** (1180 m, 580 EW): (1) Gîte communal, 19 B/12–14 €, Küche, April–Okt., Tel. 04 66 32 59 47, 04 66 32 50 17. (2) Gîte Nada, 38 B/ab 12 €, Küche, April–Okt., Tel. 04 66 32 50 42, www.nada-aubrac.com. (3) Gîte La Grappière, 15 B/ÜF 20 €, Küche, keine Hunde, 15. März–15. Okt., Tel. 04 66 32 15 60. (4) Gîte Le Sorbier, 18 B/12–15 €, keine Hunde, ganzj., Tel. 04 66 32 56 79, 04 66 32 50 19. (5) Gîte Au Bon Repos, 5 B/15 €, Küche, ganzj., Tel. 04 66 32 55 02, 06 84 04 21 40. (6) Gîte las Paros, 6 B/17 €, Pferde, keine Hunde, Tel. 06 80 78 63 96, 06 07 80 29 23, lasparos@sfr.fr. (7) Gîte de Caractère, 20 B/ab 30 €, Frühstück 9 €, Küche, engl., Jan.–Mitte Nov., Tel. 04 66 32 92 69, 06 80 28 51 12. (8) Gîte Lo Fenador, Chemin de la Grange du Four, 10 B/13 €, Küche, keine Hunde, April–Okt., Tel. 06 95 08 36 68, pboisieu@gmail.com. (9) Centre équestre des Monts d'Aubrac, an der D 12 gelegen, etwa 500 m nach dem Ortsende, 20 B/HP 40 €, Lunchpaket, Pferd, ganzj., Tel. 04 66 32 50 65, gerard.moisset0343@orange.fr.

Die Strecke: Größtenteils Wanderwege und kleine geschotterte oder asphaltierte Wirtschaftswege. Bis weit ins Frühjahr hinein muss mit Schnee gerechnet werden bzw. mit feuchtem und schlammigem Untergrund. Die Hochebene ist extrem dem Wind und der Sonne ausgesetzt. Geringe Höhendifferenzen; mehrere Abstecher und Varianten sind möglich (siehe Beschreibung).

Höhenunterschied: 400 m im Aufstieg, 200 m im Abstieg.

Kritische Stellen: Keine.

Landschaft: Eine der landschaftlich reizvollsten Etappen des gesamten Weges, die durch das Aubrac (siehe Seite 50), den südlichsten Vulkankomplex des Zentralmassivs, führt.

Infrastruktur: La Chaze-de-Peyre; Lasbros; Les Quatre Chemins; Les Gentianes; Finieyrols; Rieutort d'Aubrac; Montgros; Nasbinals; Malbouzon (Abstecher).

Touristeninformation: OT, Nasbinals, Tel. 04 66 32 55 73, ot.nasbinals@free.fr, www.nasbinals.fr.

Anmerkung: Ende Mai und Ende September findet jeweils das Fest der Transhumanz statt. In dieser Zeit sind die Hotelzimmer und Privatunterkünfte zwischen Aumont-Aubrac und St-Chély-d'Aubrac daher meist belegt – eine frühzeitige Reservierung auch der Gîtes d'Etape ist deshalb von Vorteil. In Aumont-Aubrac ist auf dieser Etappe bis Nasbinals die letzte Möglichkeit, direkt am GR einzukaufen.

Vom Ortszentrum in **Aumont-Aubrac (1)** geht es vor dem Rathaus mit Brunnen, am Denkmal für die Gefallenen des Krieges, nach rechts auf die D 987. Wir gehen in einer Unterführung unter den Bahngleisen hindurch und folgen einer Straße nach links entlang der Gleise. Nach etwa 200 m zweigt nach rechts ein über eine Wiese bergan verlaufender Pfad ab, führt durch ein Wäldchen hindurch und mündet auf eine Straße, der wir nach rechts folgen. An der Gabelung den geschotterten Weg nach links einschlagen und in einer Röhre unter der Autobahn hindurch. Der Feldweg setzt sich hier nach rechts fort und geht in einer Linkskurve in einen breiten, geschotterten Wirtschaftsweg über, der uns durch einen lichten Nadelmischwald bringt. Wir treffen auf eine kleine Straße, der wir nach rechts bis nach **La Chaze-de-Peyre (2)**, 1040 m (1.15 Std.), folgen.

i *Der kleine Ort besitzt eine größere Kirche mit zwei Kreuzen auf dem Vorplatz. Eines aus dem 18. Jh. trägt auf der Frontseite eine Christusdarstellung und auf der Rückseite Maria. Das höhere Kreuz stammt aus dem 19. Jh. Die ursprüngliche Kirche kann ins beginnende 12. Jh. datiert werden; sie wurde jedoch im 16. Jh. um die gotische Nordkapelle erweitert sowie nach einem Teileinsturz im 18. Jh. erneuert und renoviert.*

Wir verlassen den Ort in nordwestliche Richtung, indem wir die linke Straße aus La Chaze-de-Peyre hinaus nehmen. Auf ihr erreichen wir nach etwa 1 km die Chapelle de Bastide an der D 987, die der Jungfrau von La Salette geweiht ist. Gegenüber der Kapelle erinnert eine Granitstele an den Erzähler

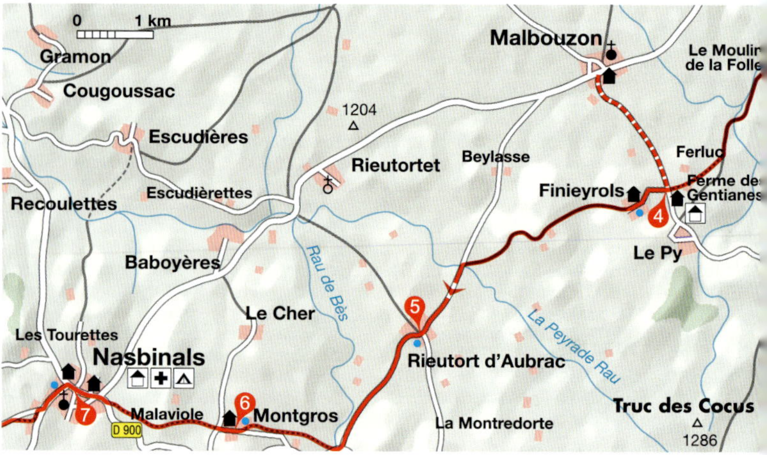

Felix Remize und an Pater Bastide, zwei regional bekannte Persönlichkeiten. Hier geht es zunächst an der D 987 entlang nach links durch Lasbros, 1091 m (30 Min.), hindurch. Wir verlassen am Ortsausgang die D 987 nach links auf einen Feldweg, der nach 500 m nach rechts abbiegt und einem kleinen Bachlauf folgt. Nach etwa 300 m geht es nach links weiter auf einem Waldweg, der vom Weitwanderweg »Tour d'Aubrac« gekreuzt wird. Wir wandern im sanft ansteigenden Gelände stets geradeaus, bis wir zur Wegverzweigung **Les Quatre Chemins (3)**, 1174 m (1 Std.), kommen.
Wir folgen geradeaus etwa 500 m der D 987 und biegen nach links in einen hübschen Wanderpfad ein, der flankiert von Steinmäuerchen durch das Herz des Aubrac führt. Endlos scheinen die Weiden mit den Aubrac-Rindern und tief der Horizont. Etwa 800 m, nachdem wir den kleinen Bachlauf der La Planette gequert haben, zweigt nach links ein Weg Richtung Prinsuéjols ab, das 45 Min. südlich des GR liegt. Wir gehen an dieser Stelle weiter geradeaus, queren eine kleine Straße und lassen die ehemalige Moulin de la Folle, 1156 m, rechter Hand liegen. Später überqueren wir auf einer Brücke einen

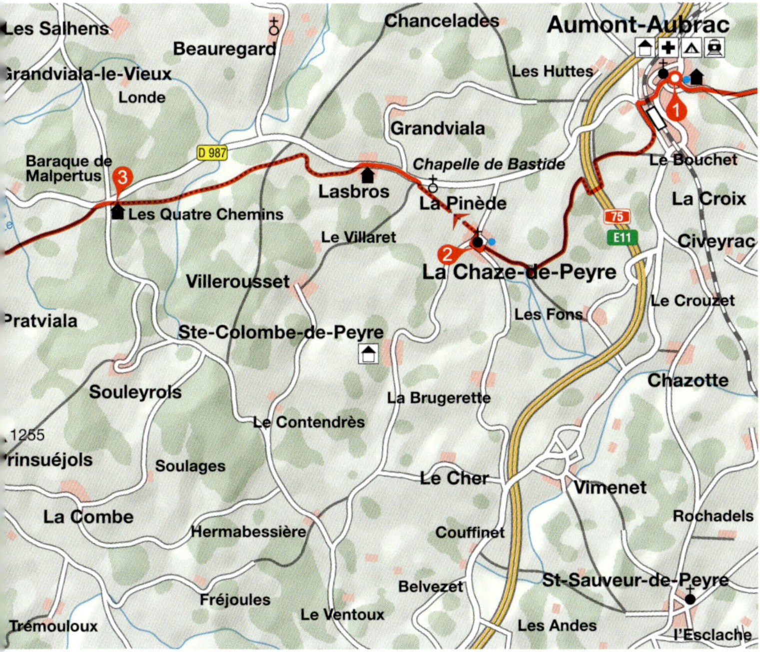

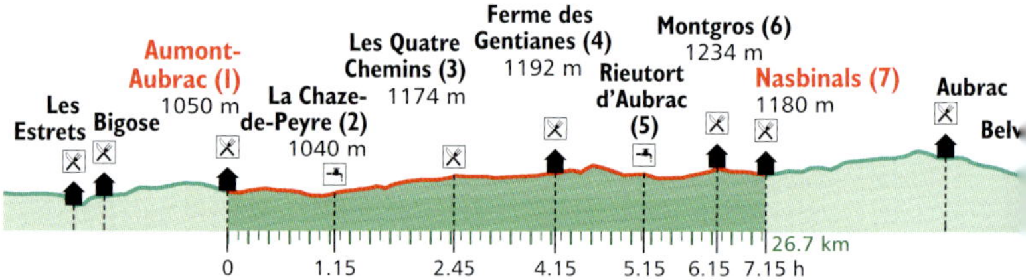

Bach, wenden uns an der folgenden Weggabelung nach rechts und kommen so zum Croix de Ferluc. Von hier sind es nur noch wenige Meter zur Kreuzung mit der D 73, an der sich die **Ferme des Gentianes (4)**, 1192 m, links befindet. Nach rechts der Straße folgend, würde man auf einem Abstecher vom GR Malbouzon in gut 2 km erreichen. Weiter geht es geradeaus auf einer kleinen Straße zum nahe gelegenen Weiler Finieyrols, 1220 m, (1.30 Std.). An den letzten Häusern wenden wir uns nach rechts auf einen Feldweg, der auf eine kleine Kuppe, den Roc des Loups, 1273 m, führt und sich zu einem Wanderpfad verengt, der auch von den Kühen benutzt wird. Von hier ab gehen wir bergab bis zur Straße. Dort wenden wir uns nach links, gehen über die Brücke über die Peyrade und erreichen auf der kleinen ansteigenden Straße **Rieutort d'Aubrac (5)**,1188 m (1 Std.).

Idyllische und naturbelassene Landschaft des Aubrac.

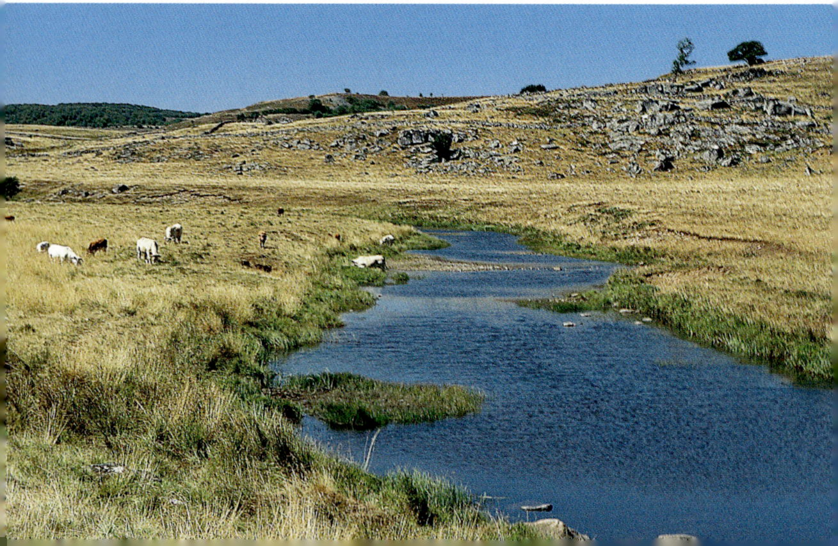

*Wie in **Rieutort d'Aubrac** haben die Gemeinden und Bauernhöfe des Aubrac fast überall ihre Ursprünglichkeit erhalten. Die Dörfer des Aubrac sind aus dem grauen Basalt der Region errichtet und harmonieren wunderbar mit der manchmal lieblichen, manchmal rauen Landschaft. Häufig trifft man noch auf Viehtränken, Backhäuser oder Dorfbrunnen. Die Küche ist deftig, wie das Aligot, eine Art Kartoffelbrei mit Käse; die Menschen sind zurückhaltend, aber warmherzig.*

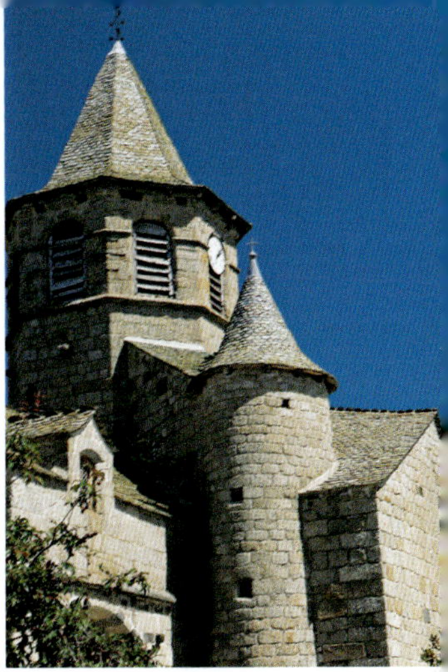

Nasbinals, Notre-Dame de la Carce.

Wir durchwandern den Weiler geradeaus, bis wir bei einer Tränke am Ortsende auf eine Gabelung stoßen, an der wir nach rechts auf einer kleinen Asphaltstraße weiter gehen. Dabei sehen wir links den ehemaligen Vulkankrater des Puech del Pont, 1219 m. Der Weg mündet in die D 900, der wir über die schöne Steinbrücke mit einem Metallkreuz über den Bach Bès folgen. Gleich darauf verlassen wir die Straße auf einem steinigen und ansteigenden Feldweg, der bis **Montgros (6)**, 1234 m (1 Std.), flacher wird. Diesen letzten Weiler vor Nasbinals queren wir geradeaus. Am Ortsende gehen wir geradeaus auf einem Feldweg, der zwischen Steinmauern verläuft, weiter. Wir kreuzen einen Wirtschaftsweg und halten mit moderatem Gefälle auf Nasbinals zu. Gegenüber dem Friedhof kommen wir zur D 900, der wir nach rechts in den Ort hinein folgen (aufgepasst, der GR 670 zweigt von der D 900 nach links ab). An der Einmündung in die D 987 gehen wir nach links und kommen so im Ortszentrum von **Nasbinals (7)**, 1180 m (1 Std.), an.

***Nasbinals** ist das wirtschaftliche Zentrum des Aubrac – im Winter für Skiläufer und in den Sommermonaten für Wanderer. Im Mittelpunkt steht die kleine romanische Dorfkirche »**Notre-Dame de la Carce**«, deren Gründung sich ins späte 11. Jh. datieren lässt – errichtet wurde sie jedoch im 13. Jh. Die Kirche besticht durch ihre harmonischen Formen: Der gedrungene oktogonale Glockenturm wurde auf die Vierung augesetzt, den Chor schmücken Arkaden und das Querhaus tritt deutlich hervor. Man betritt das einschiffige Kircheninnere nicht wie meist üblich durch ein Westportal, sondern durch ein reich verziertes Südportal, das das Triumpfbogenmotiv aufgreift. Die Kirche ist aus dem Basalt der Region errichtet und mit Schieferplatten gedeckt. Bei der Kirche befindet sich eine Gedenkstatue für Pierre Brioude, einen geschickten »Wunderheiler« oder Naturmediziner, der 1907 verstarb und zu dem die Hilfesuchenden von weither kamen.*

6 Nasbinals – St-Chély-d'Aubrac

4.30 Std.

16,5 km

Herbergen: Aubrac (1307 m, <50 EW): (1) Gîte Tour des Anglais, 16 B/10 €, Küche, im historischen »Turm der Engländer«, Mitte Mai–Sept., Tel. 05 65 44 28 42, 05 65 44 27 08, www.stchelydaubrac.com. (2) Les Gîtes du Royal-Aubrac, 14 Gîtes mit 2–7 B/ÜF 30 €, Pferd, ganzj. auf Reservierung, Tel. 05 65 44 28 41, info@royal-aubrac.com. **Sarbonnel** (1100 m, 110 EW): Gîte, rund 300 m südlich des GR nach Belvezet, 6 B/ÜF 19 €, Küche, Pferd, engl., dt., ganzj., Tel. 05 65 44 81 89, 07 85 19 46 40. **St-Chély-d'Aubrac** (808 m, 532 EW): (1) Gîte communal, 25 B/14 €, 15,50 € im Winter, Küche, Pferd, März–Okt., Tel. 05 65 44 21 15, mairie-st-chely-daubrac@wanadoo.fr. (2) Gîte St-André, 20 B/18 €, HP 38 €, März–Okt., Tel. 05 65 44 26 87, randogitestandre.free.fr. (3) Gîte La Tour des Chapelains, 6 B/21,50 €, Frühstück 3,50 €, Essen 13 €, ganzj., Tel. 06 69 14 33 38, 05 65 51 64 80, latour.j.c@gmail.com. (4) Gîte Le Chemin, Route d'Aubrac, 6 B/15 €, Küche, März–Okt., Tel. 06 76 17 22 36, ferronnerie-aubrac@orange.fr. (5) Gîte Le Relais St. Jacques, Avenue d'Aubrac, 8 B/HP 38 €, März–Nov., Tel. 05 65 44 79 83, 06 47 32 04 08, contact@le-relais-saint-jacques.fr.

Einkehr in Aubrac.

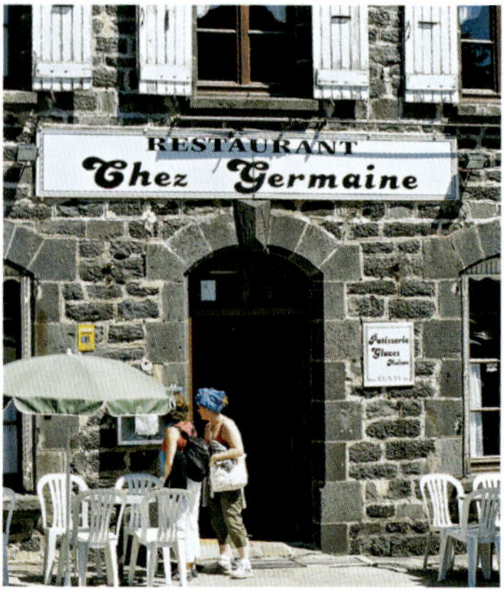

Die Strecke: Durchgängig gut markiert. Im ersten Etappenabschnitt führt der Weg hauptsächlich im relativ ebenen Gelände über offene Weidenflächen ohne Schatten und es sind häufiger Weidezäune zu übersteigen. Ab Aubrac geht es auf Feldwegen und Wanderpfaden durch Wiesen und Wälder beständig bergab.

Höhenunterschied: 200 m im Aufstieg, 570 m im Abstieg.

Kritische Stellen: Lediglich der lange Abstieg von Aubrac – 500 Höhenmeter – auf zum Teil gerölligen Wanderpfaden stellt eine gewisse Belastung für die Beine, vor allem die Knie, dar.

Landschaft: Auch diese Etappe ist ein landschaftlicher Superlativ! Zwischen Nasbinals und Aubrac zeigt sich die Aubrac-Hochfläche noch einmal von ihrer typischen Seite: Weideflächen, Wildblumenteppiche, Steinmäuerchen, Kühe und nahezu endlos scheinende Weite. Ab Aubrac fällt dann das Aubrac-Massiv fast 1000 m tief zum Lot-Tal ab. Kein Wunder, dass der Ausblick Richtung Süden bei klarer Witterung schlicht gigantisch ist.

Infrastruktur: Aubrac; St-Chély-d'Aubrac.

Touristeninformation: Maison d'Aubrac, Aubrac, Tel. 05 65 44 67 90; OT, St-Chély-d'Aubrac, Route d'Espalion, Tel. 05 65 44 21 15, accueil.stchelydaubrac@orange.fr, www.aubrac-laguiole.com.

Anmerkung: Zwischen den Ortschaften gibt es keine Möglichkeit, Trinkwasser aufzufüllen. Lebensmittel können erst wieder in St-Chély-d'Aubrac eingekauft werden. In Aubrac gibt es jedoch im Maison d'Aubrac diverse regionale Spezialitäten wie Käse, Honig oder Wurst zu kaufen.

Von der Kirche in **Nasbinals (1)** gehen wir auf der D 987 geradeaus durch den Ort Richtung Aubrac. Am Ortsende nehmen wir eine kleine Asphaltstraße, die rechts von der D 987 abzweigt (Schild: Le Coustat). Die Straße geht in einen Waldweg über, der mit mäßigem Anstieg durch einen lichten Laubwald nach links weiterführt. Wir folgen diesem Weg, der zeitweise durch Steinmäuerchen und von Weidezäunen begrenzt wird, stets geradeaus. Nach fast 3 km überqueren wir nach rechts auf einer Brücke einen Bachlauf und folgen einem Wanderpfad, der sich an Viehwegen orientiert. Achtung: Für Wanderer mit Vierbeiner im Schlepptau (Pferd, Hund o. Ä.) oder Biker ist die Freiweide gesperrt. Sie müssten kurz vor der Brücke einer Variante nach links abzweigend bis Aubrac folgen. Das Gelände ist hier sanft wellig und offen. Wir passieren einige Weidezäune über spezielle Holztritte, durch die zwar keine Kühe, aber Wanderer passen.

i *Die einsamen und einst dicht bewaldeten Weiten des* ***Aubrac*** *waren wie gemacht für* ***Räuberbanden****, die zahlreiche Überfälle auf die Wallfahrer verübten. Als einen »Ort des Schreckens und weiter Einsamkeit«, bezeichnete Graf Alard von Flandern das Aubrac-Gebiet. Der Rückkehrer aus Santiago entdeckte um 1119 die abgeschlagenen Köpfe von 30 Pilgern in einer Höhle und initiierte daraufhin den Bau einer Kirche und eines Hospizes. Die Mönchsritter der Hospitalier errichteten zwischen 1120 und 1122 in Aubrac ein Kloster und ein Hospiz zur Versorgung und zum Schutze der Pilger. Die Kirche* ***Notre-Dame-des-Pauvres*** *zeichnet sich durch ihre Schlichtheit und die dicken Steinmauern (2 m) aus. Sichere Mauern umgaben auch die Klosteranlage, die die Wanderer durch das »Tor der Brotlaibe« betraten. An guten Tagen wurden hier bis zu 5000 Brotlaibe verteilt. »Maria«, die Nebelglocke (auch »Glocke der Verlorenen« genannt), wies den Weg. Sie schickte ihren durchdringenden Klang bei schlechtem Wetter Tag und Nacht über die unwirtlichen Hochflächen. Der mächtige Viereckturm, der* ***Tour des Anglais*** *(1353), das Forsthaus sowie die Église Notre-Dame-des-Pauvres sind die noch gut erhaltenen Reste der Klosteranlage, die von den Hospitaliern im 17. Jh. nach einem Brand aufgegeben wurde.*

In einem weiten Linksbogen wandern wir über die Felder an friedlichen Aubrac-Rindern und an einem Steineichenwäldchen vorbei (oberhalb auf den Weiden bleiben und nicht an den Steinmäuerchen orientieren!) bis zum höchsten Punkt der Via Podiensis auf 1368 m. Die kleine lang gezogene Kuppe ist schnell erreicht und wir gehen, nun im Departement Aveyron, weiter auf dem Wiesenpfad bergab. Rasch passieren wir das riesige Gebäude des ehemaligen Sanatoriums für Lungenleiden, das heute vor allem als Jugend- und Gruppenunterkunft und im Winter als Hotel genutzt wird. Unterhalb des Gebäudes stoßen wir auf die D 987, die wir queren, und auf einen kleinen Pfad, der von der Straße abzweigt und auf dem wir die historischen Bauten von **Aubrac (2)**, 1307 m (2.30 Std.), erreichen.
Wir verlassen Aubrac am Straßenrand der D 987 entlang. Etwas nach dem Ortsende biegen wir links in einen Pfad ab, der durch Weiden, Wiesen und

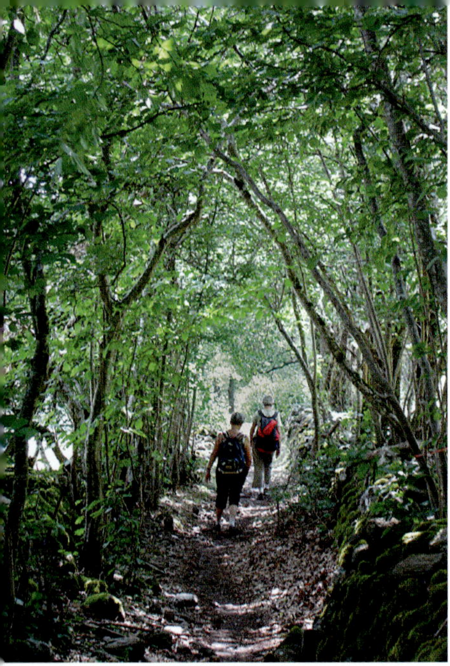

Auf schattigen Wegen nach St-Chély.

kurze Waldstrecken bergab führt. Während des Abstiegs eröffnen sich häufig grandiose Ausblicke auf die hügeligen Hochflächen jenseits des Lot-Tals. Wir passieren einen von der Erosion aus der Landschaft herausmodellierten Basaltschlot, auf dessen Spitze noch die Ruinen eines ehemaligen Schlosses der Herren von Belvezet aus dem 13. Jh. zu sehen sind, sowie den verschlafenen Weiler **Belvezet (3)**, 1130 m (1 Std.).

Hier mündet unser Wanderweg auf eine kleine Straße, der wir für wenige Meter nach links folgen, um dann durch die Gemüsegärten und Wiesen des kleinen Weilers nach rechts abzuzweigen. Wir folgen dem kurzzeitig recht steinigen Weg mit mittlerem Gefälle, der nach etwa 300 m auf eine Kreuzung zuführt, an der wir erst nach rechts und dann nach einigen Metern nach links abbiegen. Wir wandern in einem lichten Wald mit unterschiedlichem Gefälle auf meist guten Wanderwegen entlang des Bachlaufes der Aude bergab.

Nach dem Gehöft La Vayssière mündet der Waldweg auf eine kleine Straße, der wir nach links bergab bis in den Ort **St-Chély-d'Aubrac (4)**, 808 m (1 Std.), folgen.

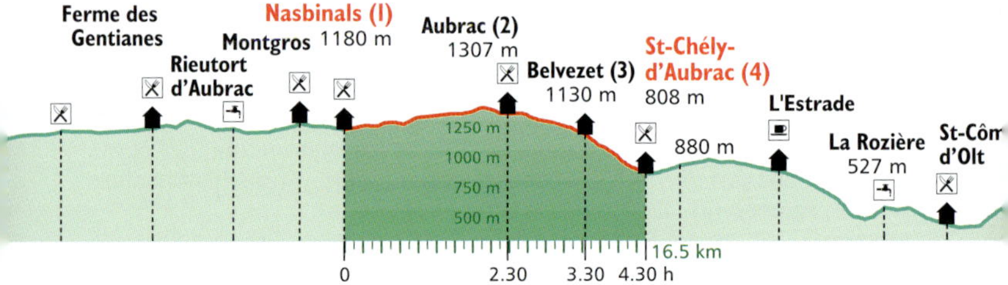

*Der Name **St-Chély-d'Aubrac** erinnert an den hl. Eligius, dem das Kloster aus dem späten 11. Jh. geweiht war. Schon bald wurde das Kloster der Abtei St-Victor in Marseille unterstellt und mit dem Kloster in Aubrac zusammengeführt. Seither zieren das achtzackige Kreuz der Ordensritter von Aubrac sowie zwei Jakobsmuscheln die Fahne und das Wappen von St-Chély-d'Aubrac.*
Der Ort wurde von marodierenden Banden im Jahre 1385 gründlich zerstört und erst Jahre später wieder aus dem Schutt aufgebaut. Bemerkenswert ist vor allem die Pilgerbrücke aus Kalksandstein, die die Boralde de St-Chély überspannt. Die Brücke wurde im 16. Jh. an Stelle einer älteren errichtet. Auf der Frontseite ist der gekreuzigte Christus dargestellt und auf der Rückseite Maria mit dem Jesuskind. Im Schaft ist ein betender Jakobspilger mit einem Pilgerstab zu erkennen. Ende Mai und Ende September ziehen während des Almauf- und Almabtriebs die geschmückten Aubrac-Rinder durch den Ort, der dann vor Besuchern und Rindern aus allen Nähten zu platzen scheint.

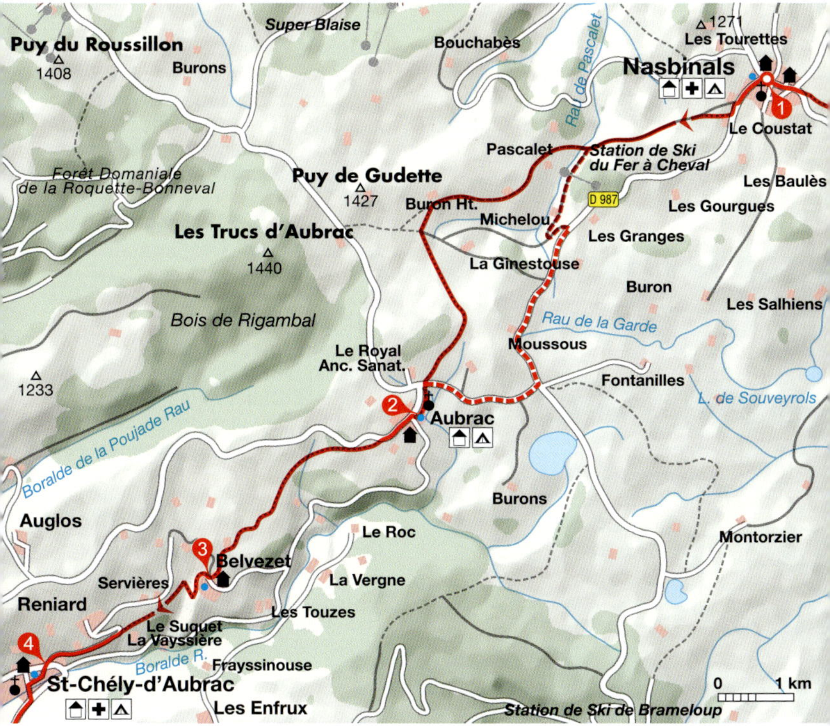

Das Tal des Lot

In den Cevennen, an den Hängen der Monts Lozère, entspringt der Lot, der sich über viele Kilometer in weiten Schleifen und engen Mäandern seinen Weg durch das südliche Zentralmassiv bis zur Garonne bahnt. Der Oberlauf des Lot trennt das Aubrac-Massiv im Norden von den südlich gelegenen kargen Hochebenen der Causses. Vielleicht ist das Tal des Lot der abwechslungsreichste und zugleich lieblichste Flusslauf im Süden Frankreichs. Auf jeden Fall zieht mit dem Lot endgültig südliches Flair in diese Mittelgebirgsregion ein. Die Böschungen und flussnahen Hochebenen sind von weiten Kastanien- und Laubwäldern bedeckt. Hinter jeder Flussbiegung hält der Lot eine neue Überraschung bereit: Einmal zeigt er sich von seiner rauen Seite, dann wieder reihen sich zahlreiche kleine Ortschaften entlang seiner Ufer, oder eine Kapelle befindet sich auf einem der Felsvorsprünge.

In malerischer Lage befinden sich die Ortschaften St-Côme-d'Olt, Estaing und Espalion am Lot-Ufer, während die berühmte Abtei Conques sich in sicherer Hochlage nur wenige Kilometer in einem Seitental entwickelte. Schon die ersten Pilger, die sich auf der Via Podiensis nach Santiago de Compostela befanden, folgten ab St-Côme-d'Olt dem Lot-Tal bis nach Cahors. An den Hängen rund um das Tal, vor allem bei Cahors, gedeihen schon seit langem Weinreben, die zu vollmundigen Weinen veredelt werden. Selbst am Englischen Hofe waren die Weine des Olt, so lautet der okzitanische Name des Lot, sehr beliebt. Der Fluss war früher eine bedeutende Verkehrsader zum wichtigen Hafen und Weinhandelszentrum von Bordeaux.

Das historische Espalion am Lot.

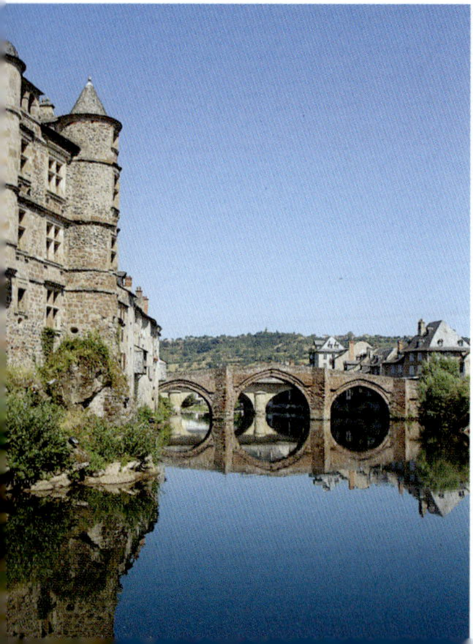

Einige Kilometer schlängelt sich der Chemin de St-Jacques entlang des Lot-Ufers. Dabei verläuft der Weg im Wechsel von lichten Laubwäldern und offenen Flächen neben Wiesen und Weiden. Mit dem Fluss wird die Landschaft nicht nur lieblicher, sondern auch milder. Dies zeigt sich in den moderaten An- und Abstiegen sowie im Klima, das im Sommer allerdings auch recht heiß sein kann. Hier im Flusstal liegen zahlreiche idyllische Dörfer, die zu den schönsten Frankreichs zählen, ehemalige Ritterburgen und hübsche romanische Kirchen am Weg.

6.00 Std.
23,5 km

St-Chély-d'Aubrac – Espalion 7

Herbergen: Lestrade (830 m, <10 EW): 17 B/18,50 €, HP 36 €, keine Hunde, Pferde, April–Sept., Tel. 06 75 59 00 91, gitelestrade@orange.fr. **St-Côme-d'Olt** (385 m, 1297 EW): (1) Couvent de Malet, 500 m auf der D 987 in Richtung St-Chély d'Aubrac, ÜF 23 €, Essen 12 €, Pferde, keine Hunde, ganzj., Tel. 05 65 51 03 20, contact@hotel-malet-aveyron.fr. (2) Gîte communal, 18 B/15 €, Frühstück 6 €, Essen 14 €, Küche, April–Okt., Tel. 06 35 59 16 05, gitesaintecome@gmail.com. (3) Gîte Halte d'Olt, 15, Route de Boraldette, 8 B/14 €, Frühstück 6 €, März–Nov., Tel. 06 76 26 69 89, 06 79 08 38 72, lahaltedolt@gmail.fr. (4) Gîte Le Jardin d'Eliane, 3, Avenue d'Aubrac, 6 B/HP 38 €, April–Okt., Tel. 05 65 48 28 06, 06 82 64 04 49, les.jardins.d.eliane@wanadoo.fr. (5) Gîte Compagnon de Route, 9 B/15 €, keine Hunde, April–Okt., Tel. 05 65 48 18 16, 06 70 61 83 22, jmgrous@orange.fr. (6) Gîte L'Antidote, 22, Chemin des Plantiers, 8 B/Spendenbasis, Frühstück, Essen, Tel. 06 41 90 62 89, laurent.auz@gmail.com. **Espalion** (342 m, 4360 EW): (1) Gîte Au Fil de l'Eau, 5, Rue St-Joseph, 20 B/15 €, Frühstück 5 €, Küche, keine Hunde, ganzj., Tel. 06 77 58 53 08. (2) Gîte à La Source St-Hilarian, 21, Rue de Fontsange, 15 B/ÜF ab 22 €, span., ganzj., Tel. 05 65 44 12 29, 06 81 73 98 98. (3) Gîte La Halte St-Jacques, 8, Rue Docteur Trémolières, 18 B/ÜF 21 €, Frühstück, Küche, engl., keine Hunde, April–Okt., Tel. 06 28 30 38 30, lahaltesaintjacques@hotmail.fr. (4) Gîte du Pont Vieux, 7, Rue A. Canel, 12 B/17 €, Frühstück, Küche, keine Hunde, ganzj., Tel. 06 47 75 81 19, 05 65 44 90 81, yves@gite-du-pont-vieux.com.

Die Strecke: Diese Etappe bringt uns über 400 m hinab ins Lot-Tal. Die Streckenführung ist klar gekennzeichnet mit dem Muschelzeichen und der weiß-roten GR-Markierung. Der Jakobsweg verläuft entlang von Feld- und Waldwegen und auf Wanderpfaden, mit nur kürzeren Straßenabschnitten. Nach St-Côme-d'Olt zweigt der GR nach links den Hang hinauf ab. Hier kann man auch bequem am Lot-Ufer entlang geradeaus bis zur Eglise de Perse am Ortseingang von Espalion gehen.

Höhenunterschied: 400 m im Aufstieg, 870 m im Abstieg.

Kritische Stellen: Ab St-Chély-d'Aubrac kreuzt der GR 6 die Via Podiensis immer wieder, sodass bis Figeac die Gefahr besteht, den falschen GR-Schildern zu folgen (siehe Wegbeschreibung). Im Wald vor La Rozière ist der Waldpfad auf einem Abschnitt mit sandigem Untergrund steil und ausgewaschen. Nach St-Côme-d'Olt folgt ein Anstieg auf einem Pfad, der bei nasser Witterung sehr matschig und glitschig ist – evtl. dann besser auf der Straße weiter geradeaus im Lot-Tal gehen.

Landschaft: Das Relief wird sanfter und das Klima milder. Wir wandern durch mit Edelkastanien durchsetzte Laubmischwälder und über Wiesen und Weiden auf einem lang gestreckten Bergrücken ins Lot-Tal. Unterwegs schöne Ausblicke über die grünen Hügelketten des abfallenden Aubrac-Massivs. Malerisch und lieblich wirkt das Lot-Tal im Gegensatz zum rauen Bergland, das wir nun endgültig hinter uns lassen.

Infrastruktur: L'Estrade; La Rozière; Grèzes; St-Côme-d'Olt; Espalion.

Touristeninformation: Infomation, OT Espalion, 23, Place du Plô, Tel. 05 65 44 10 63, www.tourisme-espalion.fr, www.ot-espalion.fr.

Anmerkung: Zwischen St-Chély-d'Aubrac und St-Côme-d'Olt nur eine Möglichkeit zur Einkehr, kein Einkauf von Lebensmitteln möglich.

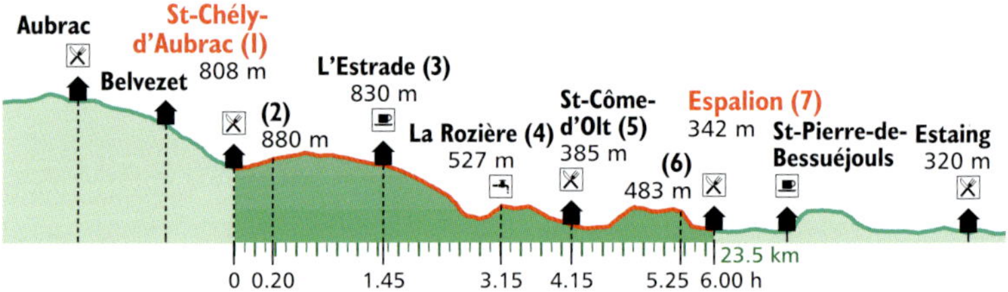

Das kleine Ortszentrum des Straßendorfes **St-Chély-d'Aubrac (1)** liegt unterhalb der D 19 rund um den Brunnen am Rathaus. Wir queren diesen Rathausplatz nach links und folgen der Gasse bergab aus dem Ort hinaus und über die Pilgerbrücke über die Boralde de St-Chély. Ein kleiner asphaltierter Weg führt kurz steil hinauf bis zum Friedhof und weiter nach rechts (keinesfalls nach links dem GR 6 folgen) bergauf zur D 19. Am Weiler **Les Recours (2),** 880 m (20 Min.), zweigen wir von der D 19 ab und folgen dem Sträßchen, das rechts in den Weiler führt. Nach 200 m zweigt ein Pfad nach rechts ansteigend durch einen lichten und hohen Buchenwald ab, der uns wieder zur Straße bringt. Hier halten wir uns nach rechts, queren den Weiler Conailles, 919 m, und biegen 300 m nach den Häusern nach rechts in den Weiler **Les Cambrassats**, 900 m (30 Min.), ab. Bereits hinter dem ersten Haus

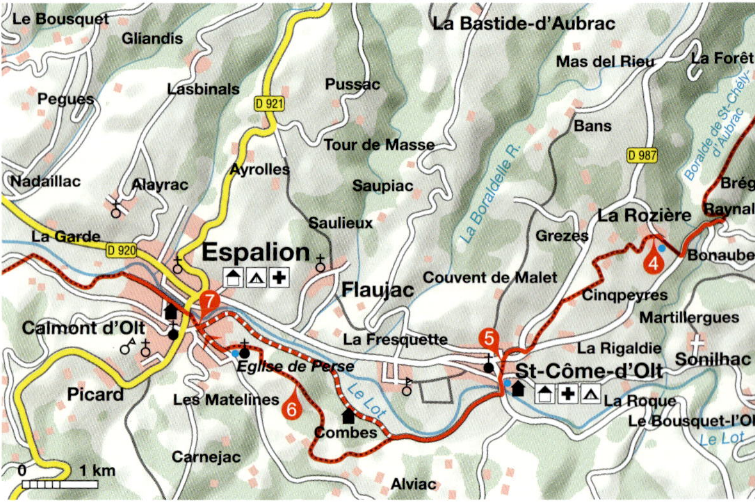

zweigt nach links ein schattiger Weg ab, dem wir an Weiden entlang weiter bis zum Gehöft Foyt folgen. Danach geht es vom Feldweg rechts ab einem Pfad folgend, der uns wieder auf die Straße zurückbringt, auf der wir nach rechts leicht ansteigend etwa 1,5 km gehen. 200 m nach dem Abzweig zum Weiler La Bessière biegen wir nach rechts auf einen Feldweg ab. Auf diesem gelangen wir zum Weiler **L'Estrade (3)**, 830 m (55 Min.). An einem Brunnen im Ort wenden wir uns nach rechts auf einen Feldweg, dem wir längere Zeit durch Edelkastanien, Hecken und ein Waldstück folgen.

Ab hier verläuft der Weg stets bergab zum Lot-Tal hin. Nach über 3 km überqueren wir einen breiten Wirtschaftsweg und folgen auf der gegenüberliegenden Seite einem etwas steileren Pfad, der zum lauschigen Bachlauf des Cancels führt. Über eine Brücke geht es kurz die Böschung bergan auf eine kleine Straße. Hier wenden wir uns nach rechts bergab. An der nächsten Gabelung nehmen wir den Weg geradeaus, der hinab über eine alte zugewachsene Brücke und dann am Bach entlang führt. Wieder auf der Straße geht es nach links über die Brücke und 800 m bergauf. Dann zweigen wir rechts auf einen Feldweg ab, der in einer kurzen, steileren Steigung nach **La Rozière (4)**, 527 m (1.30 Std.), führt. An einer Tränke (kein Trinkwasser) wenden wir uns nach links durch den Weiler hindurch. Wir ignorieren abzweigende Pfade nach rechts und gelangen auf einen breiten Weg, den wir nach etwa 250 m in einer Linkskurve nach rechts verlassen und dann in einen schmalen Pfad einschwenken. An der nächsten Gabelung nach links den Feldweg entlang, bald darauf erneut links und kurz vor Cinqpeyres nach rechts auf einen Weg abbiegen. Vor Cinqpeyres, 440 m, können wir den markanten, gedrehten Kirchturm von St-Côme-d'Olt erspähen. Vor dem ersten Haus des Ortes links bergab. Bevor

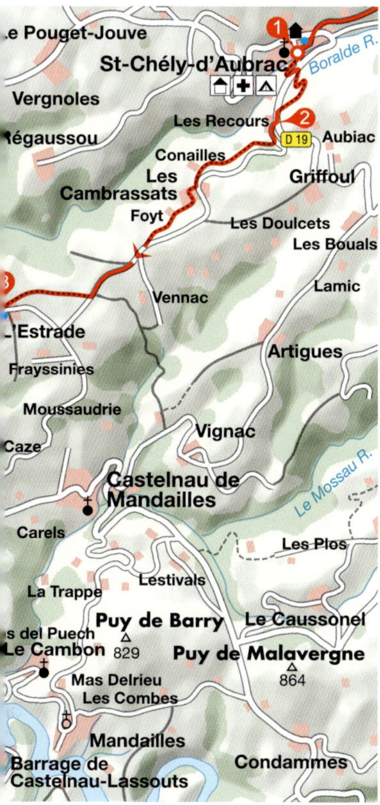

wir auf die D 987 treffen, zweigt nach links ein Trampelpfad ab, der parallel zur Straße verläuft. Er mündet auf eine Straße, auf der wir nach rechts gehen und dann die nächste Querstraße nach links nehmen. Dieser folgen wir in den Ort und queren die D 987 geradeaus. Es geht zwischen Gärten hindurch, durch einen Tunnel und die Altstadtgasse entlang bis zum Zentrum von **St-Côme-d'Olt (5)**, 385 m (1 Std.), an der Kirche.

*i Betritt man **St-Côme-d'Olt** durch eines der drei Stadttore, findet man sich in einer anderen Welt wieder: Enge Gassen, kleine Plätze, alte Residenzen und Wohnhäuser aus dem 15. und 16. Jh. prägen den spätmittelalterlichen Ort, der seit nahezu 600 Jahren unversehrt und größtenteils intakt ist. Kein Wunder, dass St-Côme-d'Olt zu den schönsten Ortschaften Frankreichs zählt. Der Bischof von Angoulême und Prior von St-Côme, Antoine d'Estaing, veranlasste den Bau der Kirche, die im gotischen Flamboyant-Stil zwischen 1522 und 1532 errichtet wurde. Als Architekt wurde der berühmte Antoine Salvanh berufen, der auch die Kathedrale in Rodez entworfen hat. Außergewöhnlich ist das Turmdach, das sich gewunden wie eine Flamme emporhebt. Die Keramiken der Dachplatten sind in unterschiedlichen Farbtönen gehalten und verleihen der »Flamme« eine besondere Note. Zu Zeiten der Religionskriege sowie während der Französischen Revolution diente der Turm als Wachturm. Auffallend ist auch die Eingangstür aus massiver Eiche, deren Flügel jeweils mit 365 Eisennägeln gespickt sind.*

Direkt vor der Kirche folgen wir der weiß-roten Markierung nach rechts durch die untere Altstadt. Wir verlassen St-Côme-d'Olt über die alte Pilgerbrücke auf das gegenüberliegende Lot-Ufer. Hier geht es sofort nach rechts auf einen asphaltierten Wirtschaftsweg. Wir wandern immer entlang des Lot-Ufers durch Wiesen und Wäldchen.

*i Der **Lot** entspringt an den Hängen der Monts Lozère in den Cevennen und bahnt sich über viele Kilometer nach Westen seinen Lauf durch das südliche Zentralmassiv. Mit dem Lot oder dem Olt – so lautet sein okzitanischer Name – zieht endgültig südliches Flair in diese Region ein. Der Fluss war früher eine wichtige Verkehrsader, die die Auvergne und Cahors mit dem wichtigen Hafen und Weinhandelszentrum von Bordeaux verband. Die Pilger, die sich auf der Via Podiensis nach Santiago de Compostela befinden, verlassen bei St-Côme-d'Olt das Aubrac-Massiv und folgen dem Lot-Tal bis nach Cahors.*

Nach einer kleinen Brücke, etwa 1,5 km nach St-Côme-d'Olt, biegen wir nach links ab. Hier könnte man auch bequem geradeaus weitergehen. Der Pfad führt steil bergan, durch einen schönen lichten Laubwald. Wir erreichen den Bergrücken, der sich südlich des Lot erstreckt. Oben angekommen folgen wir dem Feldweg nach rechts, der oberhalb des Weilers Combes,

510 m, auf ein Sträßchen mündet. Auf diesem wenden wir uns nach rechts bis zum Gehöft Costes Vielle. Hier erneut rechts, über einen Privatbesitz und an Ginsterbüschen und Bäumen entlang. Wir durchqueren den **Puech de Vermus (6)**, 483 m (1.10 Std.), den Schlot eines ehemaligen Vulkans, und bleiben weiter auf diesem Weg an der Hangseite. Nach rechts zweigt ein Pfad zur La Vierge Notre-Dame-de-Vermus ab, einer Madonnenstatue am Felsen hoch über dem Lot-Tal. Hier ist der Ausblick auf den Flusslauf und die Dörfer und auch schon auf Espalion besonders schön. Wir gehen zurück auf den Pfad, der uns nun etwas steiler und geröllig bergab führt, bis wir ein Haus erreichten. Hier gehen wir nach rechts weiter auf einer Straße bis zur vor uns liegenden rot leuchtenden **Eglise de Perse**.

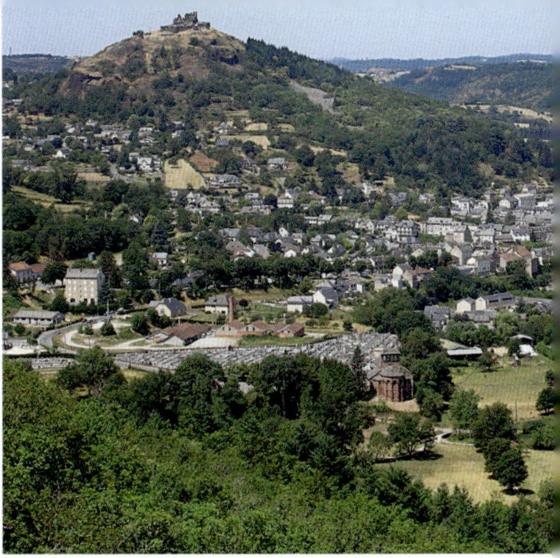

Über Espalion thront die Burgruine Calmont d'Olt.

*Die wunderschöne romanische **Eglise de Perse** aus dem 11. und 12. Jh., die aus hellrotem Sandstein errichtet wurde, war der Abtei von Conques unterstellt. Lediglich die Nordkapelle stammt aus dem dem 15. Jh. Das Gotteshaus ist dem hl. Hilarian geweiht, der hier von den Sarazenen enthauptet worden sein soll. Der Legende zufolge habe er noch sein Haupt bis zu einer Quelle unter dem Arm getragen und gewaschen. Vor allem das Relief des Tympanons (Tympanon = Schmuckfläche über dem Portal), das die Apokalypse, das Jüngste Gericht und das Pfingstwunder abbildet, sowie die wunderschön verzierten Kapitelle sind bemerkenswert. Über dem Portal ist in einer kleinen Nische die Anbetung der Heiligen Drei Könige dargestellt.*

Von der Eglise de Perse folgen wir der Straße um den Friedhof herum und dann weiter geradeaus etwa 750 m bis ans Lot-Ufer und dem Stadtzentrum von **Espalion (7)**, 342 m (35 Min.), an der alten Brücke über den Lot.

***Espalion** ist die bescheidene Metropole im oberen Lot-Tal. Mit den alten Gerberhäusern und der schön geschwungenen gotischen Brücke, der Vieux Pont aus dem 13./14. Jh., besitzt Espalion ein sehr ursprüngliches Stadtbild. Beherrscht wird die Stadt jedoch von den Burgruinen des ehemaligen Schlosses der Grafen von Calmont d'Olt, die hier im 10. Jh. ihr Anwesen erbauen ließen.*

8 Espalion – Golinhac

7.30 Std.
26,6 km

Herbergen: **St-Pierre-de-Bessuéjouls** (335 m, >30 EW): Domaine d'Armagnac, 6 B/ÜF 24 €, Essen, Küche, keine Hunde, Pferd, ganzj., außer Mitte Juni–Anfang Juli, im Winterhalbjahr nur mit Reservierung, Tel. 05 65 48 20 71, 06 31 38 70 67, sanglier.gilles@wanadoo.fr, www.domaine-armagnac.com. **Estaing** (320 m, 70 EW): (1) Hospitalité St-Jacques, 12 B/Spende, Frühstück, Essen, ohne Reservierung außer Familien mit Kindern unter 12 J., Möglichkeit zum gemeinsamen Gebet, ganzj., Tel. 05 65 44 19 00. (2) Gîte communal, in einer Kapelle am Ortsrand, 21 B/17 €, Küche, keine Hunde, März–Okt., Tel. 06 44 95 52 14. (3) Gîte Chez Michèle, 8 B/16 €, Mai–Sept., keine Hunde, Pferd, Tel. 06 34 64 00 71. (4) Gîte Chez Anne, 14 B/15 €, Frühstück 6 €, keine Hunde, März–Okt., Tel. 07 87 96 68 75. (5) Gîte Chez Michèle, 8 B/16 €, Frühstück 6 €, Küche, Pferd, April–Okt., Tel. 06 34 64 00 71. **Fonteilles** (660 m, >30 EW): Gîte Lo Soulenquo, 22 B/ab 37 € HP, Caravan ab 16 €, Camping 5 €, Frühstück, Essen, Pferd, keine Hunde, März–Okt., Tel. 06 10 97 08 71. **Massip** (650 m, >50 EW): Gîte l'Orée du Chemin, 20 B/15 €, HP 34 €, Küche, Pferd, keine Hunde, April–Okt., Tel. 05 65 48 61 10, 06 71 38 07 57. **Golinhac** (650 m, 407 EW): (1) Gîte Pôle Touristique Bellevue, 30 B/15 €, HP 34 €, Essen, Küche, Pferd, dt., engl., it., April–Okt., Tel. 05 65 44 50 73, 06 89 55 46 32, www.golinhac-hebergements.com.

Pilgerkreuz am Weg über dem Lot-Tal.

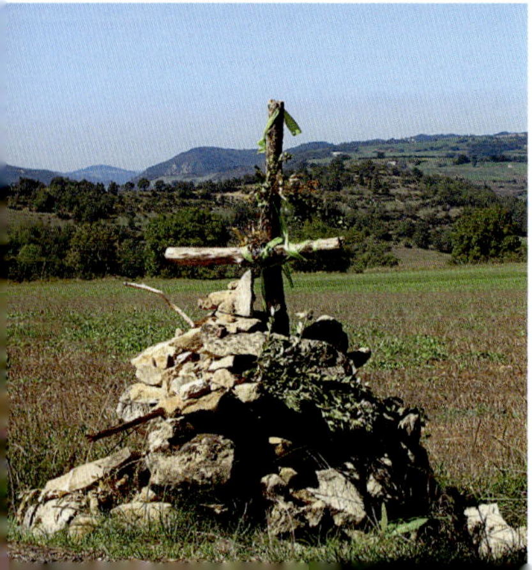

Die Strecke: Gut markiert, auch innerhalb von Espalion. Kleine asphaltierte Straßen, dazwischen immer wieder Wanderpfade und Feld- und Waldwege.

Höhenunterschied: 700 m im Aufstieg, 400 m im Abstieg.

Kritische Stellen: Kurzer steiler Anstieg nach St-Pierre-de-Bessuéjouls, der bei nasser Witterung auch etwas glitschig sein kann. In Estaing heißt es aufgepasst, denn vor der Brücke zweigt der GR 6 an einer Kapelle nach links ab und wenige Meter weiter der GR 65 ebenfalls.

Landschaft: Bis St-Pierre-de-Bessuéjouls bleibt der Jakobsweg im Lot-Tal, um dann über einen kleinen Höhenzug nach Estaing zu führen. Danach geht es parallel zum Flusslauf, bis der Weg bergan durch Mischwald die landwirtschaftlich genutzten Hochflächen bei Golinhac erreicht. Das Lot-Tal zeigt sich nochmals von seiner schönsten Seite: kleine Dörfer, Ausblicke auf das Tal, Hochflächen, helle und schattige Laubwälder und vor allem das malerisch gelegene Estaing mit der mächtigen Burg und der Pilgerbrücke über den Lot.

Infrastruktur: St-Pierrre-de-Bessuéjouls; Estaing; Montegut; Fonteilles; Le Mas; Golinhac.

Touristeninformation: OT, Estaing, 24, Rue François d'Estaing, www.tourisme-estaing.fr, Tel. 05 65 44 03 22.

Anmerkung: Unterwegs nur in Estaing Einkaufsmöglichkeit. Achtung: ausreichend Trinkwasser mitführen!

Vor der alten Brücke über den Lot in **Espalion (1)** gehen wir geradeaus weiter an der linken Uferseite entlang. Der Weg geht in einen Trampelpfad über, beschreibt eine Linkskurve und mündet in eine Wohnstraße. Wir folgen dem Muschelsymbol durch das Neubaugebiet, bis der Jakobsweg uns auf die D 566 bringt. Auf dieser wenden wir uns nach rechts und folgen ihr für 1,2 km, bis wir zur Abzweigung links nach **St-Pierre-de-Bessuéjouls (2)**, 335 m (40 Min.), gelangen. Auf dem Sträßchen erreichen wir nach 400 m die Kirche **St-Pierre**.

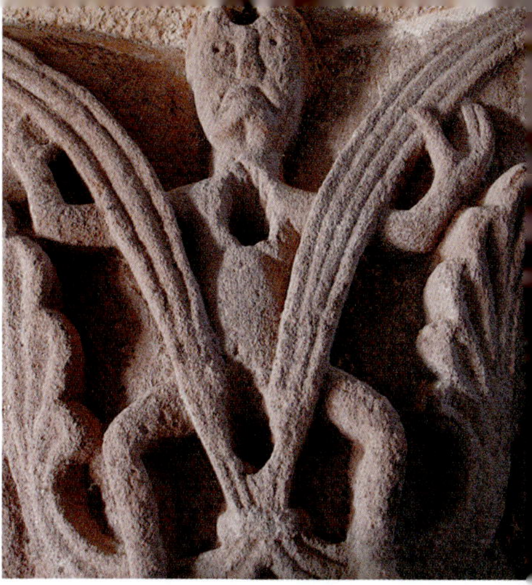

Kapitellverzierung in St-Pierre.

i *Die romanische Kirche von* ***Bessuéjouls*** *(11. Jh.) ist aus dem roten Buntsandstein der Region errichtet. Bemerkenswert an der Dorfkirche sind weniger das Kircheninnere oder die Fassade, sondern die Oberkapelle mit einem Altar aus karolingischer Zeit aus dem 9. Jh. Diese im Westwerk untergebrachte Michaelskapelle ist durch zwei schmale Treppenaufgänge zu besichtigen. Der Altar zeigt den Erzengel Michael als Drachentöter und einen weiteren Engel mit einem Spruchband. Die Kapitelle des mit Arkaden gewölbten Raumes sind verziert mit Fabelwesen, Tieren, menschlichen Gestalten und Engeln sowie mit einem filigranen karolingischen Flechtbandmuster.*

Von der Kirche geht es die Straße weiter und über eine Brücke Richtung Ort. An der Kreuzung nach rechts (kurz davor ein Hinweisschild zu einem Trinkwasserhahn nach rechts hinter dem Rathaus) und gleich nach links abzweigen. Hier beginnt rechts gegenüber einem Haus ein privater Pfad, der steil bergan durch ein Steineichenwäldchen führt und herrliche Ausblicke zurück auf Espalion freigibt. Sobald wir auf eine Teerstraße stoßen, wenden wir uns nach links und kommen durch den Weiler **Le Briffoul (3)**, 490 m (40 Min.). Kurz nach Le Briffoul zweigt unser Weg an einer Baumgruppe nach rechts von der Straße auf einen Feldweg mit schönem Blick ins Tal ab. Der Weg verengt sich zu einem Pfad, der durch einen Eichenmischwald mit mittlerem Gefälle zum ehemaligen Schloss von **Beauregard (4)**, 377 m, führt. Wir biegen nach rechts ab, und folgen der Straße bergab in Richtung des Friedhofs von Trédou mit einer Kapelle. Hier führt der Jakobsweg weiter nach links auf einer kleinen asphaltierten Straße bis zum Weiler Les Camps, 372 m, wo rechter Hand ein altes Pilgerkreuz den Weg markiert. Am Ende des Weilers wenden wir uns nach rechts und bleiben für über 1 km auf der Straße. Wir gelangen zu einer Kreuzung, an der es auf einem Feldweg geradeaus geht, dem wir auch an der nächsten Gabelung weiter nach links folgen. Er mündet in eine Straße, der wir nach rechts bergab bis zum Weiler Verrières, 335 m (1.10 Std.), folgen. Wir durchqueren das Dorf mit den noch zum Teil sehr gut erhaltenen mittelalterlichen Häusern, überqueren auf einer Brücke einen kleinen Bach und wenden uns an der D 556 nach rechts. Diese mündet in die D 100, der wir nach links etwas ansteigend folgen. Nach 800 m geht nach links ein steiler Pfad ab und führt auf schiefrigem Untergrund bergan. Oben angekommen geht es etwas flacher bergab und wir kommen kurz vor **Estaing (5)**, 320 m, wieder zurück auf die D 100. Wir folgen der Straße noch gut 200 m nach links und stehen dann direkt vor der großartigen Pilgerbrücke über den Lot (40 Min.).

Der Jakobsweg führt nicht über die Brücke nach Estaing, sondern zweigt nach links in eine kleine asphaltierte Straße ab, die bis zu

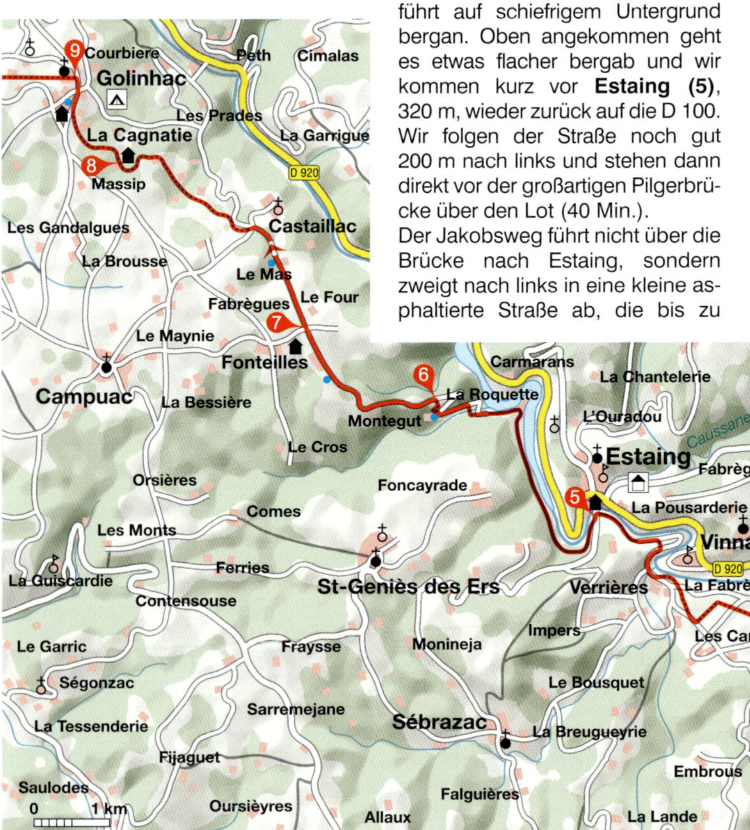

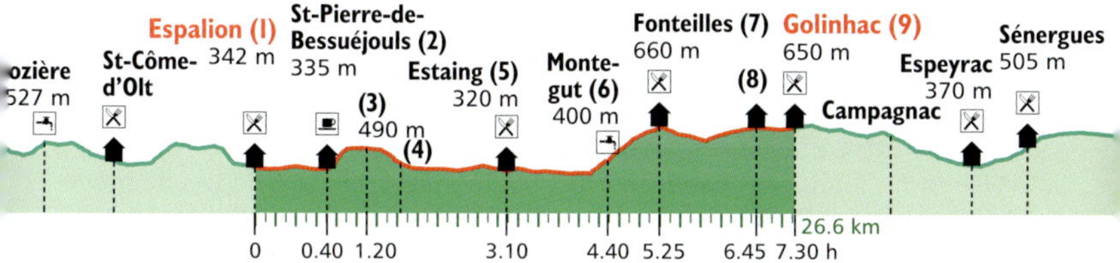

Die Pilgerbrücke aus dem Jahre 1520 führt in das Dorf, das zu den schönsten Dörfern des Aveyron zählt. Auf der Brücke steht eine Statue von François d'Estaing, hochverehrter Sohn des Ortes und Bischof von Rodez. Die Häuser von Estaing stehen dicht an dicht in den kleinen Gassen rund um das ehemalige Schloss der einstigen einflussreichen ***Familie d'Estaing****. Guillaume d'Estaing begleitete Richard Löwenherz auf dem Dritten Kreuzzug. Dieudonné d'Estaing rettete König Philipp II. in der Schlacht von Bouvines das Leben. Aus Dankbarkeit gestattete ihm der Monarch, die königlichen Lilien in seinem Wappen zu führen. Ein weiterer mutiger Spross der Familie war Charles-Hector Graf von Estaing. Während der Französischen Revolution versuchte er das Leben des Königs und seiner Familie zu retten und tauschte einige vertrauliche Briefe mit Marie Antoinette aus. Er wurde festgenommen, sagte als Zeuge beim Prozess der Königin aus und wurde selbst zum Tode verurteilt. Der Name der d'Estaing sowie das Schloss wurden 1922 von der Familie von Valéry Giscard d'Estaing (1974–81 franz. Staatspräsident) gekauft.*

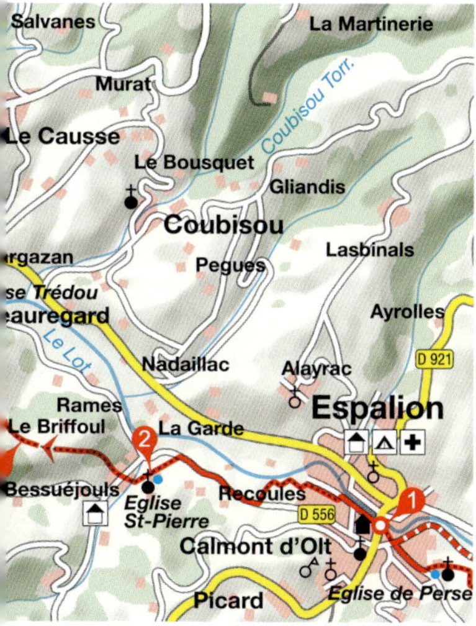

Das im 15. und 16. Jh. aus verschiedenen Materialien erbaute ***Schloss*** *wird von einem Donjon (runder Wohnturm) überragt und ist im Stil uneinheitlich. Von der westlichen Terrasse hat man einen schönen Blick auf die Altstadt und den Lot. In der Kirche aus dem 15. Jh. werden die Reliquien des hl. Fleuret aufbewahrt. Zu Ehren dieses Bischofs von Clermont, der im 7. Jh. in Estaing starb, findet am ersten Julisonntag eine Prozession statt. Im Inneren ist der gotische Kirchenbau im goldenen Stil des Barock gestaltet, der Altaraufsatz stellt den hl. Jakobus dar.*

dem Gehöft La Roquette, 342 m, dem Lot folgt. Am Gehöft gehen wir nach links auf einem Feld- bzw. Waldweg weiter, der über eine Brücke den Bachlauf der Luzanne überquert. In dem hohen Laubmischwald zweigen wir nach rechts in einen relativ steilen und steinigen Pfad ab. Dieser Pfad kreuzt mehrmals die kleine Straße, die ebenfalls zum Gehöft **Montegut (6)**, 400 m (1.30 Std.), führt. Hier folgen wir der Straße nach links, immer noch ansteigend aus dem Wald, an dem Weiler **Fonteilles (7)**, 660 m, vorbei. An einer Kreuzung wandern wir geradeaus Richtung Le Mas auf einer kleinen Straße, die durch einen kleines Waldstück bergab führt. Wir gehen weiter geradeaus durch Le Mas, 605 m (1 Std.), und durch den Wald, bis wir auf eine Straße treffen. Hier biegen wir kurz nach rechts ab und gehen dann an der nächsten Möglichkeit nach links bergan. Wir kommen an einem Wasserreservoir vorbei und halten uns wieder links, dem Schild »Vers D 135« folgend. An der nächsten Abzweigung erneut links und mit mittlerer Steigung bergan. Später verläuft der Weg mit mäßiger Steigung am Waldrand. Wir passieren das Gehöft La Borie de Lagarde und erreichen kurz vor dem Weiler Massip eine Gabelung. Hier links den geschotterten Feldweg nach **Massip (8)**, 650 m (1.05 Std.), nehmen. Geradeaus geht es durch den Weiler hindurch, bis nach den letzten Häusern ein Pfad in den Wald abzweigt. Mit leichtem Gefälle folgen wir diesem Pfad bis kurz vor Golinhac, wo er auf eine Straße trifft, auf der wir bis zur Ortsmitte von **Golinhac (9)**, 650 m (45 Min.), bleiben.

Estaing bietet viel mittelalterliches Flair mit seinem Schloss und seinen Straßen.

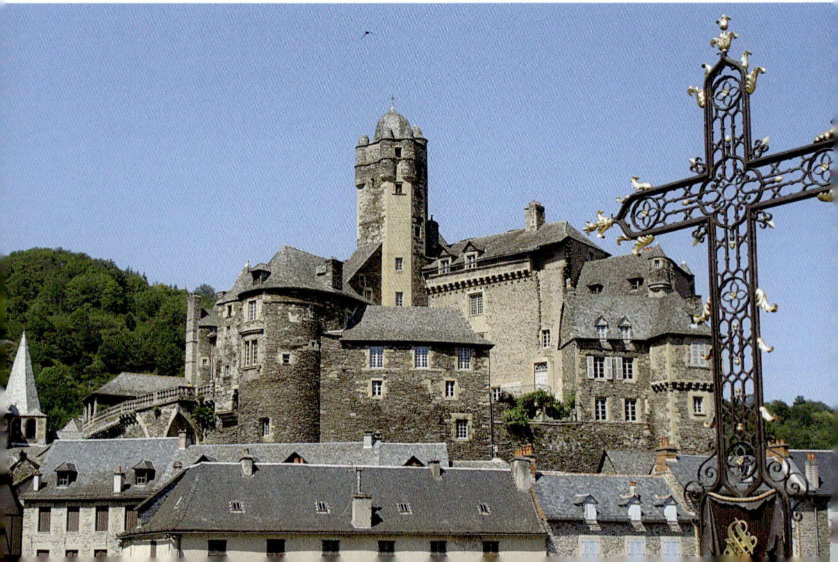

5.30 Std.

20,6 km

Golinhac – Conques 9

Herbergen: Le Soulié (530 m, 10 EW): rund 2 km vor Espeyrac, Accueil de Saint Jacques, 14 B/Spende, Essen mit Familie, Pferd, April–Okt., Tel. 06 49 07 46 61, 06 42 35 69 01. **Espeyrac** (370 m, 243 EW): (1) Gîte communal, 12 B/14 €, Frühstück 5 €, Küche, ganzj., Tel. 06 89 08 72 29. (2) Gîte Chrétien de Liris, 1,2 km nördlich von Espeyrac entlang der D 42, 7 B/HP auf Spendenbasis, Pferde, Tel. 06 73 59 47 02, gitedeliris@gmail.com.fr. **Sénergues** (505 m, 545 EW): (1) Gîte Domaine de Sénos, 33 B/18 €, HP 40 €, Küche, Pferde, keine Hunde, engl., April–Nov., Tel. 05 65 72 91 56. (2) Gîte l'Oustalet, 6 B/ÜF 25 €, Pferd, keine Hunde, April–Okt., Tel. 05 65 69 83 96, 06 79 69 02 75. **Conques** (280 m, 314 EW): (1) Accueil Abbaye Ste-Foy, 95 B/12 € im Schlafsaal, Zimmer für 2 Pers./ab 35 €, Frühstück, Essen, keine Hunde, Pferde, Messe am Abend und Pilgersegen am Morgen in der Kathedrale, engl., ganzj., Tel. 05 65 69 89 43, saintefoy@abbaye-conques.org. (2) Gîte communal, Rue Emile Roudié, 30 B/12 €, Küche, keine Hunde, April–Okt., Tel. 05 65 72 82 98, gite-etape-conques@orange.fr.

Die Strecke: Gut markierte Etappe ohne Varianten oder Kreuzung mit anderen GR-Wegen. Es geht auf Feld- und Waldwegen, kleinen Straßen und Pfaden mit mäßigen An- und Abstiegen nach Conques.

Höhenunterschied: 250 m im Aufstieg, 620 m im Abstieg.

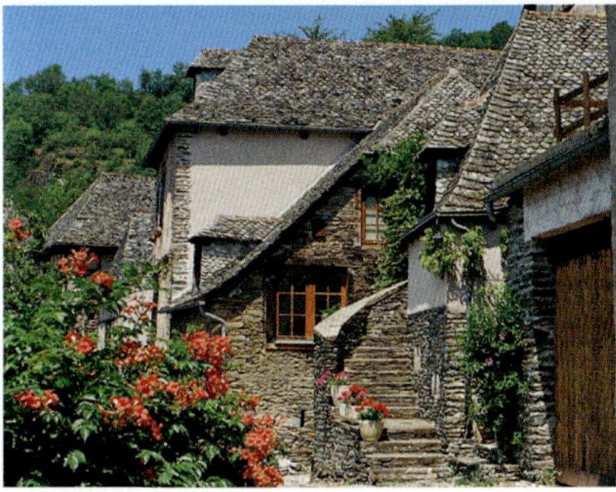

Bilderbuchidyll: Gasse in Conques.

Kritische Stellen: Der letzte Abstieg vor Conques ist bei nasser Witterung unter Umständen recht glitschig. In diesem Fall kann man einfach weiter auf der Straße geradeaus nach Conques gehen.

Landschaft: Der Jakobsweg führt im welligen Relief durch Mischwälder, Weiden und Wiesen, durch Weiler und Dörfer nach Conques, einem wichtigen Etappenziel auf der Pilgerreise.

Infrastruktur: Le Soulié ; Espeyrac ; Sénergues ; St-Marcel ; Conques .

Touristeninformation: OT, Conques, Rue du chanoine Benazech, Tel. 05 65 72 85 00, tourisme@conques.fr, www.conques.fr.

Von der Kirche in **Golinhac (1)** gehen wir die Straße entlang und biegen nach links in eine Straße ein, die weiter bergan führt und dann in einen Pfad übergeht. Dieser mündet in einen Wirtschaftsweg, dem wir nach rechts folgen. Über eine Kreuzung hinweg gehen wir in den gegenüberliegenden Wiesenweg, der im Weiler Poteau, 643 m, in die D 904 mündet. Wir überqueren diese und wandern geradeaus die D 42 entlang, bis wir nach 500 m rechts in einen Feld- bzw. Waldweg abzweigen, der uns nach Les Albusquiès, 648 m (35 Min.), bringt. Hier biegen wir nach rechts auf die D 42 ab, die

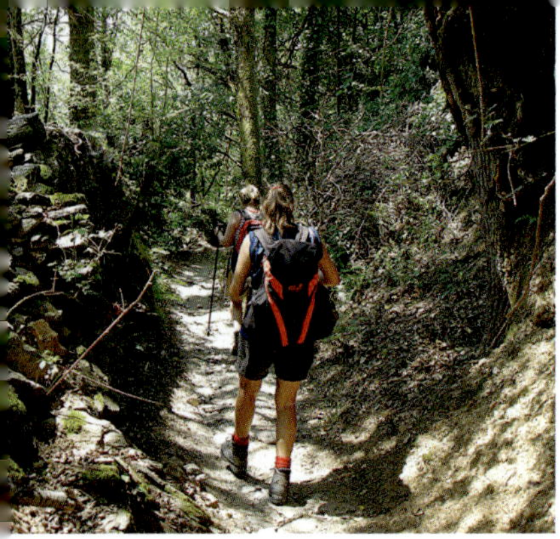

Kurz vor Conques.

wir noch im Weiler nach wenigen Metern wieder nach links verlassen. Diese Straße führt etwas bergan und geht dann allmählich in einen Feldweg und dann in einen Pfad über. In einem Waldstück wandern wir an der kleinen Straße nach links weiter. Diese bringt uns durch den Weiler **Campagnac (2)**, 593 m (40 Min.), und weiter geradeaus durch Le Soulié und Carbonnier. Am letzten Haus nach rechts von der Straße abzweigen auf einen Waldpfad, der kurz auf die Straße trifft, dann wieder nach rechts und unmittelbar darauf nach links abbiegt. Auf diesem Pfad folgen wir der Beschilderung bergab durch den Wald bis wir in **Espeyrac (3)**, 370 m (50 Min.), ankommen. Der GR führt in einer Kurve hinab und trifft vor der Kirche auf die D 42. Wir queren die Straße und gehen am Friedhof vorbei über eine kleine Brücke über den Bachlauf der Daze. Hier folgen wir dem Wiesen- und Waldpfad bergauf, bis wir wieder auf die D 42 stoßen. Wir folgen dieser für etwa 500 m nach rechts. Dann zweigen wir im Weiler Célis, 419 m, links in einen Pfad ab, der uns bergan nach **Sénergues (4)**, 505 m (55 Min.), bringt und am Ortseingang in eine Straße übergeht. Nach dem Friedhof geht die Straße nach rechts zur Kirche und weiter zur Hauptstraße. Auf dieser durchqueren wir den Ort. Wir halten uns links auf der D 42, die wir am Ortsausgang auf einem Weg nach rechts verlassen, der zwischen ein paar Häusern bergan führt. Dieser Feldweg zieht sich am Waldrand entlang und tangiert kurz die D 42. Wir bleiben jedoch auf dem Feldweg und erreichen so nach weiteren 500 m eine Wegverzweigung.

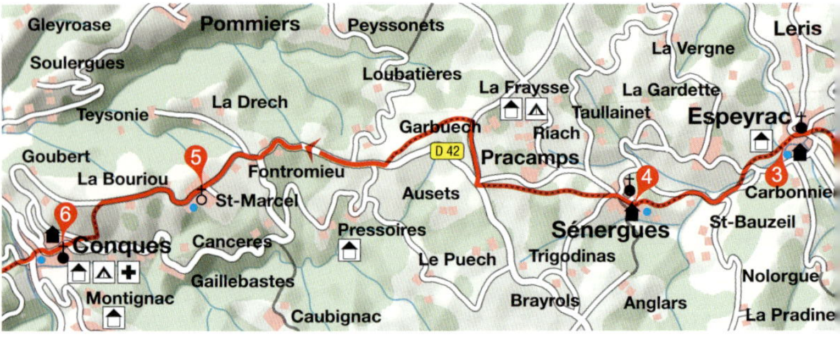

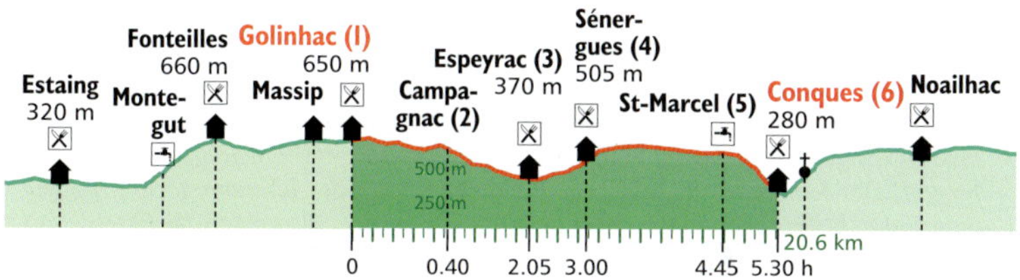

Hier wenden wir uns auf der Straße nach rechts und biegen nach 500 m in einen Feldweg nach links ab. An der nächsten Gabelung wieder links auf einen Wanderpfad, der sich durch die Wiesen und Felder zieht und bergab auf der D 42 endet. Wir wenden uns auf der Straße nach rechts und gehen die nächsten 2,5 km stets auf dieser Straße, bis wir den Weiler Fontromieu, 591 m, erreichen. Hier geht es nach rechts auf einer Straße 1 km weiter bis **St-Marcel (5)**, 570 m (1.45 Std.). Wir durchwandern den Weiler geradeaus, an der kleinen Kirche vorbei, bis etwa 1,2 km nach dem Ortsende ein Pfad vor einem alleinstehenden Haus von der Straße nach links bergab abzweigt. Dieser idyllische Pfad kann bei nasser Witterung recht rutschig sein, dann empfiehlt es sich hier, geradeaus auf der Straße bis Conques zu bleiben. Der Pfad mündet wieder auf die D 42. Wir halten uns geradeaus weiter bergab auf den Ort zu und gelangen durch eine hübsche Gasse wandernd bis zur Kathedrale von **Conques (6)**, 280 m (45 Min.).

i *In einem schwer zugänglichen Seitental des Lot befindet sich die weit über die Grenzen der Region bekannte **Abtei Conques** – ein beeindruckendes Bauwerk romanischer Kunst. Der Ursprung geht auf den Einsiedlermönch Dadon zurück, um den sich schon bald eine ganze Schar Benediktiner versammelte. Die Karolinger und allen voran Ludwig der Fromme stellten das Kloster unter ihren persönlichen Schutz und verliehen ihm den Namen Conques (Muschel).*

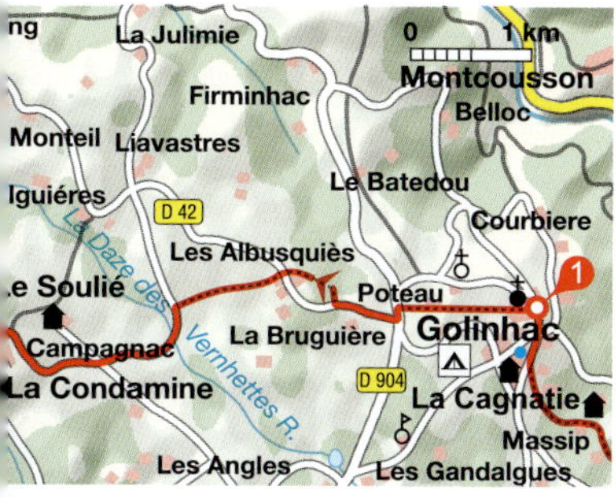

*Die Steinskulpturen an der Klosterkirche, vor allem das Tympanon über dem Eingangsportal, zählen zu den schönsten Kunstwerken des Mittelalters. Seit dem 8. Jh. beherbergt Conques eine Sammlung von Goldschmiedearbeiten, darunter die Reliquienstatue der **Sainte-Foy** (hl. Fides). Conques war vom 11. bis 13. Jh. eine wichtige Etappe der Wallfahrer auf dem Weg nach Santiago de Compostela. Die hl. Fides, Tochter eines angesehenen Bürgers von Agen, war im Jahre 303 im Alter von*

12 Jahren zum Tode verurteilt worden, weil sie sich weigerte, die heidnischen Götter anzubeten. Sie war damit eine der ersten und gleichzeitig wenigen französischen Märtyrerinnen. Ihr kindliches Alter und ihre damit verbundene Jungfräulichkeit verstärkten die öffentliche Verehrung. Schon bald verbreitete sich die Kunde eines Wunders, das die hl. Fides bewirkt haben soll: die Heilung eines blinden Jungen. Der kostbarste Schatz, der Reliquienschrein der hl. Fides (Ste-Foy), gelangte durch die sogenannte »heimliche Übertragung«, also einen Diebstahl, von Agen nach Conques. Diese Transaktion ermöglichte Karl der Große, der als Wohltäter deshalb in der Tympanondarstellung des Jüngsten Gerichts einen Ehrenplatz bei den Seligen erhielt.

Die Ankunft der wundertätigen Reliquien der hl. Fides sowie die »Entdeckung« des Grabes des Apostels Jakobus in Nordwestspanien und dem damit einsetzenden Pilgerstrom ist es zu verdanken, dass sich die Bedeutung von Conques ungebrochen steigern konnte. Der Hunderjährige Krieg, die Religionskriege sowie die Französische Revolution hinterließen dennoch ihre Spuren. Den seit 1893 ansässigen Prämonstratensermönchen ist es in Zusammenarbeit mit dem damaligen obersten französischen Denkmalschützer (und Autor) Prosper Merimée gelungen, diese wunderbare Anlage zu erhalten.

Die heutige **Kathedrale Ste-Foy** *ist eine romanische Emporenhallenkirche, deren Baubeginn in der Mitte des 11. Jh. lag. Im frühen 12. Jh. erfuhr sie einen grundsätzlichen Umbau. Das Gotteshaus wurde sowohl als Pilger- als auch als Klosterkirche konzipiert: Sie sollte sowohl eine große Zahl von Pilgern aufnehmen als auch den Mönchen einen Versammlungsraum zum Gebet bieten. Die Vierungskuppel wurde erst im 15. Jh. aufgesetzt, die Fassadentürme im Zuge einer von Prosper Mérimée eingeleiteten Restaurierung im 19. Jh.*

Conques besitzt eines der schönsten erhaltenen Tympana der romanischen Epoche. Dieses **Tympanon des Jüngsten Gerichts** *über dem Westportal zählt auf-*

Alte Steinsarkophage an der Kirche von Conques.

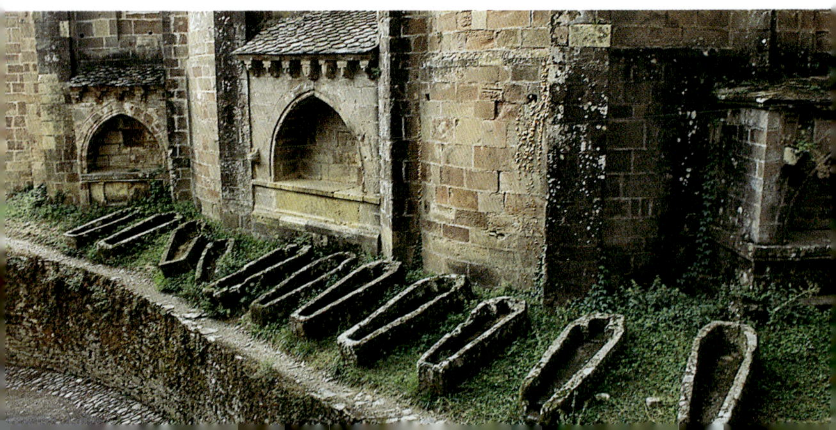

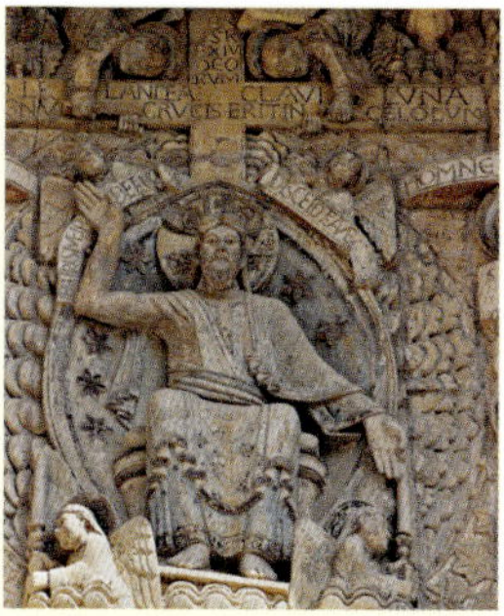

grund seiner Größe und seiner Originalität zu den Meisterwerken romanischer Bildhauerkunst. Im Zentrum sitzt Christus in einer Mandorla vor Sternen und Wolken. Über ihn halten zwei Engel das Kreuz als Zeichen der Auferstehung, zwei weitere blasen zum Jüngsten Gericht. Die Rechte des Weltenrichters weist nach oben, hier, zu seiner Rechten, ist die Seite der Seligen; seine Linke deutet ins Reich der Verdammten. Hier holen die Engel die Toten aus den Gräbern. Zu seiner Linken sind die Seelenqualen der Hölle und zur Rechten der himmlische Seelenfrieden dargestellt. Im linken Teil gestaltet sich der Zug der auferstandenen Seeligen. Auf den Wolken über ihnen erscheinen vier Engel, die sich durch ihre Schriftbänder als die vier Kardinaltugenden ausweisen. Der streng geordnete Zug der Seligen wird von der Jungfrau Maria angeführt, hinter ihr Petrus. Dahinter ein alter Mann, bei dem es sich wohl um Dadon, den Einsiedlermönch, handelt. Dann folgen zwei Äbte und Karl der Große. Im äußeren linken Zwickel finden wir eine Szene aus dem Leben der Fides. Darunter folgt die Darstellung des Paradieses in Form einer idealisierten Architektur, die das Himmlische Jerusalem symbolisiert. Streng in Zweiergruppen geordnet finden wir im Paradies die Apostel, die klugen Jungfrauen, Abraham mit zwei Seelen im Schoß, Propheten und Märtyrer. An der Pforte nimmt ein Erzengel die Auserwählten in Empfang. Ruhe und Ordnung herrschen im Paradies. Ganz anders die rechte Hälfte: Dort sind die Zustände chaotisch. Da werden gleich mehrere im Netz gefangen, einem wird der Kopf abgebissen, einer Sünderin werden die Haare ausgerissen, dort wird ein Ketzer lebendig gegrillt, ein Paar wird nackt vor den Satan gezerrt und ein anderer Mensch an den Füßen aufgehängt. In unbändiger naiver, aber drastischer Weise wird dem armen Pilger vor Augen geführt, was mit ihm passiert, wenn er die Gebote Gottes und der Kirche nicht befolgt. 124 Figuren hat der Künstler aufgeboten, um seine Predigt möglichst lebendig und ursprünglich auch grell-bunt bemalt zu gestalten.

Im ***Tresor*** *ist das berühmte Sitzreliquar der hl. Fides (Sainte-Foy) ausgestellt. Es besteht aus Blattgold, vergoldetem Silber, Kristall, Edelsteinen und Schmuckringen. Sie sitzt, den Blick entrückt nach oben gerichtet, auf dem Thron, mit einem zeitlosen Gesicht, das nichts mit den Zügen eines jungen Mädchens gemeinsam hat. »Sie zum erstenmal betrachtend, ganz in Gold, funkelnd von edelen Steinen und einer menschlichen Figur ähnlich, erschien sie den meisten einfachen Menschen, als ob sie sie ganz lebendig anschaue und mit ihren Augen die Gebete erhörte.« (um 1010, Bernard von Angers, zitiert nach Heinrich Wippers: Via Podiensis, Teil 1. 1992). Die Sitzfigur ist kein einheitliches Werk. Sie entstand in mehreren Etappen zwischen dem 9. Jh. und dem 16. Jh. Der Kopf allerdings ist eine wahre Überraschung: ein spätantikes Goldblech, vielleicht das Porträt eines Kaisers. Dieses antike Porträt des frühen 4. Jh. war der ersten Figur von Anfang an aufgesetzt.*

10 Conques – Livinhac-le-Haut

6.15 Std.
24,2 km

Herbergen: Noilhac (520 m, 160 EW): Gîte communal, 18 B/12 €, HP 31 €, Küche, engl., span., Pferde, keine Hunde, ganzj., Tel. 05 65 72 91 25, 06 12 75 30 09, gaillacaurelien@aol.com. **Les Bréfinies** (540 m, <30 EW): Accueil Pèlerins Les Anes de Monédiès, Zelte und Jurte 6 B/ab 12 €, Frühstück 5 €, HP ab 32 €, Küche, Pferde, ganzj., Tel. 06 89 91 30 16, 06 33 30 44 78, lesanes@monedies. **Prayssac** (540 m, >30 EW): Accueil rural Chrétien La Grangette Lou Camin, 8 B/Spendenbasis, Küche, keine Hunde, ganzj., Tel. 06 89 34 59 09. **Vivioles** (350 m, < 30 EW): Ecogîte le Mineur Paysan, 14 B/ab 14 €, Pferde, April–Okt., Tel. 06 23 20 29 97. **Decazeville** (210 m, 7152 EW): Gîte Les Volets Bleus, 3, Rue Camille Douls, 15 B/ab 13 €, Frühstück 5 €, Küche, April–Sept., Tel. 06 49 89 97 16, gitevoletsbleus.monsite-orange.fr. **St-Roch**: Gîte Sentinelle, 12 B/Spendenbasis, ganzj., Tel. 05 65 43 49 52. **Livinhac-le-Haut** (200 m, 1100 EW): (1) Gîte de Livinhac, 30 B/15 €, Frühstück 6 €, Küche, März–Okt., Tel. 06 76 86 94 77. (2) Gîte La Magnanerie, 13 B/ÜF 18 €, HP 36 €, Küche, Pferde, keine Hunde, engl., April–Sept., Tel. 05 65 43 25 56, 06 37 00 47 85, manangerie.gite@gmail.com. (3) Bio Gîte La Vita è Bella, 15 B/ab 16 €, Essen auf Spendenbasis, April–Okt., engl., span., it., Tel. 06 77 55 78 33, maisonrigolo@yahoo.com. (4) Gîte Camping Beau Rivage, Le Pont de l'Est, 14 B/ÜF ab 20 €, ganzj., keine Hunde, Tel. 06 51 01 02 88, 05 65 43 39 52. (5) Gîte sur le Chemin, 15 B/ab 29 €, Frühstück 6 €, Essen 13 €, Küche, Pferde, keine Hunde, ganzj., Tel. 06 16 98 54 77, surlechemin@orange.fr.

Modernes Glasfenster der Chapelle St-Roch.

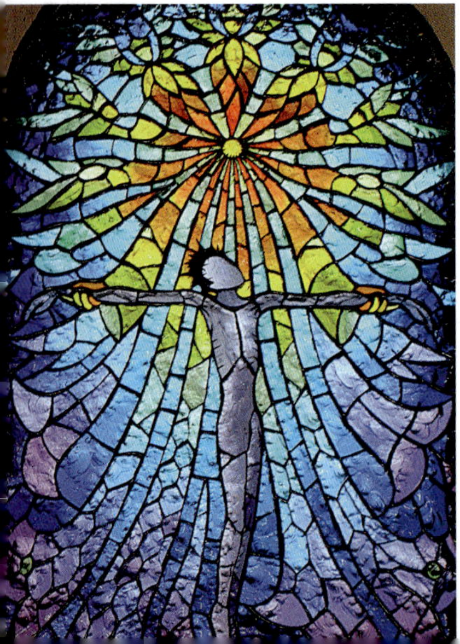

Die Strecke: Im ersten Abschnitt vor allem Pfade und Wirtschaftswege durch Wälder und Weiden, von Decazeville bis Livinhac-le-Haut hauptsächlich kleine Straßen durch Vororte und Wohngebiete.
Höhenunterschied: 580 m im Aufstieg, 660 m im Abstieg.
Kritische Stellen: Erhöhte Aufmerksamkeit ist am Abzweig der Variante nötig. Bei feuchter Witterung können die Waldpfade etwas glitschig sein.
Landschaft: Wir queren das Tal der Dourdou und wandern über das hügelige Relief der Hochfläche bis zum Lot-Tal.
Infrastruktur: Noailhac; Les Bréfinies; Prayssac; Decazeville; St-Roch; Livinhac-le-Haut.
Touristeninformation: OT Decazeville, Square Jean Segalat, Tel. 05 65 43 18 36, officetourismedecazeville@wanadoo.fr, www.decazeville-tourisme.com.

Von der Abteikirche in **Conques (1)** geht es links die gepflasterte Rue Charlemagne entlang, dem Muschelsymbol folgend durch die Porte du Barry hinab ins Tal der Dourdou. Wir durchqueren den Ortsteil Le Bancarel, an der Chapelle St-Roch vorbei bis zur D 901, die wir geradeaus kreuzen und dann auf der alten Pilgerbrücke (Pont des Roumieux, 1410) den Dourdou überqueren. In einer Rechtskurve zweigt nach wenigen Metern ein zum Teil steiler und je nach Witterung auch rutschiger Pfad ab, auf dem wir durch den Mischwald ansteigen. Wir queren die D 232 geradeaus und gelangen zur **Chapelle Ste-Foy (2)**, 390 m (30 Min.). Nach einem letzten Blick auf Conques führt uns der Weg weiter die Hangschulter bergan. Dabei queren wir einen Forstweg und wandern durch Weiden bis zu einer Verzweigung mit einer kleinen Straße. Hier zweigt die **Variante (3)** über Prayssac dem GR 6 folgend nach rechts ab. Wir aber halten uns links und biegen nach 250 m in eine kleine Straße ein. Dieser folgen wir über einen Bergrücken für rund 1,3 km geradeaus. Das Sträßchen mündet in die D 606 ein, deren Verlauf wir nach links für rund 2 km bis zur D 580 folgen. Diese bringt uns links haltend nach **Noailhac (4)**, 520 m (1.45 Std.). Nach dem Ortsende rechts einen Prozessionsweg einschlagen, der zur Chapelle St-Roch, 601 m, führt. Hier geht es weiter nach links die D 580 entlang, wobei sämtliche Abzweigungen ignoriert werden, bis wir nach dem Weiler **Fonteilles (5)**, 550 m (1.15 Std.), auf die Variante des GR 65 stößt.

Variante über Prayssac (2.30 Std./10 km)
Auf dem GR 6 gehen wir an der Verzweigung auf einem Feldweg nach rechts, der durch Weiden und einen Mischwald zunächst bergab führt, über den Bachlauf der Mouliedies und dann wieder bergan, bis er auf die D 606 stößt. Hier geht es für wenige Meter nach rechts weiter und an der nächsten Gabelung nach links Richtung Les Clémenties, 542 m (1.20 Std.). Diesen Weiler durchqueren wir. Nach 750 m, hinter dem letzten Haus, nehmen wir einen Weg nach links bergab zum Gehöft Les Bréfinies, das wir geradeaus durchwandern und so auf der kleinen Straße die Ansiedlung Eyniès erreichen. Hier geht es nach links auf einem fein geschotterten Weg bergab. Wir queren den Bachlauf der Brousse und wandern bergan weiter durch den

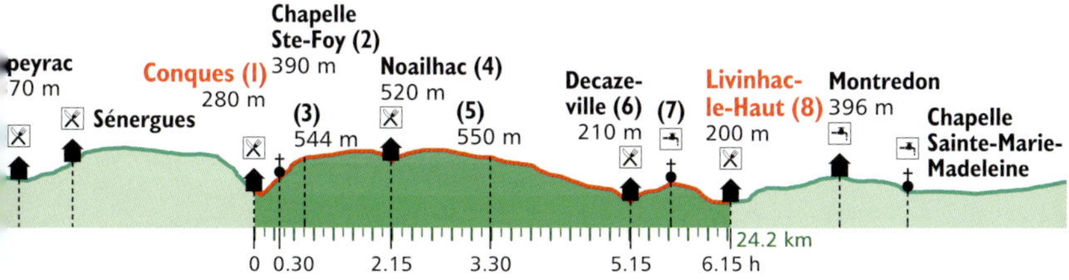

Laubwald bis zur D 183. Diese geradeaus queren und an einem Wegkreuz auf den Weiler **Prayssac**, 511 m, zuhalten. Auf einer kleinen Straße erreicht man den Weiler (1.10 Std.), in dem wir an einer Gabelung nach links abbiegen. Die Straße geht am letzten Haus in einen Feldweg über, der zum Bachlauf des Moulinet führt. In einer Kehre gelangen wir dann zum Weiler Romegoux. Der Weg geht in eine kleine Straße über, auf der wir die D 580 erreichen, der wir nach links für 100 m folgen. Dann nehmen wir einen Feldweg, hier treffen wir wieder auf den Hauptweg des GR 65 und gehen im spitzen Winkel von der Straße ab.
Der Weg wird etwas abschüssig, quert eine kleine Straße und gibt immer wieder einen Blick auf das Becken von Decazeville frei. Weiter geht es durch Wiesen, bis wir auf einen geteerten Weg stoßen, dem wir nach links folgen. Dieser führt uns nun für einige Zeit an der Hangkante entlang durch einige Weiler und Abzweigungen, die wir stets ignorieren, um weiterhin der weißroten Markierung zu folgen. Im letzten Weiler Vivioles darauf achten, sich stets rechts zu halten und nicht einen der nach links abzweigenden Wege

i *Die Stadt* ***Decazeville*** *ist seit dem 16. Jh. ein bedeutender Standort für den Abbau von Kohle, die über den Lot und die Garonne bis Bordeaux verschifft wurde. Im Zuge des Kohletagebaus entwickelte sich eine einst florierende Eisen- und Verhüttungsindustrie, die im Wesentlichen vom Wirtschaftsminister Napoleon III. gefördert wurde. Dem Herzog Decazes zu Ehren wurde die Stadt in Decazeville umbenannt. Heute ist von der einstigen Blütezeit wenig zu spüren, allein die Museumsgrube »La Découverte« zeugt vom ehemals bedeutendsten Wirtschaftsfaktor der Region.*

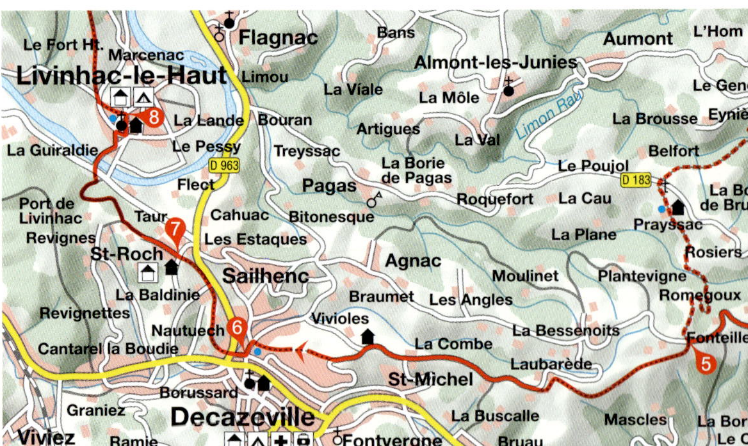

einzuschlagen. Mit steilerem Gefälle erreichen wir schließlich eine der Durchgangsstraßen von **Decazeville (6)**, 210 m (1.45 Std.). Wir gehen auf dem GR nicht durch das Zentrum der wenig charmanten Bergbaustadt, sondern folgen der Straße zunächst nach links und biegen dann sogleich nach rechts ab. An der nächsten Ampelkreuzung geht es für wenige Meter nach rechts, bevor wir links in ein Wohngebiet, in die steil ansteigende »Route die Nantuech« einbiegen. Diese mündet in eine kleine Straße, wir halten uns rechts und wenden uns unmittelbar anschließend nach links in den Chemin du Boutigou. An einem Friedhof und der **Chapelle St-Roch (7)**, 353 m, mit ihren schönen Glasfenstern vorbei, erreichen wir die D 157, die uns links bergab ins Lot-Tal begleitet. Vor einer Linkskurve zweigt rechts ein Waldweg ab, der uns direkt über den Lot und zum Ortseingang von **Livinhac-le-Haut (8)**, 200 m (1 Std.), bringt. Eingerahmt von den Ufern des Lot liegt der Ort in einer malerischen Flussschleife. In Linvinhac-le-Haut nehmen wir eine Gasse nach links, queren die Dorfdurchgangsstraße und gehen weiter nach links ansteigend bis zum Kirchplatz.

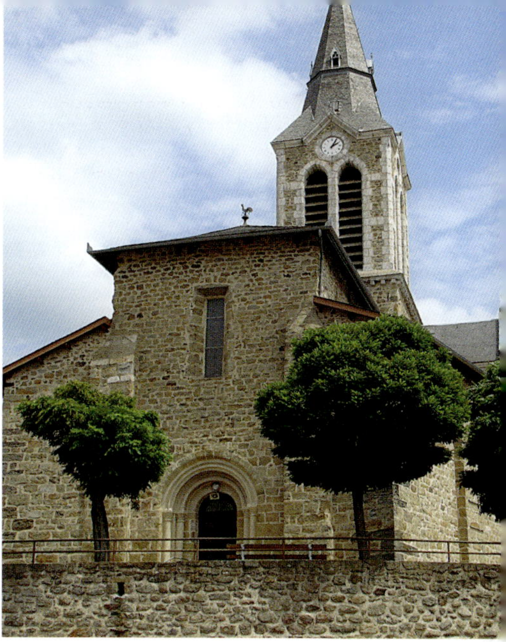

Kirche von Livinhac-le-Haut.

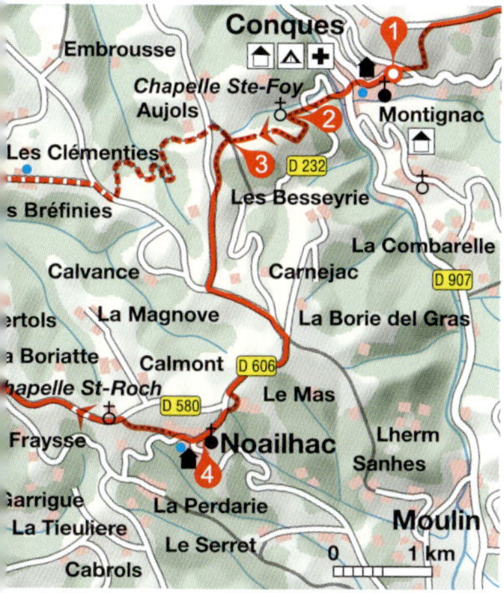

11 Livinhac-le-Haut – Figeac

6.15 Std.
23,6 km

Herbergen: Montredon (396 m, >50 EW): Halte Pèlerin Le Saint Michel, 12 B/Spendenbasis, Küche, keine Hunde, April–Okt., Tel. 07 83 38 49 59, haltepelerinmontredon46@gmail.com. **Lacoste** (347 m, <20 EW): Gîte Lacoste, 3 B/ÜF ab 25 €, Essen 15 €, keine Hunde, April–Okt., Tel. 07 83 77 73 99, gitelacoste@gmail.com. **Felzins** (250 m, 300 EW): Gîte Le Pentadou (etwa 1,5 km abseits des GR bei La Rajoulie, den GR auf die D 31 verlassen), 10 B/ÜF 23 €, HP 42 €, Küche, Pferd, April–Okt., Tel. 05 65 40 48 12, www.lepentadou.com. **Figeac** (195 m, 10.500 EW): (1) Gîte le Soleiho, 8, Rue Prat, 6 B/ÜF 17 €, Küche, ganzj., Tel. 05 65 38 42 62, 06 75 89 96 53. (2) Gîte du Carmel, 8 B/Spendenbasis, keine Hunde, Mai–Sept., Reservierung 48 Std. vorab, Tel. 06 14 32 05 51. (3) Gîte de Jourdane, 6 B/15 €, Frühstück 6 €, Essen 15 €, Pferd, April–Sept., Tel. 06 84 36 43 65. (4) Gîte du Gua, 15 B/ÜF ab 20 €, Essen 13 €, ganzj., Tel. 05 81 71 50 28, 06 74 73 22 69. (5) Gîte Le Coquelicot, 15 B/ÜF 21 €, Essen 13 €, ganzj., Tel. 06 27 58 67 54. (6) Gîte Chemin des Anges, 7 B/ÜF ab 23 €, Essen 16 €, keine Hunde, ganzj., Tel. 06 10 30 55 90, 06 07 12 35 63.

Die Strecke: Gut markiert und auf kleinen Straßen, die immer wieder mit Pfaden und Feldwegen abwechseln, geht es meist über Weiden, Felder und durch kleine Weiler. Vor Figeac zweigt der GR 6A ab, der die Stadt südlich umgeht und wieder in die Via Podiensis mündet. Ein Besuch von Figeac – charmant und mit einigen Sehenswürdigkeiten – lohnt sich aber.

Höhenunterschied: 330 m im Auf- und Abstieg.

Kritische Stellen: Der Abzweig des GR 6A in Bataillou und der Weg durch Figeac fordern erhöhte Aufmerksamkeit.

Landschaft: Die Landschaft wird lieblicher und das Flair des Südens zieht ganz unmerklich ein. Wir wandern über eine leicht wellige, landwirtschaftlich genutzte Hochfläche zwischen dem Lot-Tal und dem Tal der Célé, die von lichten Mischwäldern an den Hängen eingerahmt wird.

Infrastruktur: Montredon ; Chapelle de Guirande ; St-Félix ; St-Jean-Mirabel ; Panacard ; Ravanel ; Figeac .

Touristeninformation: OT Figeac, Hôtel de la Monnaie, Place Vival, Tel. 05 65 34 06 25, figeac@wanadoo.fr, www.tourisme-figeac.com.

Anmerkung: Kaum Einkehr- und Einkaufsmöglichkeiten, aber genug Brunnen.

In **Livinhac-le-Haut (1)** nehmen wir oberhalb des Kirchplatzes eine Dorfstraße nach links, queren geradeaus die D 21 und gehen auf der D 627 für wenige Meter weiter Richtung Capdenac. Dann zweigt ein kleiner Weg nach rechts ab (Schild Richtung Montredon). Wir wandern bergan nach Pérols und dann auf einer kleinen Teerstraße zum zersiedelten Weiler Le Thabor. Hier biegen wir nach rechts auf einen Weg ab, der durch einen Eichenwald und dann an einem rechts gelegenen Bauernhof vorbeiführt. Gleich danach mündet der Feldweg auf die D 21, der wir kurz nach links folgen, um gleich wieder links auf eine kleine ansteigende Straße abzubiegen. Bereits nach wenigen Metern wenden wir uns rechts auf einen geschotterten Feldweg Richtung Feydel-Haut. Dieser geht in eine kleine Straße über, der wir geradeaus durch Chaunac und ein kleines Wäldchen bis **Montredon (2)**, 396 m

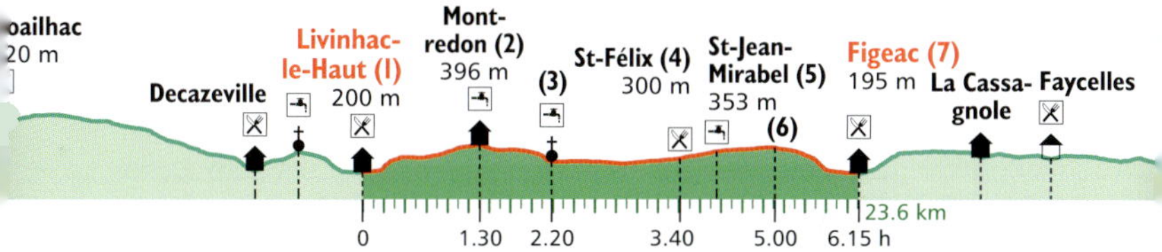

(1.30 Std.), folgen. Am Ortseingang auf der Straße nach links und gleich wieder rechts in eine Gasse abbiegen, auf der wir bergan den Kirchplatz erreichen. Weiter geht es links an der Kirche vorbei bergab, bis wir auf eine quer verlaufende Straße stoßen, auf der wir nach rechts durch den landwirtschaftlich geprägten Weiler Lalaubie gehen. An einer Verzweigung geradeaus dem Sträßchen bergan folgen, nach links abbiegen und den Weiler Tournie durchqueren. Am Ende des Ortes an einer Wegverzweigung den mit Eichen bestandenen Weg schräg links einschlagen bis zum Gehöft Lacoste. Hier nach links einem Weg folgen, der dann einen Rechtsknick macht und recht steinig bergab führt. Dabei schwenken wir an einer kleinen Straße kurz nach links und gleich nochmal nach links und erreichen so an der D 2 die **Chapel-**

Buron: typische Hirtenhütte der Causses.

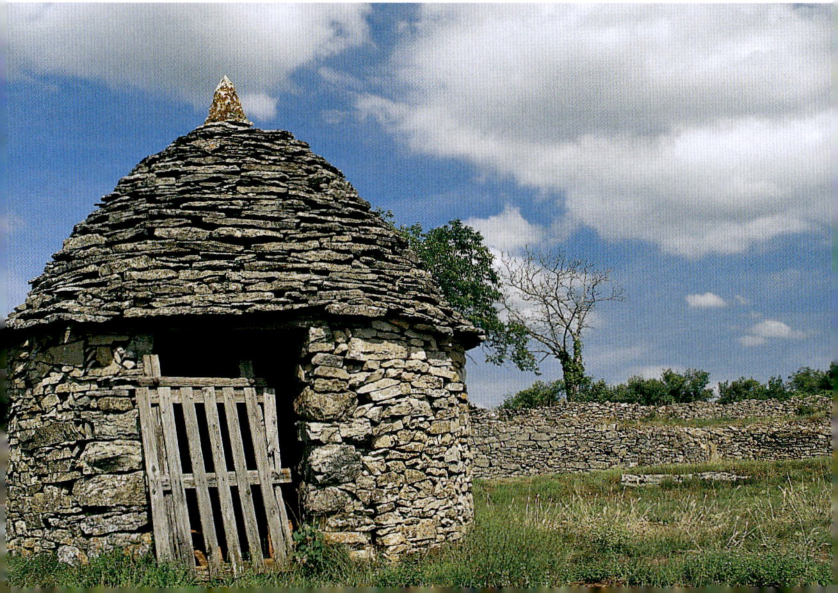

le Sainte-Marie-Madeleine de Guirande (3), 277 m (50 Min.). Wir halten uns wenige Meter rechts und zweigen dann an einem alten Haus rechts in einen Weg ab, der nach Guirande führt.
Am letzten Haus nach rechts in einen eichenbestandenen Pfad abbiegen. An einer Straße treffen wir auf ein Fluggelände und halten uns hier links immer weiter geradeaus, alle Abzweigungen ignorierend bis zum Gehöft Le Conquiet. Nach dem Hof mündet unser Weg in die D 41, der wir rechts bis Le Terly folgen. Hier geht es nach links auf einem abschüssigen Pfad auf einem Damm über dem aufgestauten Bachlauf der Guirande und weiter geradeaus am Gehöft Le Gévaudan, 247 m (20 Min.), vorbei. Rund 400 m nach dem Gehöft orientieren wir uns nach links zum Weiler Bord. Am Ortsausgang geht es nach rechts auf einen Feldweg. Dabei überqueren wir geradeaus die D 2 und erreichen **St-Félix (4)**, 300 m (1 Std.). An der Kirche Ste-Radegonde von St-Félix (11. Jh.), halten wir uns nach links. Vorher lohnt aber noch ein Blick in das hübsche romanische Gotteshaus, das im Tympanon eine Darstellung von Adam und Eva im Paradies zeigt.
Im Ort folgt die Via Podiensis nach der Kirche einer Gasse nach links. Dann nach rechts einem Weg folgen, der zu einem Gehöft (Croix de Jordy) führt. Hier gehen wir an der Verzweigung geradeaus einen Feldweg entlang, der auf eine kleine Straße mündet, auf die wir nach rechts einschwenken. Wir erreichen die D 205, gehen auf ihr kurz links und wenden uns gleich wieder rechts in einen Hohlweg, der uns zu D 2 bringt. Der GR 65 setzt sich auf der anderen Seite geradeaus fort, vorbei an der Kirche von **St-Jean-Mirabel (5)**. Im Ort nach links und zurück zur D 2, der wir rechts für 1,5 km folgen. Nach

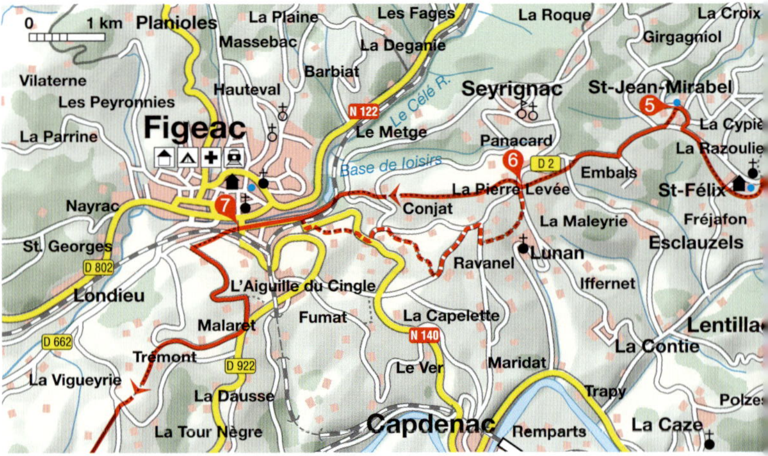

dem Weiler Bel-Air zweigen wir auf einen Pfad nach links ab, der bald auf eine kleine Straße trifft, auf der wir uns wieder nach links wenden, um gleich darauf an einer Gabelung nach rechts weiterzugehen (Schild »l'Hôpital«). Bald leitet der GR rechts auf einen Pfad, der bei **La Pierre Levée (6)**, 380 m (gut 1.20 Std.), die schmale D 2 erreicht. Auf dieses Departementssträßlein wenden wir uns nach rechts und zweigen kurz darauf an einem Wegekreuz nach links in einen Weg ein, der auf einen Mast zuläuft. Diesem Weg folgen wir an dem Mast vorbei immer geradeaus. Dabei überqueren wir bei der Streusiedlung Roussilhe eine Straße und wandern bergab auf den Stausee Surgie zu, der den östlichen Stadtbereich von Figeac entlang der Célé begrenzt. Am Stausee biegen wir nach links auf die Route de Roussilhe ab, die dem Flußlauf der Célé Richtung Figeac folgt. Sie mündet geradeaus in die Allée Victor Hugo, die an der Pont du Pin vorbei führt. An der Pont Gambetta queren wir die Célé und haben damit die Altstadt von **Figeac (7)**, 195 m (1.15 Std.), erreicht. Der GR führt allerdings nicht ins Stadtzentrum, sondern zweigt vor der Brücke nach links ab, zunächst wieder dem Lauf der Célé folgend.

i ***Figeac** ist mit rund 10.000 Einwohnern ein reges Markt- und Geschäftszentrum, das heute von den Einnahmen aus Tourismus und Landwirtschaft und vom Maschinenbau lebt. Berühmtester Sohn der Stadt ist das Sprachgenie **Jean-François Champollion** (1790–1832). Er beherrschte bereits mit vierzehn Jahren fünf altertümliche Sprachen und entzifferte mit Hilfe des »Steines von Rosette«, ein Mitbringsel Napoleons vom Ägyptenfeldzug, als Erster die ägyptischen Hieroglyphen.*

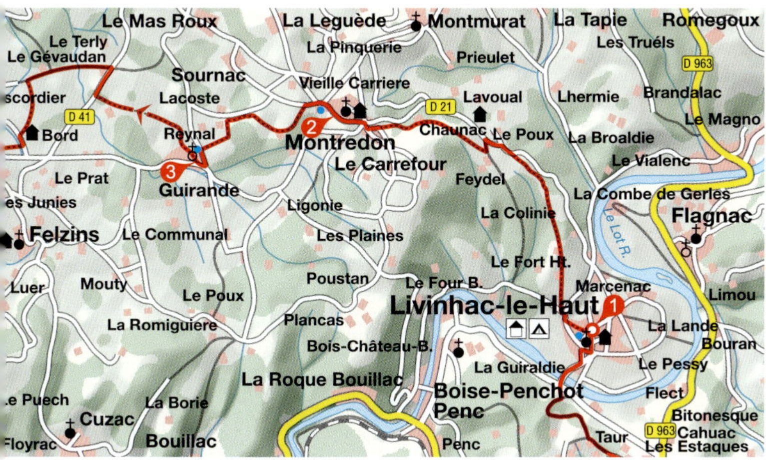

Die Stadt entstand um eine **Benediktinerabtei** aus dem 9. Jh., die einer Legende zufolge von Pippin dem Kurzen von Aquitanien gestiftet worden sein soll und ab dem 11. Jh. durch die Jakobspilger an Bedeutung gewann. Die ältesten Teile der Abteikirche Saint-Sauveur stammen aus dem 11. Jh. Der Innenraum wird durch das hohe Mittelschiff und die schmalen und ebenfalls sehr hohen Seitenschiffe bestimmt. Im weiteren Bauverlauf erhielten die Seitenschiffe kleine Kapellen. Lange Zeit herrschte zwischen den Mönchen von Figeac und denen von Conques ein erbitterter Streit über die Vormachtstellung, die mit dem Konzil von Nîmes 1096 zugunsten der Unabhängigkeit beider Abteien entschieden wurde. Figeac profitierte zum einen von der reichen Pilgerschar und zum anderen von der geografisch günstigen Lage zwischen der Auvergne, den Kalkplateaus des Quercy und der Provinz Rouergue. Anfang des 14. Jh. wurde der florierenden Stadt das Privileg der Münzprägung verliehen.

Aus dem 13. bis 16. Jh. besitzt Figeac einige gut erhaltene **Profanbauten**. Der typische Baustil in Figeac bestand aus dreistöckigen Gebäuden, die im Erdgeschoss von großen Arkaden bestimmt werden. Im ersten Stock, dem Wohngeschoss, sieht man häufig gotische Fensterformen und eine Galerie. Das offene Dachgeschoss diente meist als Speicher, Wäschetrockenplatz oder zum Stapeln von Brennholz. Die Außenfassaden zeigen verspielte Erker sowie reich verzierte Türen.

Das imposante Stadthaus, das **Hôtel de la Monnaie** aus dem ausgehenden 13. Jh., beherbergt heute das Office du Tourisme sowie ein Museum, das alte sakrale und handwerkliche Gegenstände der Stadt ausstellt. Ursprünglich war es eine Wechselstube, daher auch der okzitanische Name des Hauses »Oustal dé lo Mounédo«, was »Palast der Münze« bedeutet.

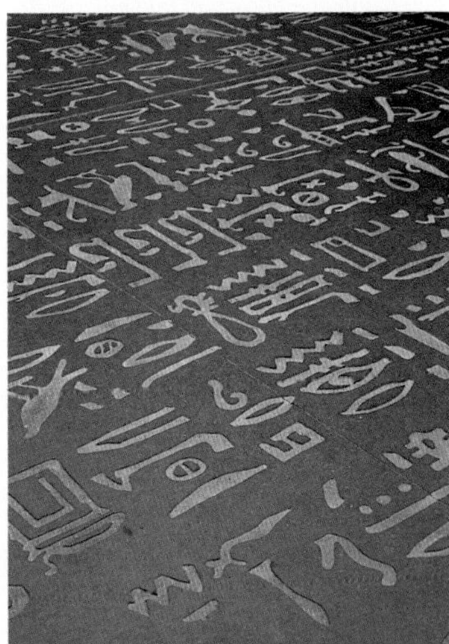

Place des Ecritures und **Musée Champollion**: In den Boden eines schönen Innenhofes wurde eine riesige Steinplatte (14x7 m) aus schwarzem Granit aus Zimbabwe eingelassen. Der amerikanische Künstler Joseph Kossuth schuf damit eine Nachbildung des Steins von Rosette. Der Stein ist begehbar und im wörtlichen Sinne begreifbar. In einem Nebenhof ist eine Glasplatte mit der französischen Übersetzung der Inschriften ausgestellt. Das Musée Champollion ist dem Leben und Wirken des Genies der Stadt Figeac gewidmet. Im ersten Stock befindet sich ein Abguss des Steins von Rosette – das Original bewahrt das British Museum in London auf.

Die Causses

Die Causses zählen durch ihre herbe Schönheit und durch die sehr spärliche Besiedlung zu den beeindruckendsten Landschaften Frankreichs. Von Figeac bis Cahors führt die Via Podiensis über die Causses der Region Quercy, die Causse de Gramat sowie die Causse de Limogne. Das Wort »causse« wird teils vom lateinischen »calx« für warm, teils von dem viel älteren Wort »cals« für Fels oder Stein abgeleitet. Die Hochebenen bestehen im Wesentlichen aus Jurakalk und sind durch Flusstäler voneinander getrennt. Allerdings ist die Bezeichnung »Ebene« trügerisch, denn das Relief ist fast immer leicht hügelig. Die Causses sind ein Wassermangelgebiet. Es gibt zwar ausreichend Niederschläge, doch der Regen kann vom verkarsteten Kalkstein nicht gespeichert werden. Hier hat sich eine natürliche, durchaus auch schon mediterran geprägte Vegetation aus Wacholder, Eichen, Johannisbrotbaum, Ginster, Kreuzdorn, Stechendem Spargel oder Blauer Rasselblume angesiedelt. Auf der steppenartigen Graslandschaft, die durch kleine Steinmauern eingegrenzt ist, weiden Schafe. In den Senken und Tälern wird auf oft winzigen Flächen intensiver Ackerbau und manchmal auch, wie zum Beispiel rund um Cahors, Weinbau betrieben.

Für große Ortschaften gab es in den Causses nie die Voraussetzungen, obgleich sie schon in römischer Zeit durch keltische Stämme besiedelt waren. Die Gehöfte liegen meist einzeln und verstreut auf den Hochebenen, allenfalls eine kleine Gruppe von Steinhäuschen drängt sich zusammen. Viele Bauernhöfe sind aufgegeben, lediglich der Tourismus und Ferienwohnsitze bringen heute wieder Ruhe suchende Menschen aus den Städten hierher.

Ruhe und Einsamkeit prägen die Causses, über deren Hochflächen der Jakobsweg über rund 130 km führt. Schatten ist in dieser Region selten, auch wenn auf den Kalkflächen neben kargen Weideflächen niedere Eichenwälder anzutreffen sind. So ist ausreichend Trinkwasser das kostbarste Gut für Wanderer. Die Versorgung mit Wasser, Nahrungsmitteln und Unterkünften ist auf einzelnen Abschnitten des Weges dürftig, so dass die Etappen in dieser Region gut geplant werden sollten. Die Höhendifferenzen auf den Hochebenen sind geringfügig, allerdings werden die einzelnen Causses von Flusstälern durchschnitten, die sich steil ins Gestein gegraben haben.

Karge Landschaft der Causses.

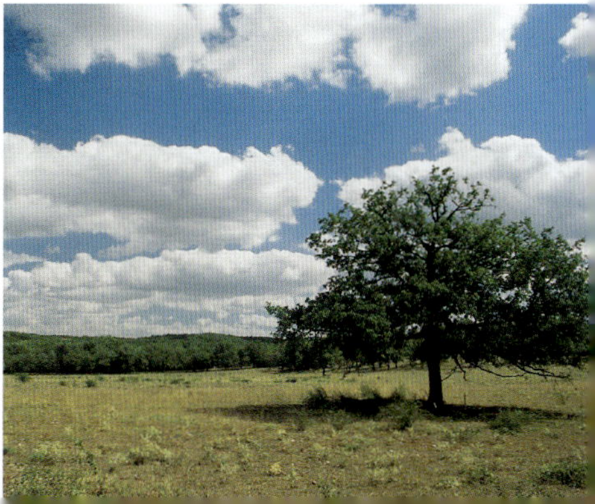

12 Figeac – Cajarc

7.45 Std.
31,2 km

Herbergen: La Cassagnole (310 m, 79 EW): Gîte Le Relais St-Jacques, 33 B/ÜF 20 €, Essen, Küche, Pferde, engl., Tel. 05 65 34 03 08, www.cassagnole.com. **Béduer** (300 m, 50 EW): (1) Gîte Le Bédigas, Le Bédigas Haut, 5 B/ÜF 23 €, engl., Pferde, ganzj., Tel. 05 65 33 49 85, 06 74 46 17 17, gite.bedigas@gmail.com. (2) Camping Pech-Ibert, Mobile Homes 18,50 €, Zelt ab 14 €, Frühstück 6 €, Essen 16 €, Küche, Pferde, engl., Mitte März–Mitte Okt., Tel. 05 65 40 05 85, 06 71 15 42 72, www.camping-pech-ibert.com. (3) Gîte Pech Rouge, 6 B/17 €, Frühstück 5 €, Essen 15 €, März–Nov., keine Hunde, Tel. 05 65 38 12 60, 06 19 38 49 25. (4) Gîte Transhumance, Mas de Bédorgues, 3 B/17 €, Essen 15 €, Camping möglich 5 €, Pferde, ganzj., Tel. 06 80 60 01 90. **Le Puy Clavel** (350 m, <10 EW): Gîte Ecoasis, 8 B/ÜF 24 €, Küche, engl., April–Okt., Tel. 06 71 00 48 30, 09 50 07 74 66, www.ecoasis.fr. **Gréalou** (375 m, 240 EW): (1) Gîte de l'Atelier des Volets Bleus, Place de l'Église, 8 B/ÜF 28 €, Essen, Küche, Pferde, dt., engl., ganzj., Tel. 05 65 40 69 86, www.atelierdesvoletsbleus.sup.fr. (2) Gîte, 6 B/20 €, Frühstück, Essen, Küche, ganzj., Tel. 05 65 40 66 00, 06 07 09 59 85. **Ussac** (274 m, 30 EW, bei den Dolmen hinter Gréalou nach rechts für rund 2 km nach Ussac): La Source d'Ussac, 12 B/ab 21 €, HP 35 €, Pferde, keine Hunde, zelten möglich, Tel. 05 65 40 79 89, dominique-pourcel@orange.fr. **Cajarc** (155 m, 1200 EW): (1) Gîte communal, 20 B/12,50 €, Küche, keine Hunde, ganzj., Tel. 06 14 66 54 89. (2) Gîte Le Pèlerin, 30 B/ÜF ab 17,50 €, Küche, Pferde, April–Okt., Tel. 06 74 32 44 40. (3) Gîte, 2 Zi/35 €, April–Okt., Tel. 05 65 40 61 00, 06 30 65 43 26, gitelepelerincajarc@orange.fr. (4) Gîte Hotel La Peyrade, 9 B/ÜF 33 €, HP 47 €, Küche, Pferde, ganzj., Tel. 05 65 10 42 03, 06 09 34 52 81, ccharbogne@yahoo.fr.

Die Strecke: Die Hochfläche der Causse Quercy wird auf schmalen Wirtschafts- und Feldwegen durch- bzw. überquert. Der Abstieg hinab ins Lot-Tal verläuft auf kurzen Abschnitten etwas steiler oder steinig, ist insgesamt jedoch problemlos begehbar. Die Markierung ist wie üblich weiß-rot. Von Mas de la Croix kann man einen Abstecher nach Béduer unternehmen (1 km hin und zurück, Markierung weiß-rot, GR 651). Bei Le Verdier besteht die Möglichkeit, einen ungefähr 1,5 km kürzeren Weg nach Cajarc einzuschlagen (GR 65A).

Höhenunterschied: 450 m im Aufstieg, 480 m im Abstieg.

Kritische Stellen: Lediglich bei den Abzweigungen des GR 6A am Aiguille du Cingle, in Figeac selbst sowie beim Abstecher nach Béduer oder der Variante des GR 651 kurz vor Le Verdier ist erhöhte Aufmerksamkeit erforderlich.

Landschaft: Der Jakobsweg führt auf dieser Etappe über die Causse Quercy, die sich zwischen der Célé und dem Lot-Tal erstreckt. Auf diesen unwirtlichen Kalkhochflächen dominieren Eichenwälder und karge Schafweiden. Wir begegnen Dolmen und Menhiren, den steineren Zeugen einer frühen Besiedlung der Causses. Im Herbst und Winter wird hier nach Trüffeln gesucht und seit einigen Jahren wird, wie auch in der südlich anschließenden Causse, wieder der Safrankrokus angebaut. Die Weiler liegen vereinzelt und weit verstreut in der dünn besiedelten Landschaft. Doch es ist für den Wanderer ein Lebensraum mit einem ganz besonderen Reiz, der in dieser Einsamkeit und der Abgeschiedenheit zu finden ist.

Infrastruktur: Faycelles; Béduer (Abstecher); Mas de Vergnes; Gréalou; Cajarc.

Touristeninformation: OT Cajarc,

Place du Foirail, Tel. 05 65 40 72 89, www.tourisme-figeac.com.
Anmerkung: Auf diesem Streckenabschnitt ist es sehr wichtig, immer genügend Wasser mit sich zu führen. Es gibt zwar in den Weilern die Möglichkeit, sich mit Trinkwasser zu versorgen, die Sonne kann auf den Causses aber erbarmungslos brennen und man benötigt dann mehr zu trinken als auf anderen Etappen.

Im Zentrum von **Figeac (1)** orientieren wir uns durch die Gassen in südliche Richtung zurück zur Célé. Nach der Brücke über die Célé geht es nach rechts in die Avenue Jean-Jaurès. Links ab und unter einer Eisenbahnbrücke hindurch. Danach wenden wir uns nach rechts, an der nächsten Abzweigung nach links und wandern an einem Gehöft vorbei weiter bergan. Auf einem Schotterweg erreichen wir den Hausberg von Figeac, den **Cingle**, 360 m, der unverkennbar mit einem gigantischen Betonkreuz über der Flussaue thront und einen umfassenden Blick auf die Ebene und das darin eingebettete Figeac freigibt. Zurück vom Kreuz gehen wir nach links den geteerten Weg weiter zum **Aiguille du Cingle (2)**, einem der vier Steinobelisken, die, so glaubt man, die Grenzen der Benediktinerabtei markierten, innerhalb derer jeder Asyl finden konnte.
Hier zweigt der GR 6A Richtung Capdenac nach links ab, während wir dem GR 65 Richtung La Cassagnole nach rechts folgen. Wir gehen praktisch geradeaus über den Kreisverkehr in die D 822, die wir nach 50 m nach rechts verlassen und der Straße durch ein Gewerbegebiet folgen. An der ersten Gabelung wieder rechts und dann gleich links eine kleine zwischen Steinmauern verlaufende Straße einschlagen. Diese führt mit bezaubernden Blicken über das grüne Hügelland an dem Gehöft Malaret vorbei und weiter an einer Wegverzweigung geradeaus bis zum Weiler **La Cassagnole (3)** (1.15 Std.). Weiter geht es der Straße folgend und an der nächsten Gabelung rechts haltend bergan zwischen Steinmauern und an Walnussbäumen entlang und an einer steinernen Schäferhütte vorbei (*cazelles*). Nach einer Kuppe führt der Weg weiter geradeaus bergab durch ein Eichenwäldchen, dann rechts bis zum Weiler Ferrières. Nach dem Ort zweigt der GR 65 an einem Steinkreuz nach links ab. Wir erreichen die D 21 am Ortseingang von **Faycelles (4)**, 300 m (45 Min.), folgen ihr kurz nach links und überqueren die D 662 geradeaus. Faycelles ist ein charmanter kleiner Ort mit hübsch renovierten Steinhäusern und einem beeindruckenden Blick über das Lot-Tal. Wir gehen nach rechts bergan an der Kirche vorbei und stoßen wieder auf

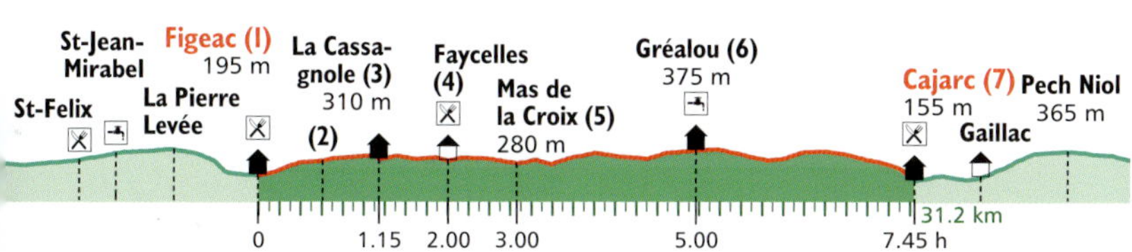

die D 21, auf der wir, links haltend, den Ort verlassen. Nach gut 2 km biegen wir am Restaurant l'Eté links in einen schönen schattigen Pfad ab, der uns zu einer Wegverzweigung führt, an der wir nach rechts gehen. Am Weiler **Mas de la Croix (5)**, 280 m (1 Std.), wenden wir uns wieder links auf die D 21. Hier zweigt der Abstecher nach Béduer – und die Variante über das Vallée du Célé, siehe Etappe 12a–14a – nach rechts, dem GR 651 folgend, ab. Der Hauptweg auf dem GR 65 folgt einer Gasse nach links aus dem Weiler hinaus und führt an der nächsten Verzweigung bei einem Wegkreuz nach links auf einen steinigen Pfad, der uns nach Pech Rougré leitet. Hier geht die

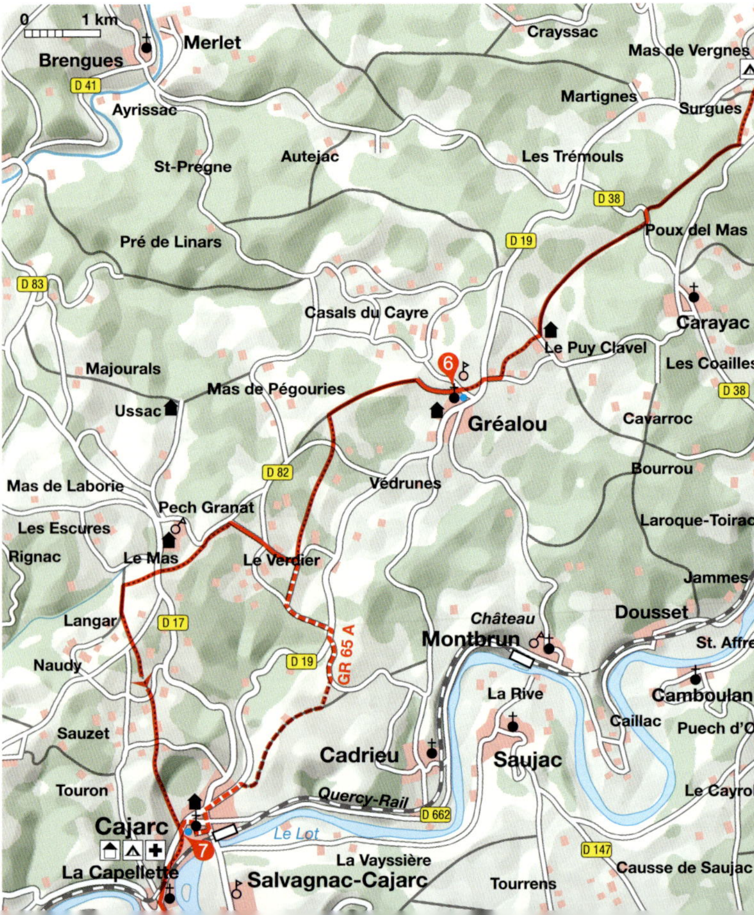

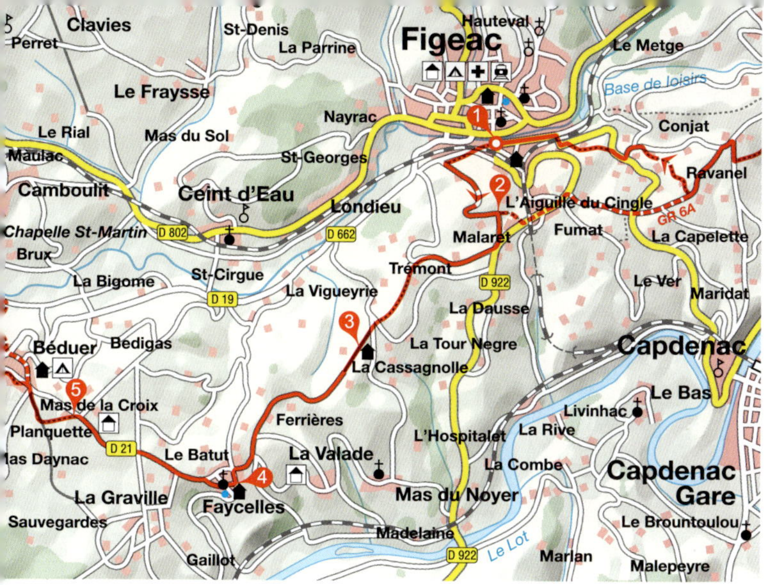

Via Podiensis in eine kleine Straße über, die in einem Wäldchen in einer Rechtskurve nach links in einen Waldweg abbiegt, der uns nach Mas de Surgues bringt.

Hier geht es zunächst geradeaus über eine Kreuzung bevor der GR nach links abbiegt. Der geschotterte Feldweg geht in einen schönen Pfad über. Nach etwa 1 km gelangen wir zu einer Verzweigung, an der wir weiter nach rechts durch den Eichenwald wandern, bis wir auf die D 38 stoßen, der wir 250 m nach links folgen. Dann geht es rechts ab und für 2,5 km auf einem Wirtschaftsweg, auf dem wir, alle Abzweigungen ignorierend, bleiben, bis wir bei Le Puy Clavel auf eine Straße gelangen, der wir 100 m nach rechts durch den Weiler folgen.

i *Die Dolmen sind auf den Causses sehr verbreitet und zeugen von einer sehr frühen Besiedlung der Kalkhochflächen durch die sogenannten Megalithkulturen, die vermutlich schon in vorkeltischer Zeit stattfand. Die Dolmen dienten wahrscheinlich als Grabkammern und Altarsteine.*

Am Ortsende biegen wir nach links auf einen Weg ab, der dann wiederum auf eine kleine Straße mündet. Auf dieser rechts und dann geradeaus über die D 19 nach **Gréalou (6)**, 375 m (2 Std.). Einer Gasse links in den Ort hinein folgen, an der Kirche vorbei und zwischen ummauerten Gärten entlang zum Friedhof. Hier geht es nach links auf einen Feldweg und weiter immer

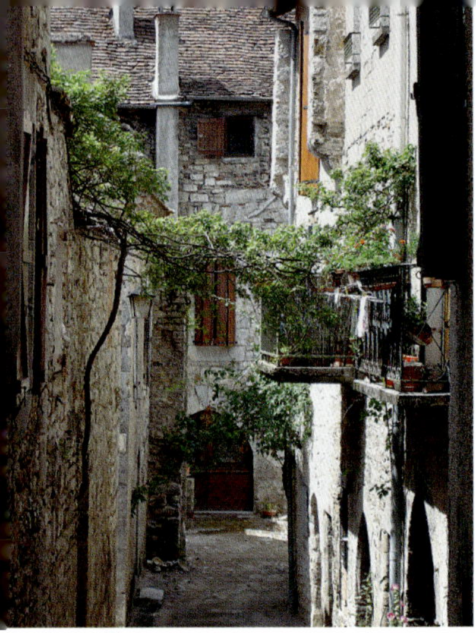

Schmale Altstadtgasse in Cajarc.

geradeaus, bis wir nach 1,5 km auf einem kleinen Plateau, 395 m, eine Wegverzweigung mit einem alten Steinkreuz und einem Dolmen, 395 m (35 Min.), erreichen.
Der Jakobsweg führt links weiter und bringt uns zur D 82, die wir schräg nach links queren, um auf einem malerischen Weg zwischen alten Steinmauern durch den Eichenwald immer geradeaus bergab zu wandern. Der Waldweg geht in eine geteerte Straße über und wir erreichen gleich darauf den Weiler Le Verdier, 315 m. Der GR 65 führt auf einer kleinen Straße geradeaus über eine Kreuzung und weiter bergan, bis er auf die D 82 trifft. Wir halten uns links und biegen nach einigen Meter gleich wieder links auf einen Waldweg ab, der die D 17 kreuzt und auf der gegenüberliegenden Seite durch einen lichten Eichen- und Buchenwald bergab führt. Der steinige Weg bringt uns vorbei an teilweise verfallenen Steinhäusern. Wir queren eine Straße, danach wird der Pfad recht steil und steinig. Unterhalb von Le Touron gelangen wir auf eine Straße, auf der wir links bergab weiter wandern. In der Kurve nach nur wenigen Metern biegen wir nach rechts auf einen Pfad ab. Hier blicken wir erstmals auf Cajarc. Der wunderschöne Pfad führt uns direkt am Felsen entlang, bis wir einen Überhang erreichen, unter dem eine kleine kalte Quelle austritt. Der weitere Abstieg gestaltet sich zunächst recht steil. Nach wenigen Minuten biegt etwas unvermittelt ein schmaler Trampelpfad nach rechts ab, der am Ortseingang in eine Straße mündet. Der Rue Lapeyrade folgen wir zur Hauptstraße, auf der wir links ins Zentrum von **Cajarc (7)**, 155 m (2.10 Std.), gelangen.

i ***Cajarc** ist heute ein kleines buntes Zentrum am Lauf des Lot. In der Vergangenheit war der Ort mit einem Hospiz seit der Mitte des 13. Jh. ein wichtiger Etappenort für die Pilger. Eine Brücke sollte ab 1320 den Besuch der Kirche mit Christusreliquien (Teile des Kreuzes und ähnliches), denen Wunderheilungen nachgesagt wurden, erleichtern. Doch bereits 35 Jahre später wurde die Brücke von englischen Truppen zerstört und Cajarc fand nie die Beachtung, die sich seine Bürger erhofft hatten.*
*Rund um den Ort wird heute auf den Kalkhochflächen vermehrt wieder der **Safrankrokus** angebaut und in mühevoller Handarbeit geerntet. Die Causse du Quercy hat sich mittlerweile zum Zentrum des französischen Safrans entwickelt.*

6.15 Std.

26 km

Cajarc – Varaire

13

Herbergen: St-Jean-de-Laur: Gîte Mas de Jantille, 10 B/17 €, Küche, keine Hunde, dt., April–Sept.,Tel. 06 88 85 07 18, www.masdejantille.com. **Mas del Pech** (835 m, 130 EW): Gîte les Deux Pigeonniers, 7 B/ÜF 27 €, Essen 14 €, April–Okt., Tel. 05 65 40 70 13, 06 09 93 05 48. **Mas de Palat** (341 m, 20 EW): Gîte Dalat'étape, 15 B/ÜF 25 €, Essen 14 €, Küche, keine Hunde, Mai–Sept., Tel. 06 07 31 69 61, www.dalatetape.fr. **Limogne-en-Quercy** (300 m, 740 EW): (1) Gîte communal, 23 B/ab 13 €, Küche, Pferd, keine Hunde, April–Okt., Tel. 06 12 84 86 47. (2) La Maison en Chemin, 11 B/ÜF 28 €, HP 42 €, April–Mitte Okt., engl., keine Hunde, Tel. 05 65 23 24 41, 06 77 57 83 64. (3) Gîte de l'Horologerie, 6 B/17 €, Küche, keine Hunde, April–Okt., Tel. 06 49 44 05 46, guymagosse@free.fr. **Varaire** (325 m): (1) Gîte/Restaurant des Marronniers, 25 B/15 €, HP 35 €, Küche, Pferd, April–Okt., Tel. 05 65 31 53 85. (2) Le Clos des Escoutilles, 15 B/ÜF ab 22 €, Essen 12 €, Küche, keine Hunde, dt., engl., April–Okt., Tel. 05 65 24 50 84, 06 73 47 02 36, www.clos-des-escoutilles.eu. (3) Gîte La Maison cachée, 4 B/ÜF 25 €, Essen 12 €, Pferd, keine Hunde, April–Okt., Tel. 05 81 70 55 08, 06 71 23 80 08.

Die Strecke: Kaum nennenswerte Höhenunterschiede, bis auf einen kurzen Anstieg aus dem Lot-Tal. Kleine Straßen und eher breite Wald- und Feldwege.

Höhenunterschied: 380 m im Aufstieg, 220 m im Abstieg.

Kritische Stellen: Vor Varaire zweigt der Jakobsweg nach rechts ab. Der GR 36 und der GR 46, die ebenfalls weiß-rot gekennzeichnet sind, führen allerdings geradeaus nach Varaire.

Landschaft: Vom Lot-Tal geht es auf die Causse du Limogne. Typisch sind Eichenwälder, Wacholder und Buchsbaum.

Infrastruktur: Gaillac ; St-Jean-de-Laur ; Mas de Games ; Limogne-en-Quercy ; Varaire .

Touristeninformation: OT Limogne-en-Quercy, 55, Place d'Occitanie, Tel. 05 65 24 34 28, 05 65 31 50 08, wwwlalbenque.net.

Anmerkung: Auch wenn einige Wegabschnitte im niederen Eichenwald verlaufen, sollte man an genügend Wasser und Sonnenschutz denken.

Vom Place du Foirail in **Cajarc (1)** geht es Richtung Cahors und dann nach links in die Rue du Cuzoul, die zum Schwimmbad führt. An diesem vorbei am Lot-Ufer und den Eisenbahnschienen entlang. Der Jakobsweg quert die Schienen und mündet auf die Departementstraße, der wir links bergan Richtung Pech d'Andressac folgen. Am Ortseingang biegen wir auf einen Weg nach links ab, der uns geradeaus durch den Ort bringt und in die D 19 ein-

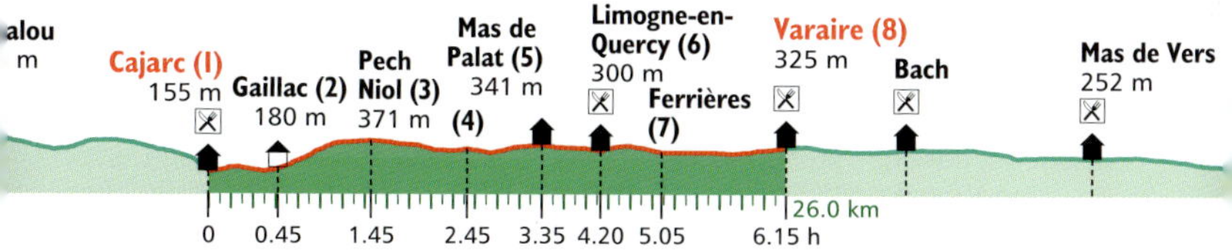

mündet. Auf dieser geht es links über die Lot-Brücke und etwas bergan nach **Gaillac (2)**, 180 m (45 Min.). Gleich am Ortseingang gehen wir auf einem Weg nach links weiter, der durch Felder und dann durch einen Mischwald bergan führt. Nun wandern wir auf der Causse de Limogne bis nach Cahors. Entlang von Steinmauern führt der Schotterweg immer geradeaus. Nachdem wir den linker Hand gelegenen Hof Mas de Couderc passiert haben, wird der Weg breiter. Wir gelangen zur Kuppe des **Pech Niol (3)**, 371 m (1 Std.).

Weiter geht es auf der Piste geradeaus gut 20 Min bis zu einem Wegkreuz an einer Gabelung. Hier halten wir uns rechts und passieren dann einen Brunnen mit Trinkwasser. Der Jakobsweg mündet auf eine kleine Straße, der wir nach rechts folgen. Am Mas del Pech, 339 m (35 Min.), kreuzen wir geradeaus die D 79 und wandern auf einem Weg weiter durch die Eichenwäldchen und offenen Weiden. Entlang von Steinmauern geht es im weiteren Verlauf rechts und sogleich links. An der kurz darauf folgenden Verzweigung nach links auf einen Weg, der an einem Brunnen vorbei zu einer Straße leitet. Der GR führt nach rechts und durchquert den Weiler **Mas de Bories (4)**, 316 m (30 Min.).

An einem Wegkreuz geradeaus weiter und an der nächsten Gabelung die rechte Variante wählen. Wir bleiben auf dem geteerten Weg, bis nach fast 1 km links ein Weg abzweigt und weiter durch Wald führt. Nach 800 m biegt der GR nach rechts ab und wir kommen so am Gehöft La Teule vorbei und weiter bergab zum Mas de Dalat. Wir queren eine Straße und wenden uns an einer Verzweigung nach rechts und dann nach links zur D 143. Nach wenigen Metern haben wir den Weiler **Mas de Palat (5)** erreicht. Hier geht es auf der ersten abzweigenden Straße nach rechts, erneut nach rechts und an einer Mauer entlang aus dem Ort hinaus. An einer Gabelung wenden wir uns nach links und wandern durch Felder und Wäldchen. Links haltend leitet uns der GR zwischen zwei Steinmauern zur D 911 hinab.

Auf der D 911 gelangen wir ins Ortszentrum von **Limogne-en-Quercy (6)**, 300 m (1.30 Std.). Die Via Podiensis zweigt an einem alten Waschhaus links ab, das Zentrum des Ortes könnte man geradeaus auf der D 24 schnell erreichen. Wir aber gehen leicht bergan und geradeaus über die D 19. Am Hotel Bellevue vorbei, dann den Weg nach links einschlagen und gesäumt von Steinmauern geradeaus. Dabei ignorieren wir alle Abzweigungen, bis wir auf eine Straße treffen, der wir nach rechts in den Weiler **Ferrières (7)**, 292 m (45 Min.), folgen.

An einer Gabelung mit Wegkreuz links abbiegen, anschließend den Weg nach rechts nehmen (links kann man bei einem Gehöft Dolmen besichtigen). Nach 300 m biegen wir links auf einen Pfad ab. Nach weiteren 300 m zweigt der Jakobsweg rechts ab und führt uns durch den Weiler Pech Canot. Wir folgen der Straße unmittelbar dahinter nach rechts bergan und biegen der Markierung folgend links auf einen Weg ab, dem wir rund 800 m durch den Wald folgen. Wir treffen erneut auf eine Straße, auf der wir wenige Meter geradeaus gehen. Die Straße biegt nach links ab, während der GR geradeaus zum Waldrand führt. Hier nach links, bis der Weg wieder auf die Straße trifft, auf der wir uns nach rechts wenden. Gleich darauf an einer Gabelung am Ortsrand nach links auf der Variante mit der Bezeichnung GR 65B nach **Varaire (8)**, 325 m (1.10 Std.), hinein; der Hauptweg führt rechts an Varaire vorbei.

i *Das kleine verschlafene Nest **Varaire**, in dem die Zeit nun wirklich stehengeblieben zu sein scheint, war einst eine wichtige Etappe, bevor die Jakobspilger die unwirtliche Causse verließen und nach Cahors gelangten. Ab Varaire zweigt von einer alten Römerstraße, dem Cami Gasco und später dem Cami Ferrat, eine Variante des GR 65 ab.*

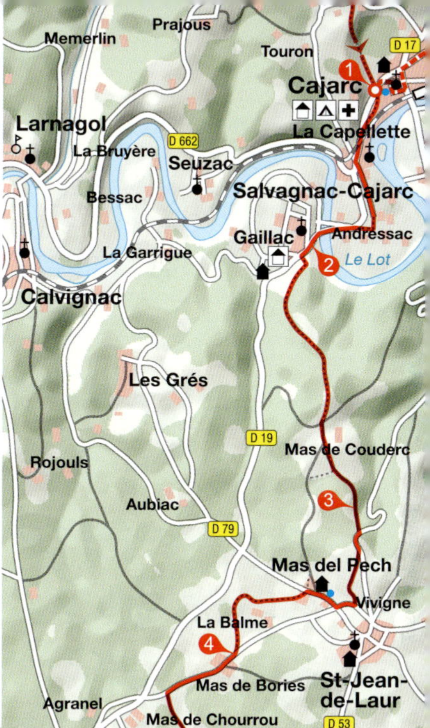

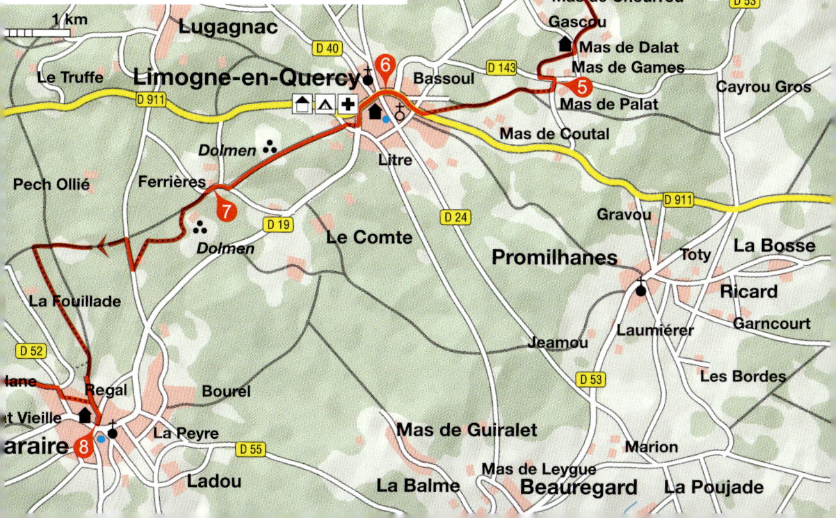

14 *Varaire – Cahors*

8.15 Std.

31,9 km

Herbergen: Bach (310 m, 50 EW): La Grange St-Jacques, 10 B/HP ab 35 €, keine Hunde, engl., ganzj., Tel. 05 65 31 08 75, 06 45 38 37 61. **Vaylats** (300 m): Monastère des Filles de Jésus, 20 B/HP 29 €, keine Hunde, ganzj., Reservierung, Tel. 05 65 31 63 51, filles.de.jesus@wanadoo.fr. **Mas de Vers** (252 m): Gîte Poudally (in Mas de Vers nach links, etwa 400 m abseits des GR), 30 B/ab 13 €, Frühstück, Essen 15 €, Pferd, ganzj., Tel. 05 65 22 08 69, www.poudally.com. **Lalbenque** (300 m, 1650 EW): etwas abseits des GR, Gîte Mango, 3 Z/ÜF ab 20 €, ganzj., Tel. 07 80 02 94 69, 09 62 52 23 00. **Le Gascou** (268 m, etwas abseits, rund 1 km nach der D 10 nach links abbiegen und ca. 500 m bis zur Gîte gehen): Gîte Le Gascou, 8 B/13 €, HP 30 €, Frühstück 4,50 €, Pferd, April–Okt., Tel. 06 75 43 01 93. **La Boussière** (260 m): Gîte Elisa, 6 B/HP 33 €, keine Hunde, April–Okt., Tel. 05 65 31 60 46, 06 69 58 01 32. **Le Pech** (250 m): Gîte (nach rechts 500 m vom GR), 18 B/ÜF ab 21 €, Küche, Pferd, keine Hunde, engl., März–Ende Okt., Tel. 05 65 24 72 84, haneliese@hotmail.com. **Cahors** (125 m, 21.430 EW): (1) Gîte Le Relais des Jacobins, 15 B/ÜF 20 €, Essen 14 €, Küche, keine Hunde, engl., span., Mitte März–Mitte Okt., Tel. 05 65 21 00 84, 06 87 86 89 01, www.lerelaisdesjacobins.fr. (2) Auberge de Jeunesse, 94 B/ÜF ab 23 €, Essen 13 € (außer Sa./So. und Feiertage), Küche, ganzj., Tel. 05 36 04 00 80, 06 08 97 97 53, cahors@hifrance.org. (3) Habitat de Jeunes en Quercy, 24 B/17 €, Küche, ganzj., Tel. 05 65 35 29 32. (4) Gîte La Maison des Pèlerins, am Ende des Abstiegs nach Cahors, 10 B/ÜF ab 19 €, Essen 14 €, Küche, Mitte April–Okt., Tel. 05 65 30 03 06. (5) Gîte Le Papillon Vert, 51, Rue du Tapis Vert, 15 B/ab 15 €, Frühstück 5 €, Essen 15 €, Küche, keine Hunde, engl., Mitte April–Mitte Nov., Tel. 05 81 70 14 09, 06 75 80 58 42, papillonvert.cahors@gmail.com. (6) Gîte Saint-Laurant, 15, Rue Saint-Laurent, 4 B/16 €, Frühstück 5 €, Küche, Mitte April–Okt., Tel. 06 13 37 70 02.

Die Strecke: Kaum Höhenunterschiede, bis auf den Abstieg ins Lot-Tal. Hauptsächlich kleine Straßen, Wald- und Feldwege.

Höhenunterschied: 180 m im Aufstieg, 380 m im Abstieg.

Kritische Stellen: Der GR 36-46 folgt ab Varaire ebenfalls dem GR 65, zweigt aber bei Les Bories-Basses nach rechts ab. Hier sorgsam auf die Kennzeichnung achten. Der Abstieg ins Lot-Tal bei Cahors ist steil, aber befestigt und gut begehbar.

Landschaft: Wir wandern über das Kalksteinplateau der Causse de Limogne, die bekannt ist für Trüffel und Dolmen. Auf der dünn besiedelten Hochfläche passiert man Einzelgehöfte und kleine Weiler, ansonsten dominieren Eichenwäldchen und Weiden das Landschaftsbild. Bei Cahors kehren wir zurück ins liebliche Lot-Tal.

Infrastruktur: Bach; Cahors; Lalbenque (ab-

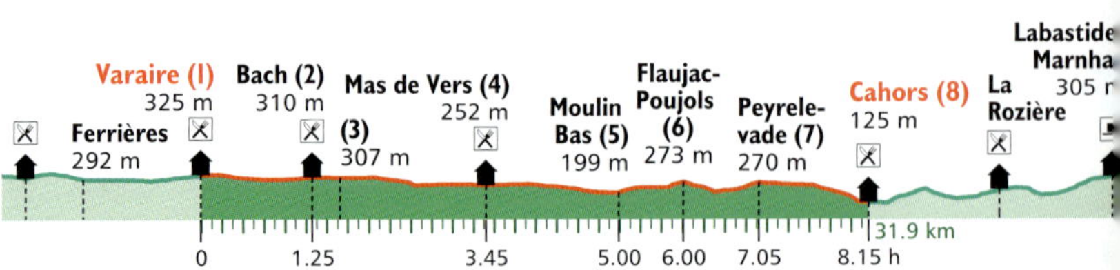

seits GR) [icons]

Touristeninformation: OT Cahors, Place François Mitterrand, Tel. 05 65 53 20 65, contact@tourisme-cahors.com, www.tourisme-cahors.com.

Anmerkung: Für ausreichend Trinkwasser sorgen, da keine Einkaufsmöglichkeiten unterwegs!

Vom Zentrum von **Varaire (1)** folgen wir der kleinen Straße, die nach links von der Durchgangsstraße, der D 19 abzweigt. Auf dieser sind wir in der vorangehenden Etappe nach Varaire gelangt. Im Zentrum gibt es eine Vielzahl von GR-Kennzeichnungen, so dass es sinnvoll ist, den bekannten Weg zurück zu nehmen.

Vom bekannten Weg am Ortsende von Varaire geht es nach links auf einen Weg, der in wenigen Minuten zum Weiler La Plane führt. Hier überqueren wir die D 52 und biegen unmittelbar darauf rechts auf ein Sträßchen ab. Diesem Weg folgen wir, alle Abzweigungen ignorierend, für mehr als 2 km durch den Bois de Couanac. An einer Verzweigung geht es nach links weiter auf einem Waldweg bis zu einem allein stehenden Haus. Hier geht der Weg in eine Straße über und der GR 36–46 zweigt nach rechts ab (Achtung!), während der Jakobsweg weiter geradeaus führt. Der kleinen Straße folgen wir nun geradeaus bis nach **Bach (2)**, 310 m (1.25 Std.). Rechts auf die D 19 und auf ihr durch den Ort hindurch. Beim **Gehöft Maillol (3)** biegen wir rechts auf einen Pfad ab, der in einen Feldweg mündet. Wir folgen rechts der historischen Römerstraße Cami Ferrat, die fast kerzengerade durch die Causse führt und auf der wir nun bis kurz vor Cahors unterwegs sein werden, in den Eichenwald des Bois du Grézal hinein. Nach 1,3 km queren wir geradeaus

Blick auf Cahors.

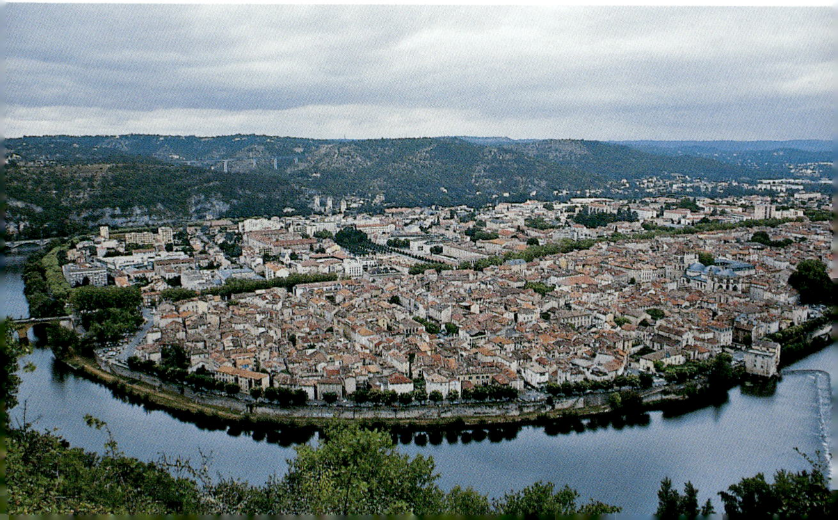

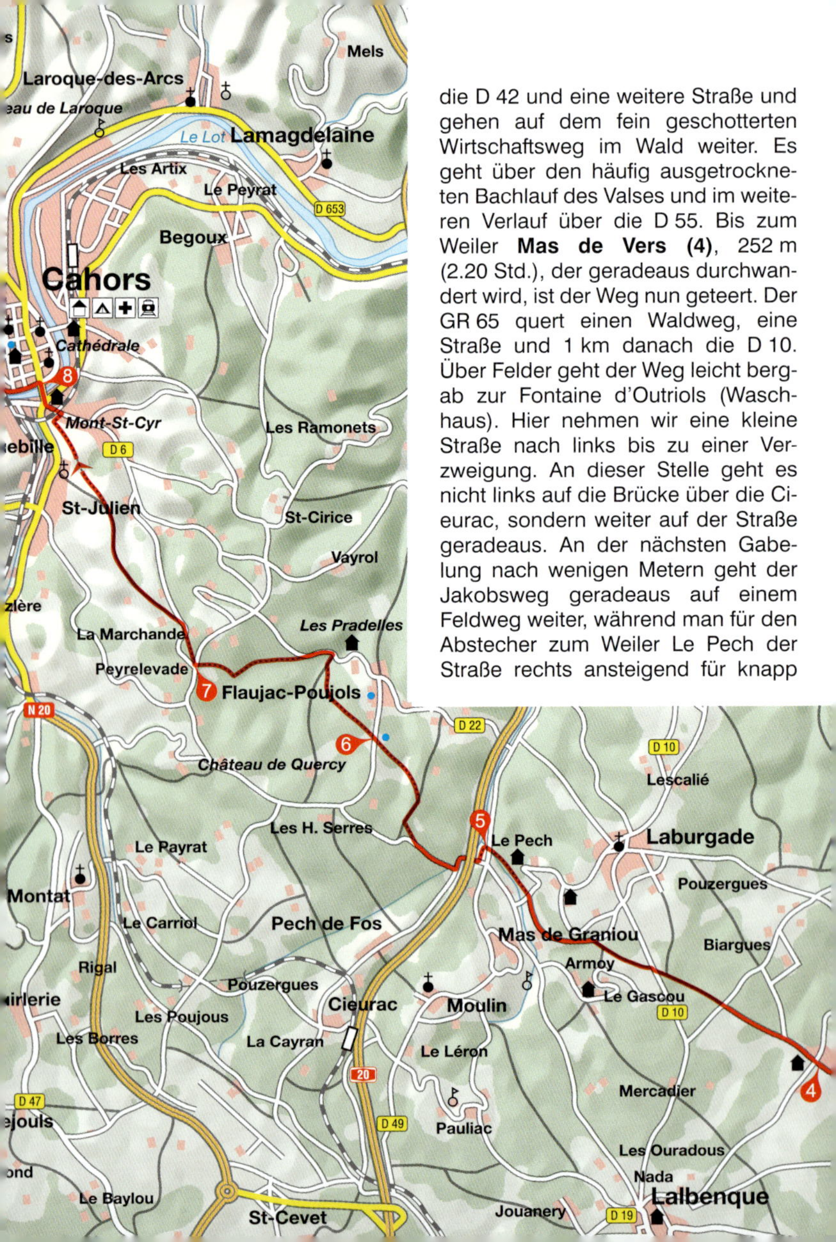

die D 42 und eine weitere Straße und gehen auf dem fein geschotterten Wirtschaftsweg im Wald weiter. Es geht über den häufig ausgetrockneten Bachlauf des Valses und im weiteren Verlauf über die D 55. Bis zum Weiler **Mas de Vers (4)**, 252 m (2.20 Std.), der geradeaus durchwandert wird, ist der Weg nun geteert. Der GR 65 quert einen Waldweg, eine Straße und 1 km danach die D 10. Über Felder geht der Weg leicht bergab zur Fontaine d'Outriols (Waschhaus). Hier nehmen wir eine kleine Straße nach links bis zu einer Verzweigung. An dieser Stelle geht es nicht links auf die Brücke über die Cieurac, sondern weiter auf der Straße geradeaus. An der nächsten Gabelung nach wenigen Metern geht der Jakobsweg geradeaus auf einem Feldweg weiter, während man für den Abstecher zum Weiler Le Pech der Straße rechts ansteigend für knapp

700 m folgen müsste. Auf dem Feldweg, der entlang des Bachufers verläuft, erreichen wir bei der **Moulin Bas (5)**, 199 m (1.15 Std.), nach 1 km eine Brücke, über die wir zur D 49 gelangen. Dieser folgen wir links für wenige Meter und biegen dann auf die D 6 ab, die uns unter der Autobahn hindurch und in 1 km bis zum Weiler Le Gariat (Wasser) bringt. Hier geht es rechts auf einem steinigen Pfad weiter. An den beiden Gabelungen wählen wir jeweils die linke Variante, kommen am Sportplatz (Wasser) vorbei und queren am Ortseingang von **Flaujac-Poujols (6)**, 273 m (1 Std.), geradeaus eine kleine Straße. Wir halten uns kurz rechts und biegen dann am ersten Haus links in den Chemin de St-Jacques ab. Zunächst geht es eben durch den Wald, dann bergab auf die D 22 zu.

Bevor der GR 65 die Straße erreicht, knickt der Weg bei **Peyrelevade (7)** nach links auf einen Feldweg ab. An einer Gabelung nach links und später nach rechts abzweigen. Wir kommen am Gehöft La Quintarde vorbei und erreichen kurz darauf die D 6, der wir für wenige Meter nach rechts folgen. Wiederum zweigen wir nach links Richtung La Marchande ab und nehmen dann einen Weg zwischen den Häusern nach links. Nach 300 m kreuzen wir erneut die D 6 und gehen auf dem Chemin de Cabridelle durch ein mondänes Wohngebiet. Die Straße geht in einen Wanderweg über und führt über die Hochebene auf Cahors zu. Er mündet auf einen geteerten Weg, der uns in steilen Kehren rasch bergab durch das Viertel St-Georges ins Lot-Tal bringt. Der GR 65 führt über die Lotbrücke und dann sofort nach links am Lotufer entlang. Das Stadtzentrum von **Cahors (8)**, 125 m (2.15 Std.), erreicht man geradeaus dem Boulevard Gambetta folgend.

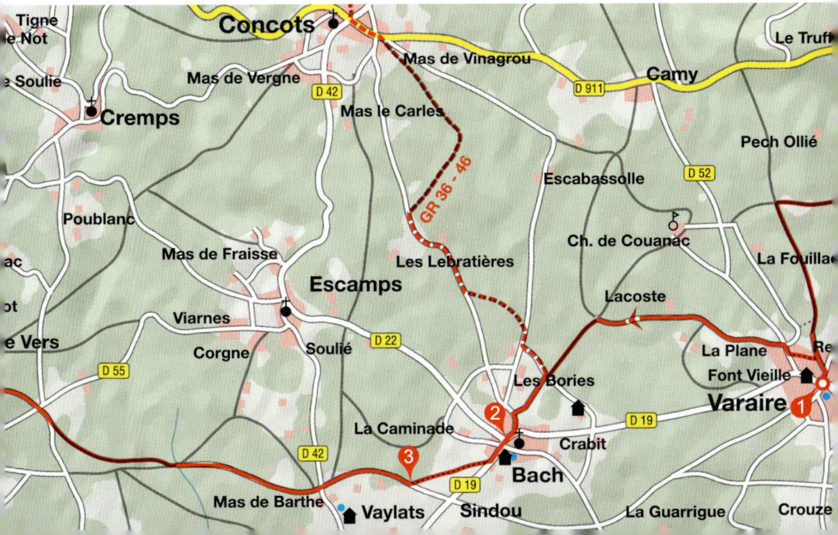

Die ehemalige Hauptstadt der Grafschaft Quercy liegt in einer weiten Schleife des Lot. **Cahors** sieht aus wie eine natürliche Festung – nahezu Dreiviertel der Altstadt sind vom Lot umgeben. Die **Pont Valentré**, das Wahrzeichen der Stadt, ist eng mit der Via Podiensis verbunden. Seit dem 15. Jh. überschreiten die Pilger auf der wehrhaften Brücke den Lot. Mit ihren Türmen konnte die Pont Valentré zu einem gefährlichen Hindernis für ungeliebte Gäste der Stadt werden. Der mittlere Turm diente als Wachposten, die beiden äußeren Türme konnten durch Fallgitter und Tore den Durchgang versperren. Der Bau der Pont Valentré zog sich ab 1308 über mehr als ein halbes Jahrhundert hin. Der Baumeister soll darüber fast verzweifelt sein. Da dauerte es nicht lange, bis eine teuflische Geschichte um den Bau der Pont Valentré entstand: Der Erbauer ging angeblich einen Bund mit dem Höllenfürsten ein, der ihm versprach, den Brückenbau tatkräftig zu unterstützen und allen Anweisungen Folge zu leisten, wenn er dafür des Baumeisters Seele erhielte. So geschah es und der Bau der Pont Valentré schritt rasch voran. Kurz vor Fertigstellung schickte der Baumeister schließlich den Teufel Wasser holen, um den Mörtel für den letzten Stein anrühren zu können – mit einem Sieb. Ein selbst für den Teufel unmögliches Unterfangen. So musste er dem Baumeister seine Seele lassen. Aus Rache schlug der Höllenfürst einen Stein aus der Spitze des mittleren Turms. Alle Versuche, den fehlenden Stein zu ersetzen, schlugen aus unerklärlichen Gründen fehl. – Im 19. Jh. wurde zur Erinnerung an den diabolischen Pakt in der Ecke des Steins ein kleiner Teufel eingemeißelt.

Die **Fontaine des Chartreux**, eine der wenigen Quellen der Causses, nutzten bereits die Kelten. Hier bildete sich unter den Römern die erste antike Ansiedlung, Divona Cadurcorum, mit Tempel, Theater und Thermenanlagen, von denen noch Reste erhalten sind. Ende des 11. Jh. erhielt der Bischof von Cahors das Münzprägerecht. Fortan regierte das Geld in den weltlichen und geistlichen Kreisen der Stadt. Die goldene Zeit Cahors war vor allem im 13. Jh., als sie zu den größten Handelsstädten Frankreichs zählte. Cahors entwickelte sich zum ersten Bank- und Börsenzentrum Europas. Als im Jahre 1322 Johannes XXII. den Papststuhl bestieg, gründete er in seiner Heimatstadt Cahors eine Universität, die bis ins 18. Jh. hinein existierte. Nach dem Hundertjährigen Krieg und den Religionskriegen war Cahors wirtschaftlich ruiniert und konnte sich nie wieder ganz davon erholen.

Die Pont Valentré.

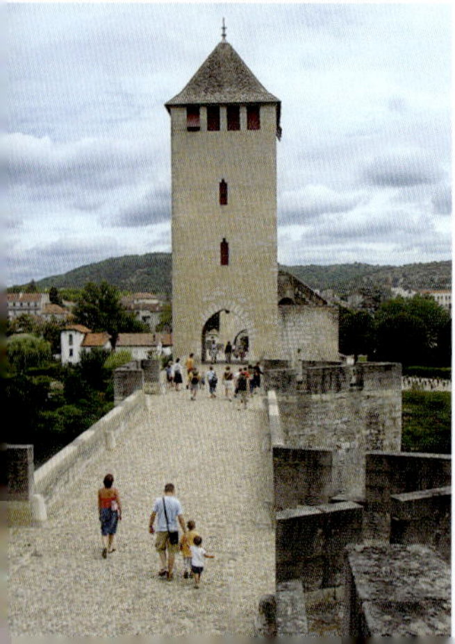

Der Baubeginn der **Kathedrale St-Étienne** wird auf das ausgehende 11. Jh. datiert. Allerdings sollte es über vier Jahrhunderte dauern, bis die Kathedrale fertiggestellt werden konnte. Die Kirche wurde wahrscheinlich nach dem Vorbild der großen Kuppelkirchen von Byzanz entworfen. Sechs Stützpfeiler nehmen die Last der 37 m ho-

hen Kuppel auf. Die Stützpfeiler bilden zwei quadratische Flächen, die den Innenraum harmonisch unterteilen. Die Malereien der Kuppel stellen die Propheten dar. Es handelt sich dabei um eine selten verwendete Methode der Al-Secco-Malerei, hierbei wurden die Farben auf der Basis von Pigment und Eigelb gemischt. Das prächtige Tympanon des Nordportals zeigt die Himmelfahrt Jesu. Unter der zentralen Christusfigur nimmt erstmals Maria eine wichtige Position in der Darstellung ein.

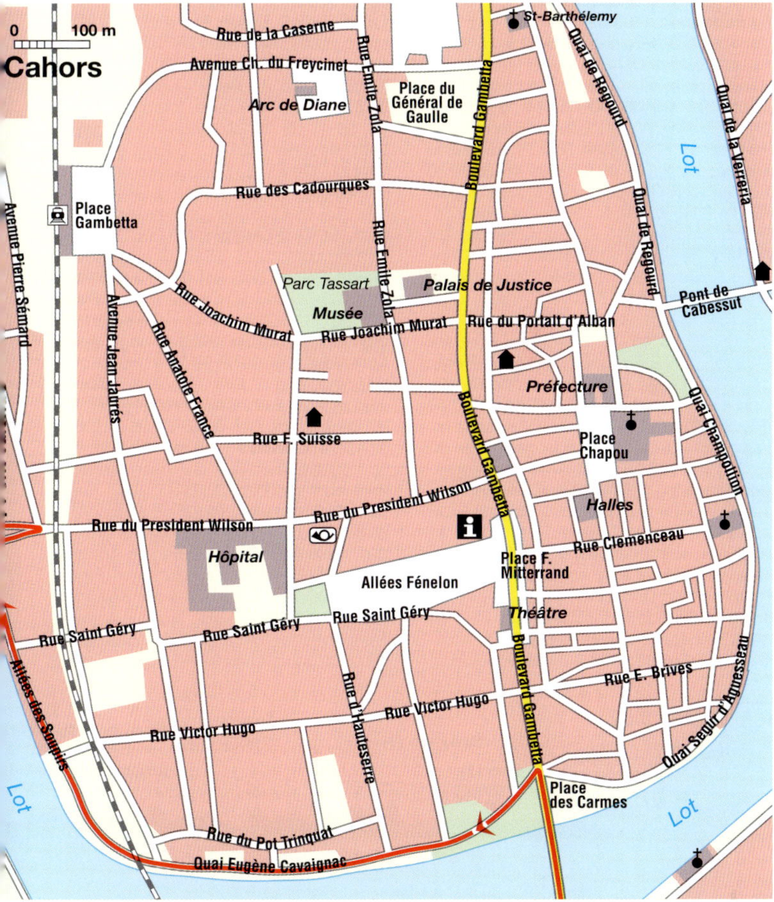

Variante Vallée du Célé (Alternative zu 12–14)

3 Tage

75 km

Herbergen: Corn (178 m, >50 EW) Gîte La Maison de Cécile, 4 B/ÜF ab 24 €, Essen 12 €, Küche, Tel. 05 65 40 01 24, 06 79 42 77 36, raymonde.roques123@orange.fr. **Espagnac** (190 m, 210 EW): (1) Gîte communal Ste-Eulalie, 21 B/12 €, HP 25 €, Küche, Ostern–Okt., Tel. 05 65 11 42 66. (2) Accueil pèlerins, 4 B/Spendenbasis, Juni–Sept., Tel. 05 65 40 05 24. **Brengues** (174 m, 100 EW): (1) Gîte La Brenguoise, 12 B/ÜF ab 27 €, Essen 18 €, Pferde, keine Hunde, ganzj., Tel. 09 63 26 31 46, 06 30 20 68 06. (2) Camping Le Moulin Vieux, 8 B/16,50 €, Zelt 14 €, ÜB im Caravan 18 €, Frühstück, Essen 18 €, Küche, Pferde, April–Sept., Tel. 05 65 40 00 41, www.campinglemoulinvieux.com. **Saint-Sulpice** (160 m, 50 EW): Camping Le Célé, Caravan oder Tipi 15 €, Essen, Mai–Sept., Tel. 05 65 40 87 55, 06 29 46 48 22. **Marcilhac-sur-Célé** (158 m, 200 EW): (1) Gîte Saint-Pierre, 14 B/16 €, Essen 12 €, Pferde, keine Hunde, April–Okt., Tel. 05 81 24 06 30, 06 34 36 54 60. (2) Gîte de Galance, 15 B/ÜF ab 25 €, Küche, Pferde, keine Hunde, ganzj., Tel. 05 65 34 23 97, 06 15 94 91 97, contact@gitedegalance.fr. **Sauliac-sur-Célé** (150 m, 125 EW), Gîte au Coeur des Sens, 6 B/ÜF ab 22 €, Essen 13 €, März–Dez., Tel. 06 31 05 28 02, nathalievabre1@gmail.com. **Les Granges** (an der D 40 vor Espinières nach links, an der D 41 nach links, insgesamt 1,8 km): Gîte de la Flèche bleue, 32 B/ab 14 €, Frühstück, Essen 14 €, Küche, April–Okt., Tel. 05 65 23 36 72, www.laflèchebleue.com. **Cabrerets** (141 m, 200 EW): (1) Gîte du Barry, 15 B/17 €, Pferde, Frühstück, Essen, Küche, ganzj., Tel. 06 71 26 21 33, 05 65 22 91 79. (2) Refuge du Célé, 6 B/17 €, Frühstück 9 €, Essen, keine Hunde, engl., span., April–Sept., Tel. 05 65 31 20 15, refugeducele@gmail.com. **Pech Merle** (340 m): Gîte du Pech Merle, 7 B/ÜF ab 26 €, Essen 17 €, Küche, Pferd 6 €, ganzj., Tel. 06 11 93 25 23, randocheval@gmail.com. **Bouziès** (138 m, 70 EW): Les Deux Vallées, Gare de Conduché, 10 B/17 €, Frühstück 6 €, Küche, Pferde, engl., März–Nov., Tel. 05 65 24 58 92, www.les2vallees.com. **St-Cirq-Lapopie** (207 m, 205 EW): (1) Gîte communal, 18 B/HP 40 €, Küche, Pferde, Ostern–Nov., Tel. 05 65 30 29 04, 06 87 43 62 64 (OT). (2) Camping de la Plage, Zelt ab 11 €, Zimmer für 4 Pers./ab 36 € pro Pers., Frühstück, Küche, engl., span., April–Sept., Tel. 05 65 30 29 51, www.campingplage.com. **Les Borries Basses** (350 m, <30 EW): Chambre d'Hôtes, 2 Z/HP 39 €, ganzj., Tel. 05 65 31 26 02, 06 88 04 13 24. **Concots** (269 m, 372 EW): Gîte La Logette, 2 km auf GR nach Concots, links ab für 800 m, 13 B/ÜF 20 €, Essen 15 €, Pferde, ganzj., Tel. 05 65 31 55 04, 06 29 84 21 03, jeanmarie.aillet@orange.fr.

Die Strecke: Die mehrtägige Variante zum GR 65 verläuft südlich von Figeac durchs Tal der Célé, z. T. auf den Kalkhochflächen, z. T. im Flusstal. Meist Feldwege, Wanderpfade, kleine Straßen sowie ein in den Fels gehauener Treidelweg. Der weiß-

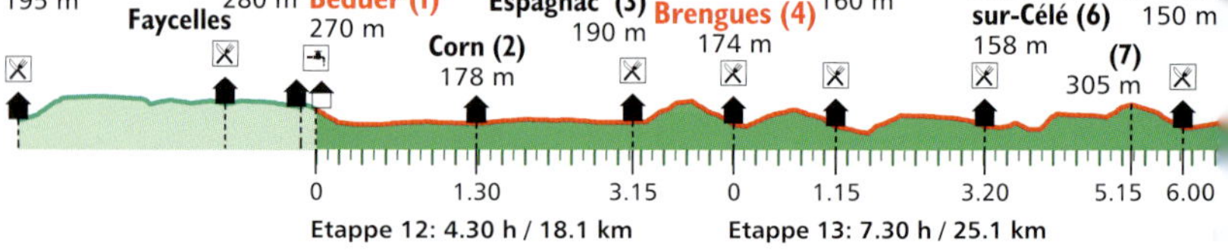

rot markierte GR 651 ist gut zu begehen und nur manchmal etwas steil und steinig.
Hinweis: Mittlerweile führt eine weitere Alternativroute durch das Célé-Tal. Sie folgt ab Bouziès dem Lauf des Lot über St-Géry, Vers und Arcambal direkt nach Cahors. Die Variante ist deutlich kürzer (1–2 Tagesetappen) als der herkömmliche Weg über St-Cirque-Lapopie und den Causses nach Cahors.
Kritische Stellen: Keine.
Landschaft: Das Célé-Tal liegt ruhig und beschaulich unweit des turbulenteren Lot-Tals. Wie auch der Lot durchschneidet der kleinere Célé die Kalkhochflächen und windet sich in engen Flussmäandern idyllisch durch die sonst eher kargen Flächen. Diese Variante ist nicht nur für Naturfreunde und Wanderer, die die Beschaulichkeit lieben, zu empfehlen. Der Weg führt zum malerisch gelegenen St-Cirq-Lapopie, das auf einem Felsen über dem Lot-Tal thront.
Infrastruktur: Coustal (300 m abseits GR); Ste-Eulalie; Espagnac; Brengues; St-Sulpice; Marcilhac-sur-Célé; Espinières; Cabrerets; Grotte de Pech Merle; Bouziès; St-Cirq-Lapopie; Concots; Bach.
Touristeninformation: OT Marcilhac-sur-Célé, Tel. 05 65 40 68 44, www.marcilhac.fr. und www.quercy-tourisme.com/marcilhac; OT Cabrerets, Tel. 05 65 31 27 12; OT Saint-Cirq-Lapopie, Tel. 05 65 31 29 06, www.saint-cirqlapopie.com.
Anmerkung: Ausreichende Trinkwasserversorgung, aber genügend Proviant mitführen, da die Versorgungspunkte zum Teil recht weiter voneinander entfernt liegen.

1. Tag: Béduer – Brengues (4.30 Std./18,1 km)

Von **Béduer (1)** geht es auf der D 21 Richtung Boussac. Nach 150 m zweigt ein Weg durch ein Eichenwäldchen nach rechts ab. Er mündet vor dem Célé auf eine kleine Straße, auf der wir uns parallel zum Flusslauf nach links wenden, an der nächsten Gabelung rechts halten und schließlich Bullac erreichen. Hier biegt der GR 651 rechts über die Brücke ab und erreicht den Ort Boussac (Wasser) nach insgesamt 1 Std. Vor der Kirche zweigen wir links auf eine Straße ab, die nach Mandens-Haut füvvhrt. Hier geht es geradeaus auf einen Weg, der uns bergab zur D 41 bringt, der wir nach rechts folgen. Wir erreichen das Dorf **Corn (2)**, 178 m (1.30 Std.), in einer Flussschlinge des Célé gelegen. Am Ortsende nach links, über den Fluss und dann nach rechts bis zum Weiler Goudou. Hier nach links abbiegen und dann von der Straße einen Feldweg nach rechts einschlagen, der entlang des Célé geradeaus führt. Nach knapp 3 km kommen wir an eine Brücke, die wir allerdings nicht überqueren, vielmehr folgen wir wieder einem Fußweg entlang des Célé. Weiter im Uferbereich nach **Espagnac (3)**, 190 m (1.45 Std.), das

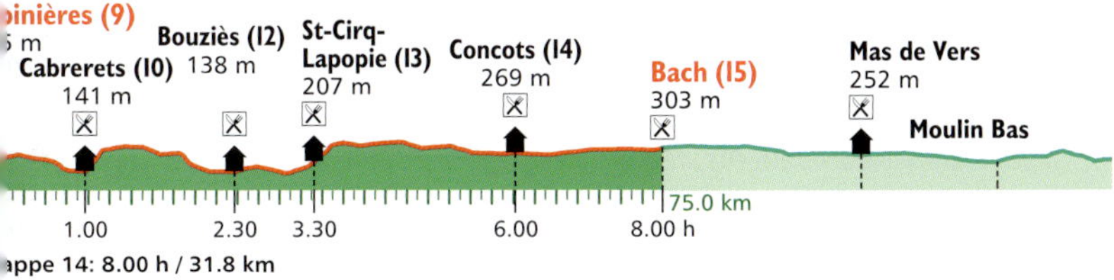

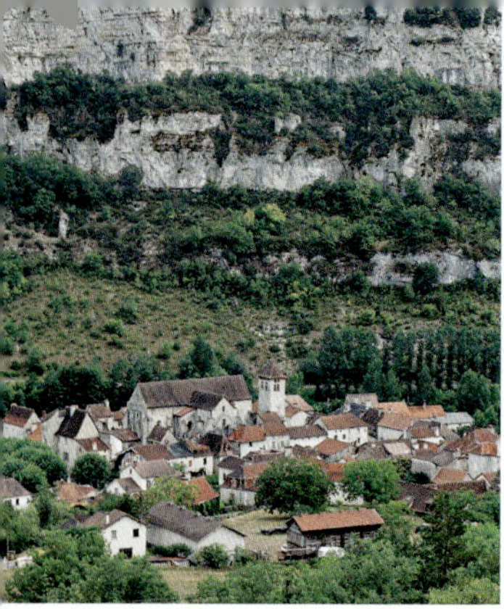

Marcilhac im Célé-Tal.

wir nach weiteren 3 km erreichen. Im Weiler geradeaus, dann nach rechts über die Brücke und sofort wieder nach rechts auf eine kleine Straße, von der nach wenigen Metern an einem Wegkreuz ein Wanderweg links bergan führt. Er stößt auf eine kleine Straße, der wir links für 700 m folgen, um erneut links auf einen Pfad abzuzweigen, der uns durch ein Wäldchen bringt und die D 38 geradeaus quert. Nach wenigen Metern links auf einen Weg abbiegen, der in Le Causse die D 38 erneut schräg nach rechts kreuzt und nach dem Ortsende nach rechts und an einer Felswand vorbei zum Ort **Brengues (4)**, 174 m (1.15 Std.), führt.

2. Tag: Brengues – Espinières (7.30 Std./25,1 km)

In **Brengues** biegt der GR rechts auf eine Dorfstraße ab, die in einen Weg übergeht, der parallel zur D 41 führt. Dann folgen wir einem kleinen Tal und gehen durch ein Waldstück auf steinigen Wegen bergan, immer der Markierung folgend bis zu einer Straßenkreuzung. Hier geht es leicht schräg nach links auf einen ansteigenden Pfad, der zur D 13 hin wieder abfällt. Auf dieser gehen wir nach links und kürzen die Serpentinen auf kleinen Wegen ab, bis wir **St-Sulpice (5)**, 160 m (1.15 Std.), erreichen. Wir verlassen den schönen Ort nach rechts auf einem Weg parallel zur D 41, der am Mas de Valette nach rechts abbiegt und bergan durch den Wald führt. Er mündet in eine kleine Straße, der wir nach links folgen. An einer Kreuzung geht es nach rechts, um dann an einer Gabelung wenige Meter weiter nach links auf einen Pfad einzuschwenken, der durch den Eichenwald führt. Er endet nach fast 2 km an einem Hof an einer kleinen Straße, auf der wir uns links halten, sie aber alsbald wieder rechts verlassen, um bergab, die Serpentinenstraße abkürzend, nach **Marcilhac-sur-Célé (6)**, 158 m (2 Std.), zu gelangen. Im Ort geht es rechts und gleich nochmals nach rechts an Häusern vorbei bergan. Nach 2 km queren wir eine Straße und halten uns an der nächsten Gabelung rechts. Der Weg bringt uns bergauf auf die Causse. Über mehrere kleine Straßen hinweg immer der Markierung folgen. Dann gehen wir auf einem geteerten Weg weiter geradeaus, bis wir an einer Kreuzung am **Mas del Rey (7)**, 305 m (1.55 Std.), den linken Weg einschlagen. Nach 500 m biegen wir in einer Linkskurve vor einem Wasserreservoir nach rechts auf einen abschüssigen Weg ab, der uns nach **Sauliac-sur-Célé (8)**, 150 m (45 Min.), führt. Gleich am Ortsanfang biegen wir nach rechts ab auf eine kleine Straße, die in einen Feldweg übergeht und nach rechts wieder auf die Hochfläche führt. Beim Château de Cuzals gelangen wir auf eine Straße, der wir nach links folgen, bis nach 800 m ein

Wanderweg rechts abzweigt, der durch den Wald führt, vor dem Weiler **Espinières (9)**, 225 m (1.30 Std.), die D 40 quert und auf die Häuser zuhält.

3. Tag: Espinières – Bach (8.00 Std./31,8 km)

In **Espinières** geht es am letzten Haus vorbei auf einem Weg, der zunächst ansteigend verläuft, und rund 1,2 km nach Espinières in eine kleine Straße

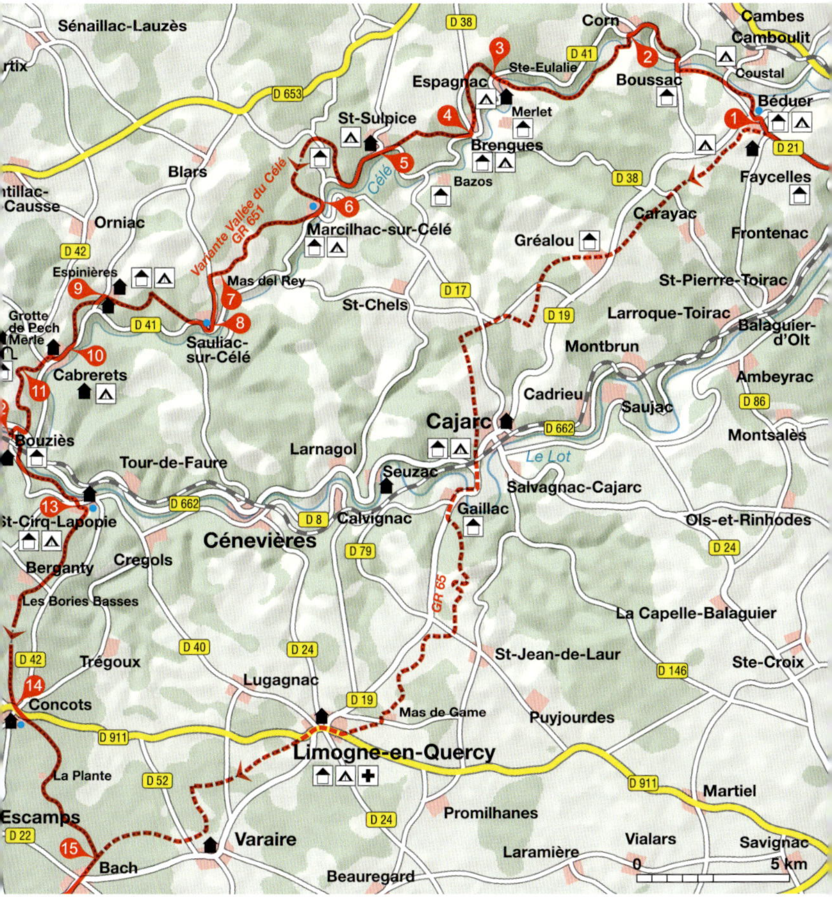

einmündet. Dieser folgt der Jakobsweg nach links am Gehöft Cavirande vorbei. Der Teerweg geht in einen Schotterweg über, der bergab in südliche Richtung durch die Felder führt. Bevor wir die Felswand erreichen, wenden wir uns nach rechts durch die wenigen Häuser von Le Bout-du-Lieu. Unser Weg endet auf einer Straße, die in die D 41 einmündet und weiter absteigend entlang des Flusslaufes nach **Cabrerets (10)**, 141 m (1.05 Std.), führt.
Den Weiler verlassen wir in westliche Richtung. Auf einem steil bergan führenden Pfad geht es durch den Wald zur **Grotte de Pech Merle (11)**. An der Höhle vorbei halten wir uns an den beiden Parkplätzen links und biegen oberhalb links auf eine Schotterpiste ab. Von dieser zweigen wir 300 m weiter wieder links ab, kommen an einem Menhir vorbei und wandern weiter zwischen zwei Mäuerchen bergab. An einer Gabelung links und für 300 m bergan, dann nach rechts abbiegen auf einen Weg, der auf der Kammhöhe entlang nun bergab führt, zum Zusammenfluss des Célé mit dem Lot. An einem Privatgrundstück vorbei erreichen wir die D 41, der wir nach rechts folgen. In Conduché gehen wir nach rechts auf die D 662 und folgen ihr für 1 km. Dann geht es nach links auf die Brücke über den Lot, über die wir in den kleinen Ort **Bouziès (12)**, 138 m (1.30 Std.), gelangen. Der GR 651 biegt sogleich nach links ab und verläuft nun bis kurz vor St-Cirq-Lapopie immer am Lot-Ufer entlang, zunächst auf einem in den Fels geschlagenen Treidelweg. Unterhalb des Felsens, auf dem **St-Cirq-Lapopie (13)**, 207 m (1 Std.), über dem Lot-Tal thront, zweigt ein steiler Pfad bergan in den Ort hinein ab. Wir durchqueren den Ort und erreichen über die Durchgangsstraße einen Pfad, der nach dem Anstieg in eine kleine Straße übergeht. Auf dieser nun für etwa 2 km stets geradeaus. Dann geht das Sträßchen am Mas de Labrousse in einen Pfad über, auf dem wir durch den Eichenwald weiter parallel zur D 42 wandern, bis wir schließlich auf sie stoßen und ihr kurzzeitig rechts folgen, sie nach 100 m auf einem absteigenden Weg aber erneut nach rechts verlassen. Wir gelangen nach Les Bories Basses und gehen hier im Weiler nach links und am Ortsende nach rechts. An der folgenden Gabelung nach links wenden und nun stets geradeaus auf einem schönen Wanderweg durch den Wald bis **Concots (14)**, 269 m (2.30 Std.). Geradeaus geht es durch den Ort hindurch. Kurz vor dem Ortsende biegen wir rechts auf eine kleine Straße ab, von der eine Schotterpiste nach links abzweigt, der wir für 2 km folgen. An einer Gabelung rechts weiter auf einem Weg zwischen zwei Mäuerchen, am Gehöft La Plante vorbei. Der GR 651 stößt auf eine Wegverzweigung, an der wir uns links halten und der kleinen Straße für 1,7 km geradeaus folgen. Links abzweigen und zwischen Mäuerchen weiter durch den Bois de Couanac. Nach 500 m wenden wir uns rechts auf einen steinigen Weg, der leicht bergab führt. Vor einem alleinstehenden Haus nach links und nun geradeaus bis zu einer Kreuzung, an der wir auf den GR 65 treffen, dem wir von nun an wieder folgen. Wir gehen nun einen knappen Kilometer nach rechts und erreichen den Weiler **Bach (15)**, 310 m (2 Std.).

7.45 Std.
32,7 km

Cahors – Montcuq

15

Herbergen: Les Mathieux (150 m): Gîte, 28 B/ÜF 20 €, HP 35 €, Küche, Pferd, keine Hunde, dt., engl., März–Okt., Tel. 05 65 31 75 13, www.domainedesmathieux.com. **Labastide-Marnhac** (305 m): (1) Gîte de l'Église, 5 B/15 €, Frühstück 5 €, Küche, April–Okt., Tel. 05 65 23 91 50, 06 27 70 59 89, michenaud.patrice@orange.fr. (2) Gîte Villa Malique, 5 B/ÜF 30 €, Mai–Okt., Tel. 06 64 77 95 71, 0661 75 40 26, fredericbayart@orange.fr. (3) Gîte Chez Bernie, 5 B/ÜF 20 €, Essen 15 €, April–Okt.,Tel. 05 65 21 06 83, 06 83 64 35 33, bernadette.dechet@free.fr. **Ferme de Trigodina** (288 m): Gîte à la Ferme, am Zusammentreff mit der Variante über l'Hospitalet, 10 B/ÜF 20 €, Essen 10 €, Küche, Pferd, Tel. 05 65 21 70 97, 06 71 06 98 72, trigodina@orange.fr. **Lascabanes** (165 m): (1) Gîte Le Nid des Anges, 17 B/ÜF 21 €, Essen 13,50 €, Küche, Pferd, keine Hunde, dt., engl., ganzj., Tel. 05 65 31 86 38, chiha-maupoux@wanadoo.fr. (2) Gîte Le Bouy, 11 B/13,50 €, Frühstück 6 €, Essen, Pferd, März–Okt., Tel. 05 65 22 92 63, 05 65 53 61 49, 06 59 72 99 24, francoise.bessieres0885@orange.fr. (3) Yourte Le Sabatier, 4 B/29 €, Frühstück, Essen, Pferd, engl., span., April–Okt., Tel. 05 65 23 98 54, jslascabanes@gmail.com. (4) Gîte L'Etape Bleue (in Durand 800 m von Lascabanes nach rechts), 10 B/13 €, Frühstück 6 €, Essen 14 €, Pferd, ganzj. **Escayrac** (250 m, 50 EW): Gîte Clos de Gamel, 4 B/HP 40 €, Küche, Pferd, engl., April–Okt., Tel. 06 26 95 09 74, 05 81 22 51 61, contact@closdegamel.com, www.closdegamel.com. **Grizou** (285 m, <10 EW), an der Kreuzung des GR mit der D 37, für 250 m nach rechts, 8 B/ÜF 21 €, Essen 15 €, Pferd, keine Hunde, ganzj., Tel., 05 65 23 36 30, 06 75 39 73 35. **Montcuq** (160 m, 1300 EW): (1) Gîte Le Souleillou (vor Montcuq vom GR nach links), 15 B/ÜF ab 20 €, Essen 14,50 €, Pferd, ganzj., Tel. 05 65 22 48 95, 07 61 51 69 41. (2) Gîte Les Ecuries de Janès, 6 B/ÜF 22 €, Essen 8 €, Küche, Pferd, Tel. 06 48 43 53 61. (3) Gîte Le Cantourel, 15 B/ÜF 21 €, Essen 13 €, Küche, März–Okt., Tel. 06 82 13 18 65, gite.cantourel@gmail.com. (4) Gîte Chez Annick, 5 B/ÜF 21 €, Essen 15 €, Küche, ganzj., Tel. 06 84 06 70 90, 05 65 22 44 19, lecorvecannick@yahoo.fr (5) Gîte À l'Ombre de la Tour, 6 B/ÜF 29 €, Küche, engl., ganzj., Tel. 06 59 34 45 66.

Die Strecke: Es geht hauptsächlich auf Wanderwegen über Wiesen und Felder; das Relief ist darüber hinaus etwas bewegter als bei den vorigen Etappen. Von Labastide-Marnhac aus ist ein Abstecher (1,2 km) nach rechts zum Weiler St-Rémy mit schöner Kapelle möglich. Gut 1 km nach Labastide-Marnhac führt eine Variante des GR 65 über L'Hospitalet (Gîte), die nach 4,5 km wieder in den Hauptweg einmündet. Ein weiterer Abstecher geht nach der Kreuzung mit der D 37 nach rechts in Richtung Prèniac (0,6 km) ab. Wer Montcuq ganz umgehen möchte, der kann an der Kreuzung des Jakobsweges mit der D 4 nach links abbiegen. Diese Route trifft südlich von Montcuq an der D 28 nach ungefährt 2,8 km wieder auf den GR 65.

Höhenunterschied: 430 m im Aufstieg, 400 m im Abstieg.

Kritische Stellen: Keine, nur bei den abzweigenden Varianten.

Landschaft: Die Kalkhochfläche der Quercy Blanc ist überwiegend landwirtschaftlich geprägt. Auf den Hochflächen dominieren Eichenwäldchen. In diesem kleinteiligen Relief führt die Via Podiensis durch Gehöfte und Weiler nach Montcuq.

Infrastruktur: Les Mathieux; Labastide-Marnhac; L'Hospitalet (Variante); Lascabanes; St-Jean; Montcuq.

Touristeninformation: OT Montcuq, 8 Rue de la Promenade, Tel. 05 65 22 94 04, www.tourisme-quercy-blanc.com.

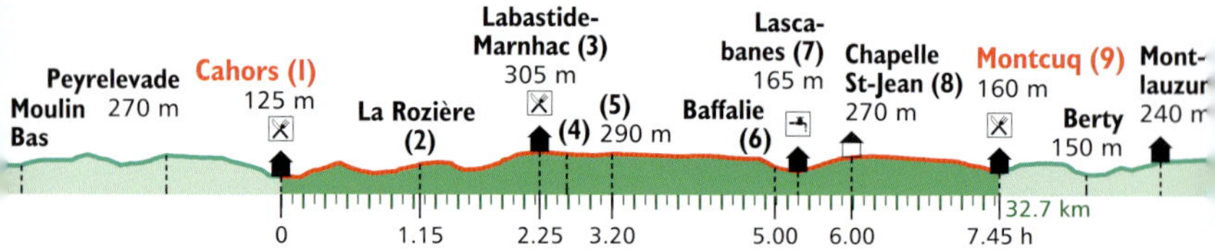

Direkt vor der Pont Valentré in **Cahors (1)** führt von der gegenüber liegenden Straßenseite ein steiler Pfad auf einem Felsen bergan. Oben angekommen, mündet der Pfad in ein geteertes Sträßchen (Chemin de la Croix de Magne), dem der GR 65 nach rechts folgt (wendet man sich wenige Meter nach links, hat man vom Croix de Magne einen letzten umfassenden Blick auf Cahors). Der Chemin de la Croix de Magne mündet in eine Straße, auf der wir links weitergehen und sogleich nochmals links auf eine Teerstraße einschwenken. Der Jakobsweg folgt dieser im leichten Gefälle und führt rund 800 m parallel zur N 20. Wir queren die N 20 nach rechts durch eine Unterführung und zweigen nach links ab. Auf dieser kleinen Straße bleiben wir für rund 1,5 km. Dann nehmen wir einen nach links abzweigenden Weg, der nach **La Rozière** (**2**, 1.15 Std.), führt. Nach der Dorfkirche geht es nach rechts, dann weiter durch die Streuseidlung nach rechts haltend. Gut 1 km nach La Rozière treffen wir bei einer lockeren Siedlung auf eine Straße, der wir für rund 150 m nach links folgen. Hier zweigt ein Feldweg nach links ab, auf dem wir eine alte Eisenbahnlinie, die D 653 und den Bachlauf des Bartassac kreuzen. Nach der Brücke zweigen wir nach rechts, dem Bachlauf folgend, ab. Nach etwa 700 m führt uns das Muschelsymbol bergan durch einen Eichenforst bis nach **Labastide-Marnhac (3)**, 305 m (1.10 Std.). Im Dorf geht es geradeaus über die D 67, der kleinen D 7 folgend, am Château de Labastide vorbei. Dieser Straße

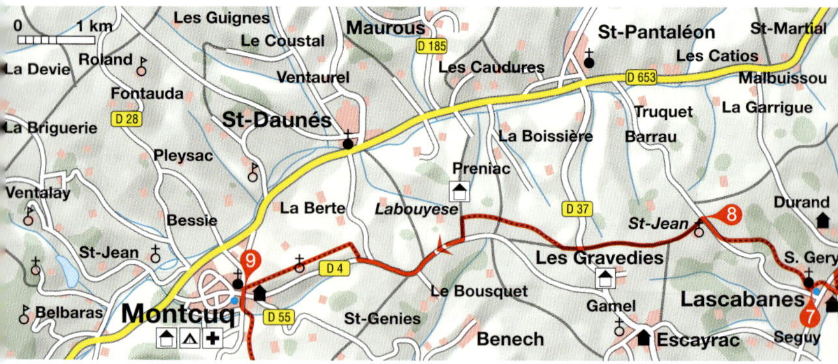

folgen wir bis zum Ortsende. Hier biegen wir links auf einen fein geschotterten Wirtschaftsweg ab. Nach gut 500 m gelangen wir zu einer Verzweigung, an der die **Variante (4)** über L'Hospitalet (ein früheres Pilgerhospiz) nach links abzweigt, während der Hauptweg weiter geradeaus verläuft. Der Weg führt auf einem Bergrücken aus Kalkstein über dürre Weiden, vorbei an Wacholdersträuchen und Eichen, bis nach etwa 2,5 km von links wieder die Variante in den **GR 65 (5)** mündet.

Wir halten uns hier also rechts, an der sogleich folgenden Verzweigung geht es auf dem mittleren Weg weiter, der wieder in eine Schotterpiste übergeht. Dieser alten Verbindungsstrecke zwischen L'Hospitalet und Lascabanes folgen. An einem Gehöft rechts weiter und an der nächsten Verzweigung links. Wir überqueren alle Sträßchen geradeaus und ignorieren alle Abzweigungen, bis wir unseren Weg nach ca. 6 km nach rechts ver-

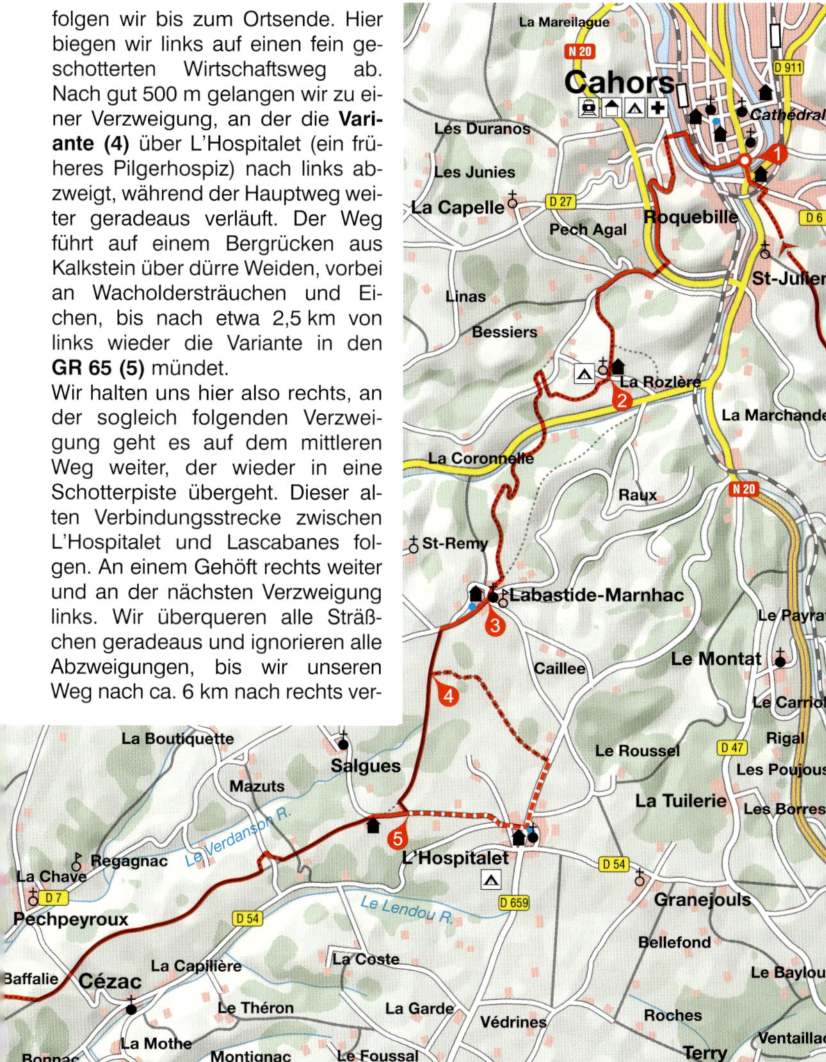

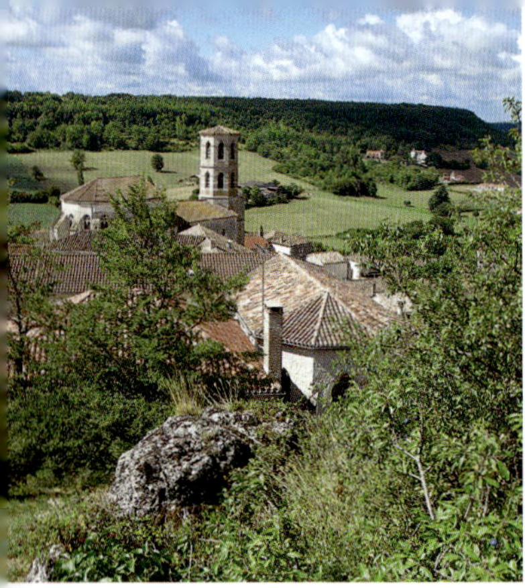

Blick auf die Dächer von Montcuq.

lassen und bergab den Weiler **Baffalie (6)**, 200 m (2.35 Std.), erreichen. Nach der Brücke über den Bachlauf des Verdanson nach links abbiegen. Der Weg führt durch die Felder, dann an einem alten Waschhaus vorbei bis zu einem Wegkreuz. Hier wenden wir uns nach rechts in den Ort **Lascabanes (7)**, 165 m (30 Min.).

Der Ort mit hübschen Steinhäusern und viel Blumenschmuck erscheint wie aus dem Bilderbuch. An der Hauptstraße wenden wir uns rechts in eine Gasse, die an der Kirche und der Gîte vorbeiführt. Wir bleiben auf diesem Weg Richtung St-Géry. Bevor er zum Weingut nach rechts ansteigt, biegen wir links auf einen Pfad ab, der durch ein Wäldchen bergan führt und auf eine kleine Straße mündet, der wir nach rechts am Waldrand entlang folgen. Nach etwa 600 m geht es an einer Kapelle, die Johannes dem Täufer geweiht ist, vorbei nach links auf das Gehöft **St-Jean (8)**, 270 m (30 Min.), zu. Wir gehen bis zu einer Kreuzung, bei der wir den Weg schräg rechts einschlagen, dem wir nun bis zur D 37 folgen. Der GR 65 quert die Straße, folgt der Schotterpiste kurz bergan und wendet sich dann nach rechts. Auf dem Hügelkamm benutzen wir einen Wanderweg, der uns geradeaus über eine Kreuzung bis zur D 4 bringt. Auf dieser wandern wir nach rechts weiter. Wir gehen weiter die D 4 entlang, bis wir nach etwa 500 m rechts in Richtung La Motte abbiegen. An der folgenden Gabelung gehen wir links weiter und bleiben auf dem Weg bergab bis zu unserem Etappenziel **Montcuq (9)**, 160 m (1.45 Std.). Um das Ortszentrum zu erreichen, hält man sich rechts. Der Jakobsweg selber spart das Zentrum allerdings aus und führt nach links bereits wieder aus Montcuq hinaus.

i *Der kleine bunte Ort im Herzen der Quercy Blanc wird von einem mächtigen Donjon, der letzten Fluchtstätte für die Schlossbewohner, überragt. Von der ehemaligen Burg aus dem 13. Jh., die nicht besonders lange den Wirren der Kriege trotzte, ist lediglich dieser Bergfried mit seinem fast zwei Meter starken Mauerwerk übrig geblieben. Bereits im Jahrhundert ihrer Errichtung wurde sie nach der Eroberung während des Albigenserkreuzzuges geschleift – im Süden unterstützten die meisten Gemeinden die Albigenser (Katharer). Gegen diese richtete sich der als Kreuzzug bezeichnete grausame Feldzug der Truppen des Simon de Montfort. Auch die Wirren des Hundertjährigen Krieges sowie der Religionskriege erschütterten* ***Montcuq****.*

3.30 Std.

14,6 km

Montcuq – Lauzerte

16

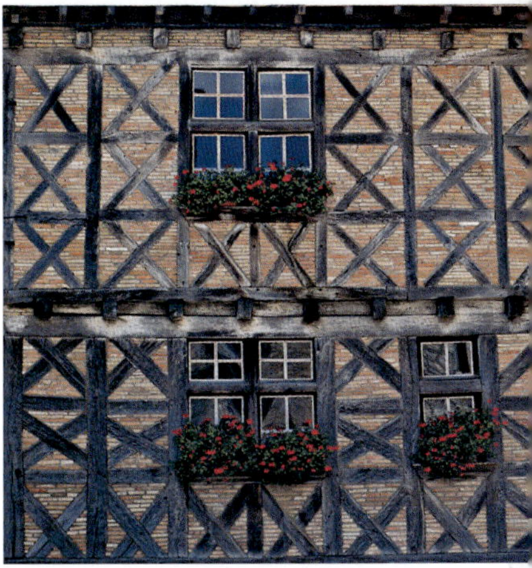

Herbergen: **Montlauzun**: Gîte Gillon, 6 B/ÜF ab 22 €, Schwimmbad, engl., April–Okt., Tel. 05 65 36 04 02, 06 73 44 26 39, lap46 montlauzun@wanadoo.fr. **Lauzerte** (225 m, 1500 EW): (1) Gîte communal, 15 B/ab 12 €, Küche, April–Okt., Tel. 06 19 70 89 49. (2) Gîte Les Figuiers, 30 B/ÜF ab 16,50 €, Küche, Pferd, dt., span., März–Nov., Tel. 05 63 29 11 85, 06 85 31 71 31, www.lesfiguiers-lauzerte.com. (3) Gîte Chez Francoise, 6 B/ÜF 20 €, Essen 10 €, Küche, April–Okt., Tel. 06 99 62 79 12, f.cueff@gmail.com. (4) Gîte des Carmes, 15 B/ÜF 20 €, Küche, April–Okt., Tel. 06 89 87 72 47, legitedescarmes@gmail.com. (5) Gîte du Pigonnier, 41 B/ab 18 €, Frühstück 8 €, Pferd, März–Nov., Tel. 05 63 94 63 46.

Die Strecke: Meist schöne, aber auch der Sonne ausgesetzte Wanderwege und wenig befahrene kleine Straßen oder Feldwege. Nur mäßige Höhenunterschiede. Wie üblich gut markiert und beschildert. Nach der Kreuzung mit der D 45 zweigen Abstecher vom GR ab: nach rechts nach Labrugade und nach links nach Marcillac.

Höhenunterschied: 280 m im Aufstieg, 200 m im Abstieg.

Kritische Stellen: Nach Montlauzun ist der GR 65 kurz recht steil und bei feuchter Witterung ist der Anstieg glitschig. Eine angebrachte Seilführung unterstützt die Wanderer.

Landschaft: Auf den Ausläufern der Quercy Blanc geht es von Kalkrücken über kleine Flusstäler zum nächsten kleinen Höhenzug. Die sanft geschwungenen Hügel werden für den Obst- und Gemüsebau genutzt. Die Bachläufe und Flüsse entwässern meist in den Tarn, der schon bald in die Garonne mündet.

Infrastruktur: Bonal ; Montlauzun ; Lauzerte .

Touristeninformation: OT Lauzerte, Place des Cornières, Tel. 05 63 94 61 94, www.quercy-sud-ouest.com.

Anmerkung: In Lauzerte trifft der GRP Pays de Serre (orange-rote Kennzeichnung) auf den Jakobsweg.

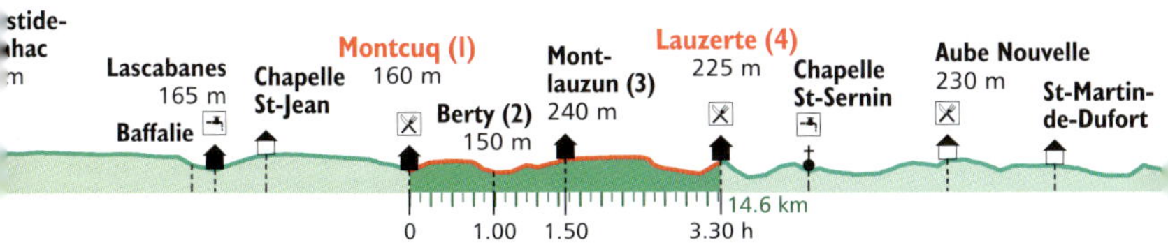

Vom östlichen Ortsrand von **Montcuq (1)** orientiert sich die Via Podiensis nach Süden. Der GR geht auf der D 28 an der Kirche vorbei bergab, über eine Brücke und auf einem eingewachsenen Hohlweg links bergan. Auf dem Hügel angekommen, führt der Schotterweg durch die Felder und, rechts haltend, kurz darauf auf die D 28. Hier folgen wir der Straße wenige Meter nach links und gehen dann von ihr gerade auf die Zufahrtsstraße zum Château Charry (16. Jh., Privatbesitz) ab. An der nächsten Möglichkeit einen Pfad nach rechts einschlagen, der an einer Mauer entlang und dann geradeaus

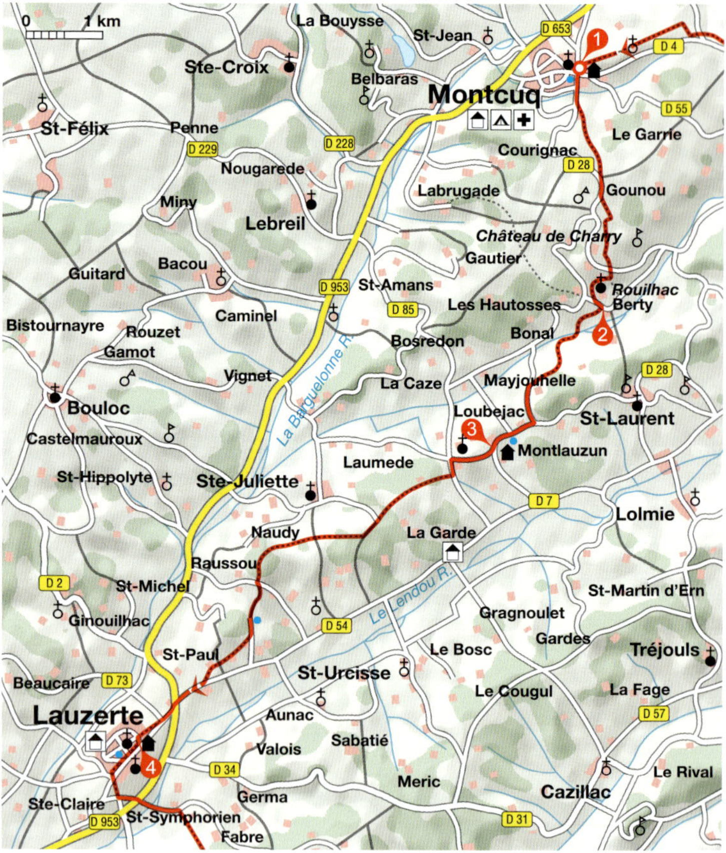

über eine Schotterpiste führt. Weiter geht es durch die Sonnenblumenfelder bergab, wir erreichen nochmals die D 28. Auf der kleinen Departementstraße nach rechts. Nach wenigen Metern geht es nach links ab bis zum Gehöft Rouillac. Hier halten wir uns nach links zum Gehöft **Berty (2)**, 150 m (1 Std.).

Nach dem Hof geht der GR 65 auf einer kleinen Straße geradeaus und dann auf einem Feldweg weiter nach links, auf dem wir den Bachlauf des Tartuguié überqueren. Bergan geht es an einem Wasserreservoir vorbei zum Gehöft Bonal. Ab Bonal folgen wir dem geteerten Weg bergab Richtung **Montlauzun (3)**, 240 m (50 Min.), wobei wir sämtliche Abzweigungen ignorieren und immer der ausgewiesenen Beschilderung folgen. Der kleine Weiler liegt auf einer Hügelkuppe, zu dem eine Stichstraße nach oben abzweigt.

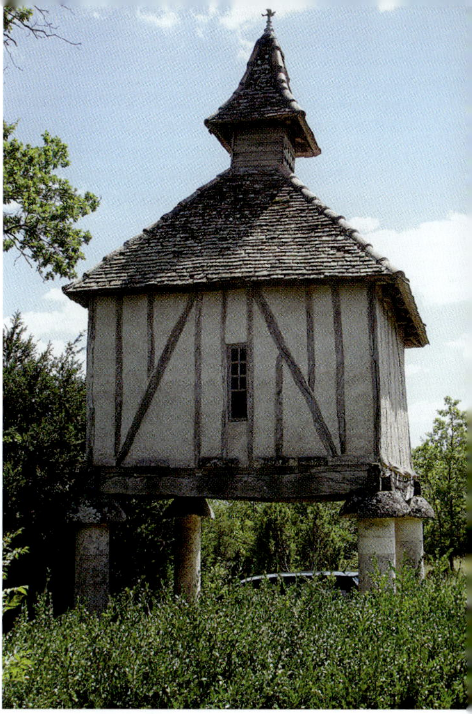

Typisches Taubenhaus der Region.

Der Jakobsweg führt links um den Ort herum und mündet auf die D 45, der wir für wenige Meter nach links folgen. Auf einem Pfad, der auf einen Hügel führt, verlassen wir die D 45 nach rechts durch einen Eichenwald. Der Anstieg kann bei feuchter Witterung glitschig sein. Wir stoßen auf eine kleine Straße, der wir weiter geradeaus und über eine Kreuzung hinweg folgen und gehen weiter am Waldrand entlang. An einem Haus geht die Straße in einen Wanderweg über, der eine Straße quert und dann wieder in den Eichenwald eintaucht, durch den wir weiter geradeaus wandern. Am Hof von Montjoie erreichen wir wieder eine geteerte Straße, der wir nach links wenige Meter Richtung Hof folgen und dann gleich in einen Pfad nach rechts abbiegen. Zwischen Feldern geht es bergab auf Lauzerte zu, auf das man von hier aus einen schönen Blick hat, bis zur D 54. Wir folgen der Straße nach rechts zu einem Kreisverkehr und weiter geradeaus bergan. Auf halber Höhe kürzt ein Hohlweg nach rechts die Straße ab. Der GR 65 führt über den zentralen Platz von **Lauzerte (4)**, 225 m (1.40 Std.).

Dieses **Wehrdorf (Bastide)** entstand im Zuge des Hundertjährigen Krieges, als die Grafschaften sich anschickten, ihre Grenzen und strategisch wichtigen Punkte durch befestigte Ortschaften vor den englischen Truppen zu schützen. So bewachte **Lauzerte** seit dem 12. Jh. den Weg zwischen Cahors und Moissac. Bastiden sind im Schachbrettmuster um einen zentralen Platz angelegt, um im Verteidigungsfall möglichst schnell an die Stadtmauer zu gelangen. Trotzdem wurde Lauzerte im Hundertjährigen Krieg sowie in den Religionskriegen zum Teil zerstört und geplündert. Die **Kirche St-Barthélemy** am Marktplatz wurde im 13. Jh. errichtet und im 16. Jh. grundlegend verändert und erweitert. Viele der Häuser des Ortes, deren Fassaden aus dem Mittelalter bis zur Renaissance den arkadengefassten Platz einrahmen, sind renoviert worden.

Bezaubernde und wehrhafte Lage von Lauzerte.

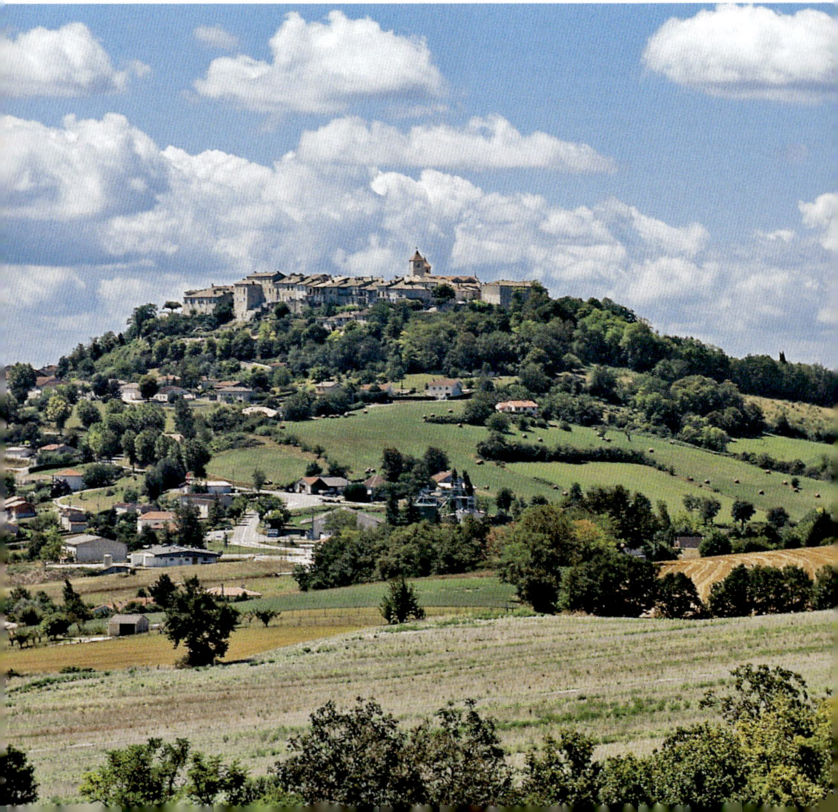

6.30 Std.
27,5 km

Lauzerte – Moissac

17

Herbergen: Durfort-Lacapelette (206 m): (1) Gîte Le Pigeonnier de Figué-Haut, 8 B/ÜF 25 €, Küche, ganzj., Tel. 05 63 04 56 32, 06 70 89 88 05, pigeonnierdefigue-haut@ifrance.com. (2) Gîte du Soleil Levant, 6 B/ab 15 €, Frühstück, Küche, Pferd, engl., ganzj., Tel. 06 14 96 00 30. (3) Gîte La Bayssade (hinter Durfort-Lacapelette, 10 B/ÜF 20 €, Essen, Küche, März–Nov., Tel. 05 63 04 51 47, earldebayssade@wanadoo.fr. **Moissac** (76 m, 12.700 EW): (1) Gîte Les Etoiles, 4 Rue Falhière, 12 B/ÜF 22 €, Essen 14 €, April–Okt., Tel. 05 63 94 22 47, 06 25 63 00 16, beatrice.blet@wanadoo.fr, www.gite-moissac.com. (2) Gîte Ancien Carmel, 70 B/ab 16 €, Frühstück, HP ab 35 €, Küche, Pferd, engl., ganzj., Tel. 05 63 04 62 21, 09 64 48 71 99, contact@lanciencarmelmoissac.com. (3) Gîte La Petite Lumière, 10 B/15 €, Frühstück, Essen, Küche, Pferd, engl., April–Okt., Tel. 06 74 68 12 94, 06 62 62 73 72, lapetitelumiere@free.net, www.lapetitelumiere.org. (4) Gîte Ultreia, 14 B/ÜF 21 €, Essen 14 €, Pferd, engl., ganzj., Tel. 05 63 05 15 06, 06 71 74 03 14, www.ultreiamoissac.com. (5) Gîte Lemée, 25, Rue Malaveille, 15 B/ÜF 21 €, Essen 15 €, ganzj., Tel. 05 63 05 15 06, 06 71 74 03 14, info@ultreiamoissac.com.

Die Strecke: Die Etappe führt meistens entlang von kleinen Straßen auf einem Kamm und mit leichtem Gefälle bis ins Tal des Tarn. Kurz vor Moissac rechts Abzweigung einer Variante nördlich um die Innenstadt herum.

Höhenunterschied: 240 m im Aufstieg, 390 m im Abstieg.

Landschaft: Diese Etappe bringt uns durch die Hügellandschaft des Tarn und der Garonne nach Moissac, das aus historischer und kultureller Sicht neben Conques die wichtigste Station auf der Via Podiensis ist.

Infrastruktur: Le Chartron; Aube Nouvelle; Durfort-Lacapelette; St-Martin; Espis; Moissac.

Touristeninformation: OT Moissac, Place Durand de Bredon, gleich neben der Kathedrale am Eingang zum Kreuzgang, Tel. 05 63 04 01 85, tourisme@moissac.fr, www.moissac.fr.

Anmerkung: Keine Einkaufsmöglichkeit. Auch ausreichend Wasser muss mitgeführt werden.

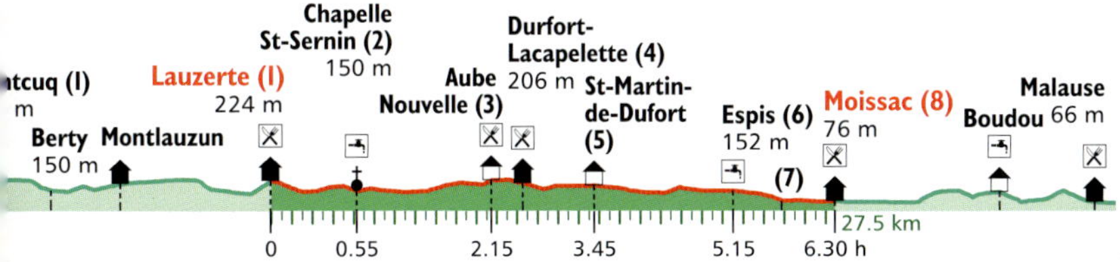

Über den Dorfplatz von **Lauzerte (1)** geht es durch die Gassen des mittelalterlichen Städtchens bergab auf die D 58, der wir 200 m nach links folgen, um dann, schräg nach links über die D 953 hinweg, rechts in die D 81 einzubiegen. Nach einer Linkskurve am Hang wendet sich der Jakobsweg in eine kleine Straße ganz rechts bergan. Auf dem Hügel mündet der GR 65 in eine

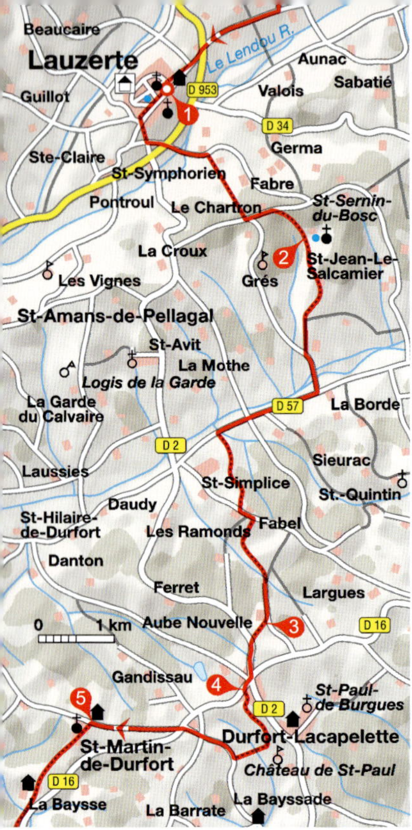

Straße, der wir 400 m nach links bis zum Gehöft Le Chartron (40 Min.) mit prächtigem Taubenhaus folgen. Die Tauben wurden wegen ihres wertvollen Mistes und für den Verzehr gehalten. Hier zweigen wir rechts auf einen schattigen Pfad ab, der bergab an der Kapelle von **St-Sernin (2)**, 150 m (15 Min.), vorbei führt. Hier einen ansteigenden Weg einschlagen, der zu einer Straße hochführt. Dieser nach rechts folgen. Nach 200 m wenden wir uns erneut nach rechts auf einen Weg, der durch Felder zum Gehöft Parry führt. Nach dem Gehöft nach links, dann bringt uns die Via Podiensis geradeaus auf geteertem Weg hinab zur D 57, der wir für 1,5 km nach rechts neben der Straße folgen. Nach einer Brücke wenden wir uns links auf einen Feldweg (Schild) und wandern an einem Wäldchen vorbei bergan. Der Weg mündet in eine Straße, auf der wir uns nach links wenden. An Höfen vorbei biegen wir erneut links ab und nach 200 m auf einen Pfad rechts bergab. An einem schönen großen Walnussbaum geht es links auf einen Pfad durch das Tal, einem Bach folgend. Dann biegen wir rechts auf einen Weg durch Weinberge zur **Auberge de l'Aube Nouvelle (3)**, 230 m (1.20 Std.), ab.

Von hier ab folgt der GR einer geteerten Straße nach rechts durch Obstplantagen und Wein. An der nächsten Abzweigung nach links auf ein Haus zugehen und dann auf einem Trampelpfad nach rechts, der auf die D 2 führt. Auf der Departementstraße erreichen wir links haltend **Durfort-Lacapelette (4)**, 206 m (30 Min.).

Die neue Wegführung des GR 65 geht vom Dorfzentrum von Durfort-Lacapelette nach rechts auf eine kleine Straße, am Sportplatz vorbei und dann vor einem Haus links auf einen Trampelpfad, der um das Haus herumführt und in einen Feldweg übergeht. Vor einem Bewässerungsreservoir nach rechts, anschließend erneut nach rechts wenden und durch die Pflaumenplantagen bergan wandern. Der Feldweg mündet in eine kleine Straße, der wir nach rechts und weiter geradeaus, an einem Bauernhof vorbei, folgen. Über die D 16 hinweg und auf der kleinen Straße für 1,3 km geradeaus durch eine Neubausiedlung nach **St-Martin-de-Durfort (5)**, 190 m (1 Std.). (Wer der alten GR-Wegführung folgen möchte, geht am Sportplatz vorbei stets auf der D 16 geradeaus bis zum Abzweig nach St-Martin nach rechts.) Kurz vor der Kapelle St-Martin biegt der Weg nach links ab. Auf dieser Straße wandern wir an der Kapelle und dem Friedhof vorbei stets bergab, wobei sämtliche Abzweigungen ignoriert werden, bis wir erneut auf die D 16 treffen. Wir queren

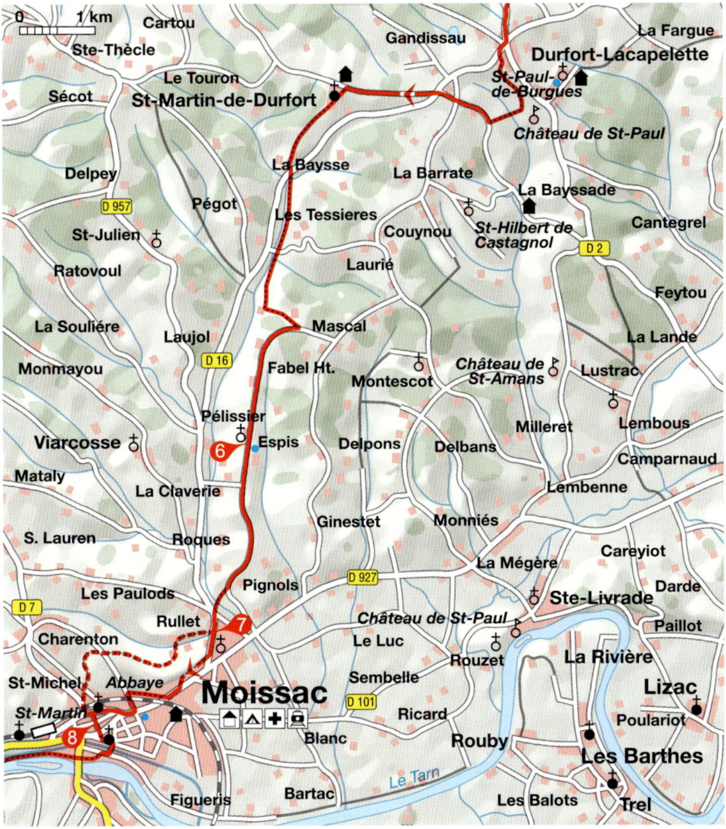

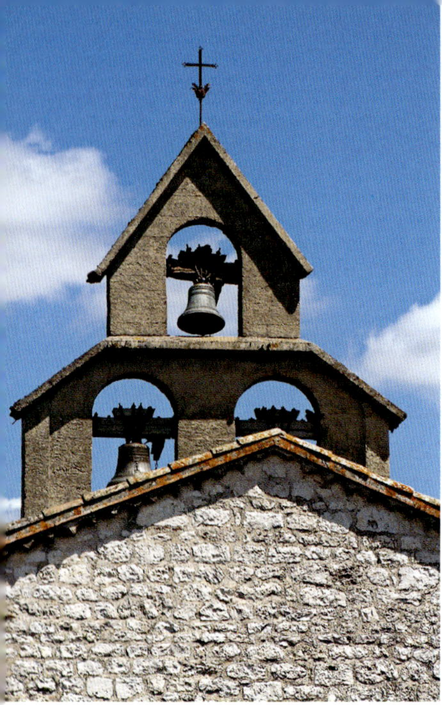

Dachreiter der Église d'Espis.

die Straße und wandern auf einem Trampelpfad neben der Straße für 1,8 km im Halbschatten einer Pappelallee (2016 wurde von freilaufenden und aggressiven Hunden berichtet). Nach einer Brücke über den Laujol geht es links auf einen Weg, der zu einem Gehöft auf einem Hügel führt. Nach wenigen Metern nach rechts abbiegen und an der nächsten Gabelung nach links. Wir wandern auf einem Pfad zwischen Feldern auf den Hügelkamm. Der Jakobsweg stößt hier auf ein Sträßchen, dem wir nach rechts folgen. Nun geht es die nächsten 3 km immer schnurgerade dem Kamm folgend bergab. Wir passieren dabei die Kirche von **Espis (6)**, 152 m (1.30 Std.), vereinzelte Höfe und Häuser, Felder, Weinberge und Obstplantagen und gelangen kurz vor dem Tarn-Tal in den Weiler Gal de Merle. Hier stoßen wir auf eine weitere Straße, die wir kreuzen und auf dem gegenüber beginnenden Pfad den Bachlauf der Laujol queren. So erreichen wir die D 957, der wir links und schließlich an einem Friedhof vorbei folgen.

Kurz vor dem Friedhof biegt die **Variante (7)**, die um die Innenstadt von Moissac herumführt, in den Chemin de Malengane ab. Wir wählen an einer Gabelung den Pfad nach links, der mit steiler Steigung zum Chemin de la Croix de Lauzerte führt, auf dem wir uns nach rechts wenden. Von hier aus hat man einen schönen Überblick auf die Altstadt von Moissac und das Tarntal. Weiter geht es an der nächsten Abzweigung nach links und nun immer weiter geradeaus bergab bis zur Kathedrale.

Der Hauptweg zweigt auf der Höhe der Friedhofskirche nach rechts in den Chemin des Vignes ab, der in die D 27 mündet, der wir nach rechts folgen. Vor den Bahngleisen biegen wir rechts ab in den Chemin Ricard. Am Ende der Straße wenden wir uns links und kreuzen die Eisenbahnschienen. Dann biegen wir rechts in die Durchgangsstraße ein und erreichen die historische Altstadt von **Moissac (8)**, 76 m (1.15 Std.).

Unmittelbar vor dem Zusammenfluss mit der Garonne fließt der Tarn durch ***Moissac****, ebenso der »Kanal der Zwei Meere«, die Verlängerung des »Canal du Midi«. Wohlstand, Ansehen und Aufschwung im 17. und 18. Jh. verdankt die Stadt ihrem Hafen. Doch bereits im Mittelalter war Moissac eines der bedeutenden Etappenziele der Jakobspilger auf dem Weg nach Santiago. Die* ***Abteikirche St-Pierre*** *mit dem herrlichen Portal und vor allem dem Kreuzgang sind beeindruckende kulturhistorische Zeugnisse. Der erste Kirchenbau wurde 1063 geweiht. Dieser bestand aus einer dreischiffigen Anlage mit sehr schmalen Seitenschiffen und einem einfachen Tonnengewölbe. Zu Beginn des 12. Jh. wurde die Kirche um einen Turmvorbau mit Eingangshalle und Westportal erweitert. Später wurde das Langhaus zugunsten einer Lösung nach dem Vorbild von Cahors umgestaltet. Simon de Montfort ließ 1212 die Abtei plündern und brandschatzen, wobei der Kirchenbau und der Kreuzgang stark beschädigt, jedoch im 13. Jh. restauriert wurden. Beim Bau der Eisenbahnlinie Bordeaux–Sète wurde ernsthaft überlegt, ob man den Kreuzgang nicht kurzerhand abreißen sollte!*

Ein Höhepunkt der romanischen Bildhauerei ist das südliche Portal mit dem ***Tympanon*** *von 1130. Es veranschaulicht das vierte Kapitel aus der Offenbarung des Johannes (IV, 2–9 und 8). Hauptthema ist das Jüngste Gericht. Christus als Weltherrscher ist von den Symbolen der vier Evangelisten umgeben und dem geflügelten Viergetier. Um dieses Mittelfeld herum sitzen in drei Reihen die 24 apokalyptischen Ältesten. Auf dem Türsturz sind antike Rosetten als Schmuckform über-*

Der Kreuzgang von Moissac: beeindruckendes Zeugnis romanischer Baukunst.

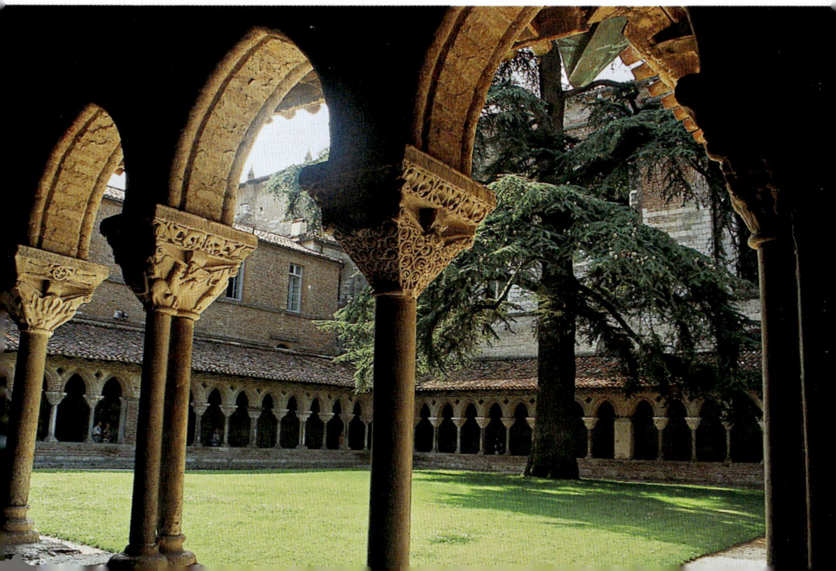

nommen, die hier die Feuerräder der Unterwelt symbolisieren. Der Türsturz markiert die Stelle, wo die Region des Himmels endet und die Welt des Sündigen beginnt. Am linken Türpfeiler erkennt man Petrus und gegenüber Jesus. Der Torpfeiler besteht aus einem einzigen Stein: Er zeigt Löwen, in die kunstvoll der Prophet Jeremias und der hl. Paulus eingearbeitet sind. Auf beiden Seiten stehen im Vorsprung der Heilige Petrus links und der Prophet Jesaja rechts. Dieses Portal hat bereits zur Zeit der Entstehung größtes Aufsehen erregt.

Der **Kreuzgang** *mit seinen 44 Meter langen Trakten und 116 Säulen, der um 1100 erbaut wurde, ist aufgrund seiner Vollständigkeit und seiner zahlreichen Skulpturen ein einmaliges Zeugniss romanischer Baukunst. Die ungewöhnlich schlanken Säulen verleihen dem lichten Kreuzgang eine gewisse Leichtigkeit. Säulenbesetzte Eckpfeiler, jeweils ein reliefgeschmückter Mittelpfeiler pro Galerie und der Wechsel von Einzel- und Zwillingssäulen lassen keine Monotonie aufkommen. Ein weiteres Merkmal des Kreuzgangs ist die hohe Anzahl an Figurenkapitellen, die etwa fünfzig Bibelstellen veranschaulichen. Andere Kapitelle zeigen korinthische Schmuckornamentik und zeugen von der vollendeten Kunstfertigkeit der Bildhauer. An den Eckpfeilern zeigen Marmortafeln schöne Apostelbilder.*

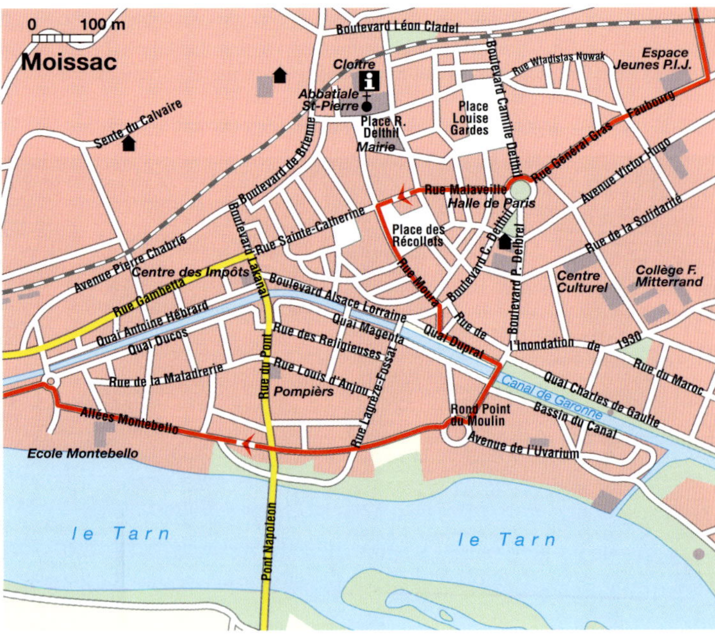

7.15 Std.

30 km

Moissac – St-Antoine

18

Herbergen: **Malause** (66 m, 880 EW): Gîte Boudet, 12 B/20 €, HP 38 €, Küche, ganzj., Tel. 05 63 39 64 23, 06 79 44 09 77, 06 33 29 96 75. **Espalais** (63 m, 390 EW): Accueil pèlerin Le Par'Chemin, ÜF 20 €, Essen Spendenbasis, Küche, ganzj., Tel. 05 63 94 13 78, 06 33 74 48 63. **Auvillar** (148 m, 876 EW): (1) Gîte, 4 B/35 €, Pferd, ganzj., Tel. 06 33 15 86 18, 06 95 63 91 82. (2) Gîte communal, 18 B/14,50 €, Küche, April–Okt., Tel. 05 63 39 89 82. (3) Gîte le Clos d'Alange, 6 B/ÜF 25 €, Küche, Pferd, ganzj., Tel. 05 63 94 76 84, 06 75 49 14 57. (4) Gîte Desprez, 3–4 B/ÜF ab 20 €, Küche, ganzj., Tel. 05 63 39 01 08, 06 10 93 56 25, cmtserdes@orange.fr. (5) Gîte Chez le Saint-Jacques, 8 B/ÜF 20 €, Küche, dt., April–Okt., Tel. 05 63 29 14 23. (6) Gîte le Petit Baladin, 9 B/ÜF 22 €, März–Okt., Tel. 05 63 39 73 61, les-crapettes-dauvillar@wanadoo.fr. **St-Antoine** (73 m): (1) Gîte La Maison du Bois, 4 Zi/ab 35 €, ganzj., Tel. 05 62 28 68 15. (2) Gîte La Ferme de Villeneuve, 3 B/HP 39 €, Pferde, engl., März–Okt., Tel. 05 62 28 21 75, 06 10 33 67 99.

Die Strecke: Anfangs über einige Kilometer zunächst am Tarn- und dann am Garonnekanal entlang. Meist geschotterte Wanderwege, Pfade und kleine Straßen. Die Etappe ist gut ausgewiesen.

Höhenunterschied: 370 m im Auf- und Abstieg.

Kritische Stellen: Am Tarnkanal kann man eine Variante des GR 65 weiter entlang der Kanäle und der Garonne wählen. Diese Variante ist mit einer gelben PR-Markierung gekennzeichnet und an sich nicht mit dem GR zu verwechseln. Später zweigt von der Via Podiensis bei Bourdailles der GRP Pays de Serre ab, der seit Moissac zusammen mit dem GR 65 verläuft.

Landschaft: Man taucht in einen im Vergleich zu den vorigen Etappen gänzlich anderen Landstrich ein. Am Zusammenfluss von Tarn und Garonne bestimmt das Wasser und die Flussaue das Landschaftsbild. Mit der Überquerung der Garonne sind wir in der Region Gascogne angekommen, der Heimat D'Artagnans aus »Die drei Musketiere«, die wir in den nächsten Etappen durchwandern.

Infrastruktur: Boudou; Malause; Pommevic; Espalais; Auvillar; Bardigues; St-Antoine.

Touristeninformation: OT Auvillar, Place de la Halle, Tel. 05 63 39 89 82, www.auvillar.eu.

Anmerkung: In St-Antoine gibt es kein Lebensmittelgeschäft oder Restaurant. Hier kann man entweder in der Gîte essen (Reservierung) oder es empfiehlt sich, bereits in Auvillar einzukaufen.

Vom historischen Zentrum von **Moissac (1)** wenden wir uns am Hauptportal links in die Allée Marengo, weiter links in die L'Avenue Pierre-Chabrié und am Bahnhof vorbei. Hier zweigt der GR 65 nach links ab, über die N 113 zum Tarn-Garonne-Kanal. Über die Brücke und dann nach rechts auf den asphaltierten Weg, einen ehemaligen Treidelweg, der 2,3 km stets geradeaus verläuft bis zur Schleuse **L'Espagnette (2)**, 65 m (40 Min.). Die Variante bleibt bei der Schleuse für weitere 7,5 km entlang des Kanals auf dem Treidelweg und mündet erst bei Malause wieder in den Hauptweg ein. Wir biegen nach rechts über die Brücke ab und folgen der N 113 einige Meter nach rechts. Dann zweigt der GR 65 nach links auf eine kleine Straße ab, die etwas steiler

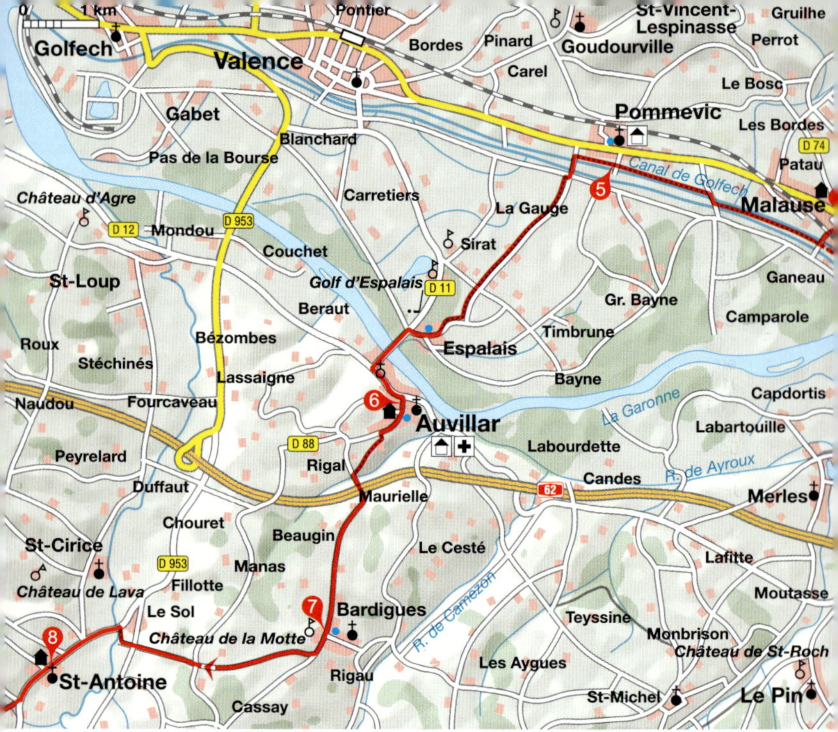

bergan nach Laroquette führt. Nach dem steilsten Stück nehmen wir einen breiten Weg nach links, dem wir nach wenigen Minuten weiter nach rechts folgen und durch Weinfelder und Pflaumenplantagen wandern. Der Weg mündet in eine kleine Straße, der wir nach links folgen. An einer Gabelung geht es nach rechts und gleich hinter einem Haus links auf einen Feldweg, zunächst bergab und dann wieder bergan. Auf der Höhe angekommen, zweigen wir nach links auf eine Straße ab, auf der wir den Weiler **Bou-**

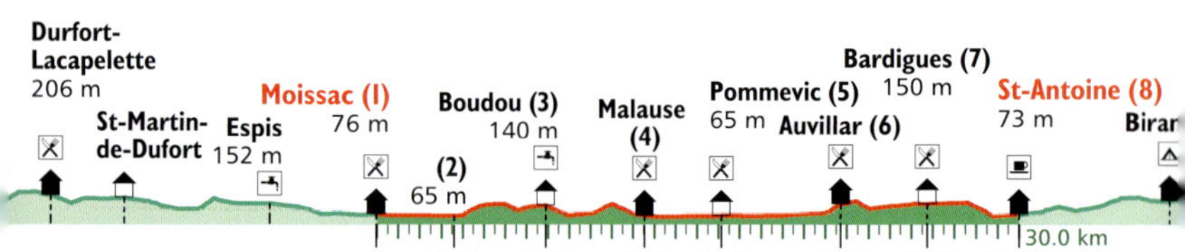

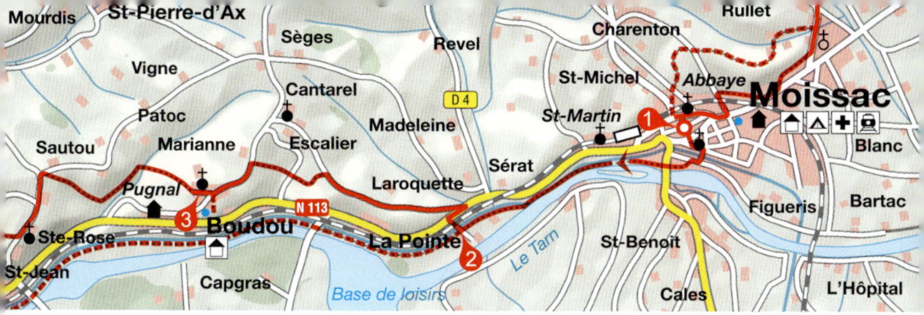

dou (3), 140 m (1.20 Std.), erreichen. Im Ort geht es nach rechts weiter. Allerdings bietet sich ein kurzer Abstecher zu einem lohnenswerten Aussichtspunkt über die Garonne, den Tarn und die südlich anschließende Gascogne an. Hierfür einfach 300 m geradeaus auf der Straße weitergehen, bis zu einem Parkplatz mit Infotafel und Kreuz. Nach Boudou geht der GR in einen Feldweg über, auf dem wir bergab durch einen Buchenhain, Pflaumenplantagen und über einen Bachlauf wandern, nach dessen Überquerung wir uns links in einen Pfad wenden. Vor einer Straße im rechten Winkel nach rechts abbiegen und bergauf bis zu einer Straße am Weiler Bourdailles und hier nach links. Wir folgen dieser Straße etwa für 1 km und zweigen dann gegenüber der Kirche Ste-Rose nach rechts auf einen Wanderweg ab, der bergab ins Tal nach **Malause (4)**, 66 m (1.15 Std.), führt.

In Malause queren wir die Durchgangsstraße und gehen links bergab, biegen an der nächsten Abzweigung nach rechts und dann nochmals nach links ab. Wir gelangen durch ein kleines Gewerbegebiet zum Canal latéral de Golfech. Über die Brücke geht es nach rechts auf einem schönen schattigen Weg für 1,5 km unter Platanen zwischen dem Canal latéral de Golfech und dem breiteren Canal du Golfech entlang, dann wechseln wir die Kanalseite des Canal latéral de Golfech und wandern am rechten Ufer weiter bis zur Brücke bei **Pommevic (5)**, 65 m (50 Min.), auf der wir nach links die beiden Kanäle überqueren.

Hausfassade in Auvillar.

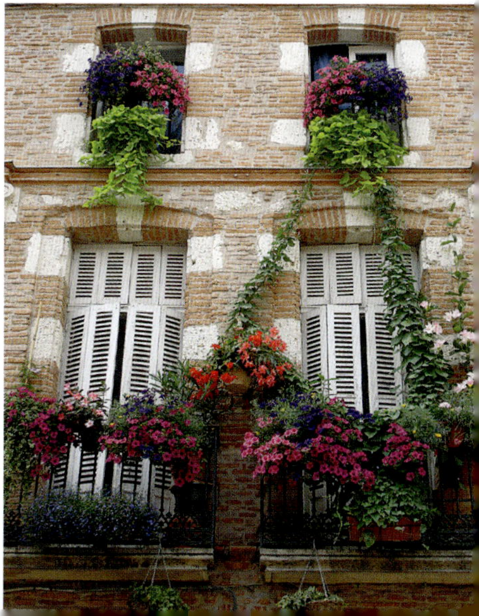

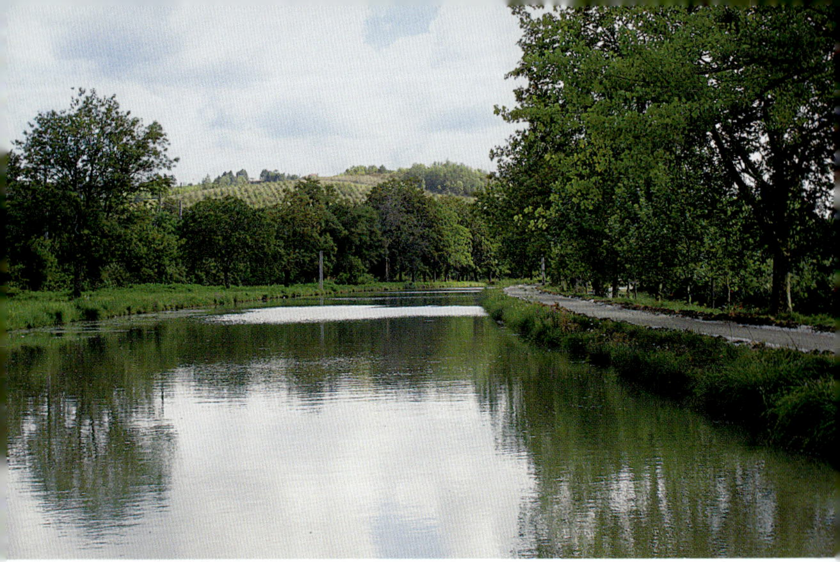

Der Jakobsweg entlang des Kanals zwischen Tarn und Garonne.

Bis Espalais folgen wir nun einem Trampelpfad, der entlang der Straße durch die Felder führt; zum Teil gehen wir auch auf der Straße. An einer Verzweigung geht es nach rechts in den Ort hinein und auf der Durchgangsstraße bis zum Ortsrand. Hier beim Picknickplatz nach rechts abbiegen und der D 11 nach links über die Garonne folgen. Nach der Brücke wenden wir uns nach links und gelangen bergan nach **Auvillar (6)**, 148 m (1.15 Std.).

i ***Auvillar** erhebt sich in malerischer Lage auf einem Hügel mit einem weiten Panoramablick über die Garonne, den man am besten vom Place du Château, der ehemaligen Burganlage der Grafen von Auvillar, genießt. Wie andere Städte im Südwesten Frankreichs geriet Auvillar zwischen die Fronten des Albigenserkreuzzugs, wobei der Ort auch mehrfach die Seiten wechselte. Auch im Hundertjährigen Krieg war Auvillar mal englisch und dann wieder französisch. Erst 1589 wurde Auvillar, wie die gesamte Region Armagnac, endgültig der französischen Krone unterstellt. Durch die Herstellung von Töpfer- und Schreibwaren gelang dem Städtchen im 18. Jh. ein gewisser wirtschaftlicher Aufschwung. Zentrum des Ortes ist der Marktplatz mit einer großen kreisrunden Markthalle (1824) in der Mitte. Die ehemalige Abteikirche St-Pierre der Benediktiner wurde im 12. Jh. im romanischen Stil errichtet. Nach ihrer Zerstörung im Hundertjährigen Krieg ist sie vor allem im gotischen Stil neu erbaut worden. Der Uhrenturm aus dem 17./18. Jh. ist gleichzeitig eines der Stadttore, das aus Ziegeln und hellem Sandstein errichtet wurde.*

Die Via Podiensis führt durch das historische Zentrum von Auvillar an der Markthalle vorbei und unter dem Uhrenturm hindurch. Wir queren die Durchgangsstraße und gehen die gegenüber liegende Straße bergan aus dem Ort hinaus. Am Ortsausgang biegen wir nach links auf einen abschüssigen Weg ab, der uns durch ein Wäldchen wieder zur D 11 bringt, auf der wir nach links die Autobahn A 62 unterqueren. Nun bleiben wir für mehr als 2 km auf dieser Straße, die sich durch die Felder bis **Bardigues (7)**, 150 m (0.50 Std.), hinzieht. Geradeaus gehen wir durch den Ort hindurch und zweigen nach dem Château de la Motte auf eine Straße nach rechts ab. Wieder führt uns diese kleine Straße durch Felder, wobei wir sämtliche Abzweigungen ignorieren. An einer Kreuzung nach 1,5 km geradeaus in einen abschüssigen Waldweg, der in die D 88 einmündet. Auch hier geht es geradeaus über die Straße hinweg in einen Weg, rechts vorbei an einer alten Mühle und über den Bachlauf des Arrat. Wir gelangen zur D 953, der wir nach links auf einem Trampelpfad neben der Straße bis nach **St-Antoine (8)**, 73 m (1.05 Std.), folgen.

i *In **St-Antoine** wirkten bis Ende des 18. Jh. Brüder des Antoniterordens, die ursprünglich Pilger und Kranke betreuten. 1776 gingen die Antoniter in den Johannitern auf. In der maurisch anmutenden Kirche sollen die Reliquien des hl. Antonius aufbewahrt werden. Im Innern ist das T-Kreuz (Tau) der Antoniter an den Schlusssteinen des Gewölbes angebracht.*

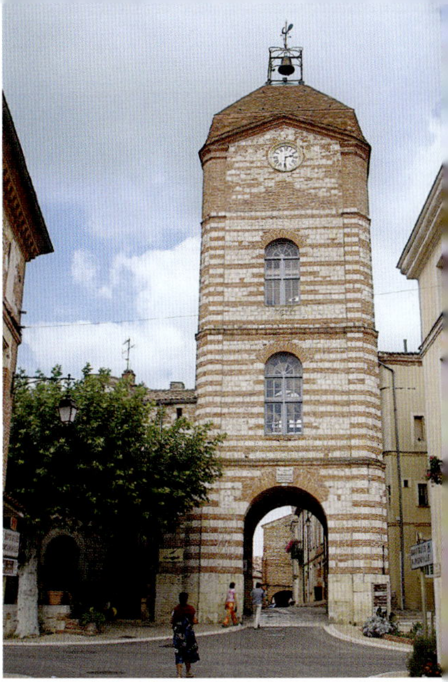

Stadttor zur Altstadt von Auvillar (oben).

Die Kirche von St-Antoine (unten).

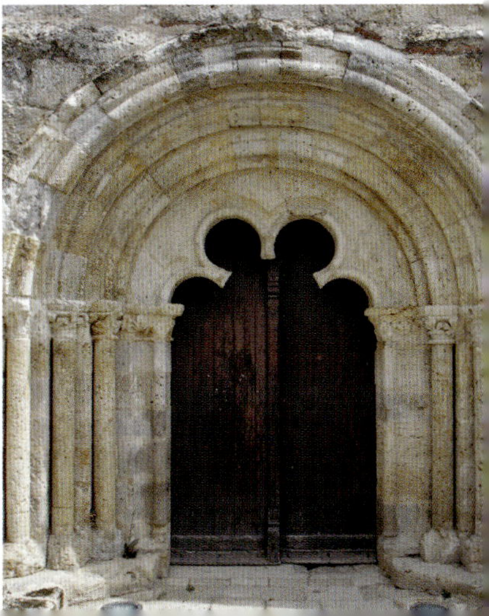

Die Gascogne

Man kann die Gascogne, die sich zwischen der Garonne und dem Gave de Pau erstreckt, bereits zum Pyrenäenvorland zählen. Im westlichen Teil der Gascogne in Richtung Atlantik befindet sich das größte zusammenhängende Waldgebiet Frankreichs, das »Landes«. Die hügelige Landschaft östlich davon besteht aus dem hierher verfrachteten Abtragungsschutt der Pyrenäen. Vor allem in der Grafschaft Armagnac werden auf den fruchtbaren Böden Sonnenblumen, Mais, Getreide, Melonen, Knoblauch und vor allem Wein angebaut. Bekannt ist diese Region für den hochprozentigen und gehaltvollen Branntwein, den Armagnac, der traditionell möglichst lange in Eichenfässern lagert.

Die Gascogne hat ihren Namen von den Vasconen, einem mit den Basken verwandten iberischen Volk, das im 6. Jh. die Pyrenäen überschritt und sich in den Hochtälern niederließ. Sie sprachen eine aus dem Lateinischen abgeleitete Sprache, das Gascognische, ein Dialekt des Okzitanischen.

Die Gascogne wurde vor allem im Hundertjährigen Krieg (1337–1453) zum Schauplatz der Kämpfe zwischen den Truppen Englands und Frankreichs. In dieser Zeit entstanden die als Bastiden bekannten Wehrdörfer. Erst Mitte des 15. Jh. war die Gascogne wieder fest in französischer Hand und blieb bis zur Französischen Revolution die größte Provinz im Land. Der berühmteste Sohn der Gascogne ist zweifellos die literarische Figur des d'Artagnan aus dem Roman »Die drei Musketiere« von Alexandre Dumas.

Die grünen Hügel der Gascogne überziehen zumeist Felder, die von wenigen Waldflächen abgelöst werden. Insofern ist Schatten in dieser Region Mangelware. Die Via Podiensis verläuft in moderaten Steigungen und Abstiegen durch die Kulturlandschaft, in der verstreut einzelne Gehöfte, Dörfer und kleine Städte wie Lectoure, Condom, Eauze oder Nogaro liegen. Das Netz an Herbergen und die Versorgung für Gaumen und Magen ist hervorragend.

Abwechslungsreiche Kulturlandschaft der Gascogne.

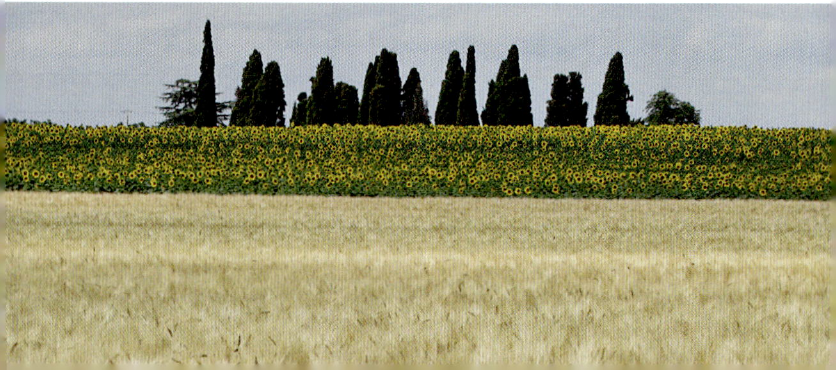

6.30 Std.

24,5 km

St-Antoine – Lectoure

19

Herbergen: Flamarens (190 m): Accueil pèlerin La Patte d'Oie (1 km nach Flamarens), 5 B/Spende, ganzj., nur bei Reservierung 3 Tage vorab, Tel. 05 62 28 61 13. **Biran** (150 m): Gîte/Camping, 2 Z/30 €, Küche, April–Okt., Tel. 05 62 28 64 65, 06 20 29 90 70. **Miradoux** (200 m): (1) Gîte Bonté Divine, 12 B/ÜF 20 €, Essen 13 €, engl., Tel. 05 62 68 30 80, 06 20 50 09 70, www.bontedivine.net. (2) Gîte Le Patio, 12 B/ÜF 19 €, Essen 12 €, April–Nov., Tel. 05 62 28 68 53, 06 46 24 82 49. (3) Gîte Dupuis, 4 B/40 € HP, ganzj., Tel. 05 62 28 61 43. **Castet-Arrouy** (103 m): (1) Gîte, 15 B/ÜF 20 €, Küche, Pferd, April–Okt., Tel. 05 62 29 28 43, 06 84 92 73 96. **Barrachin** (130 m): Gîte Ferme de Barrachin, 5 B/ÜF 13 €, Essen, Küche, Pferd, engl., April–Okt., Tel. 05 62 68 84 57, barrachin2@wanadoo.fr. **Lectoure** (186 m, 4400 EW): (1) Accueil chrétien au presbytère, 10 B/Spendenbasis, Frühstück, Essen, Küche, Reservierung 2 Tage vorab erforderlich, April–Sept., Tel. 06 49 16 85 84. (2) Gîte L'Etoile Occitane, 14 B/ÜF 20 €, Küche, Pferd, engl., April–Okt., Tel. 05 62 68 82 93, 06 74 45 11 17, isabelfournier@hotmail.fr. (3) Gîte Le Marquisat, 15 B/ab 20 € im Schlafsaal, Frühstück, Küche, ganzj., Tel. 05 62 68 71 27. (4) Gîte à 2 pas, 12 B/30 €, keine Hunde, ganzj., Tel. 06 70 99 37 79, 06 37 11 36 76, 05 62 28 99 67. (5) Gîte le Boudoir, 6 B/ÜF 23 €, Essen 18 €, ganzj., Tel. 06 75 90 32 81.

Die Strecke: Im ersten Teil der Etappe vorwiegend kleine Straßen, im zweiten vor

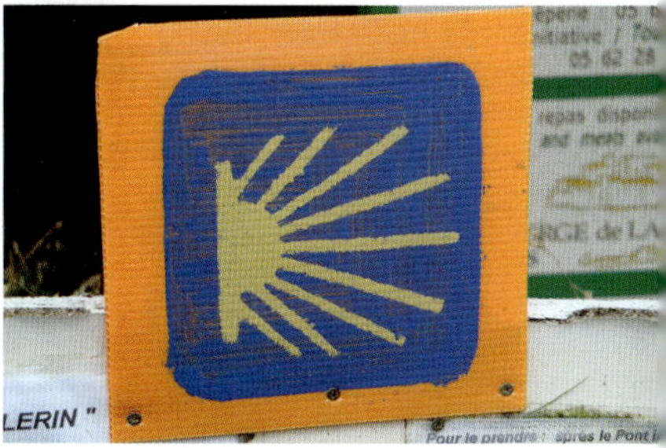

allem Wanderpfade und Feldwege.

Höhenunterschied: 340 m im Aufstieg, 230 m im Abstieg.

Kritische Stellen: Keine.

Landschaft: Wir kommen in das Herz der Gascogne. Über Hügelkämme, durch kleine Täler und Bachläufe geht es durch die intensiv landwirtschaftlich genutzte Region, in der vor allem Getreide, Sonnenblumen, Mais sowie Pflaumen angebaut werden.

Infrastruktur: Flammarens; Biran; Miradoux; Castet-Ar-rouy; Barrachin; Lectoure.

Touristeninformation: OT Miradoux, Tel. 05 62 28 63 08; OT Lectoure, Place du Général de Gaulle, Tel. 05 62 68 76 98, www.miradoux.org.

Anmerkung: Kaum Schatten, sodass an Sonnenschutz und ausreichend Wasser gedacht werden sollte.

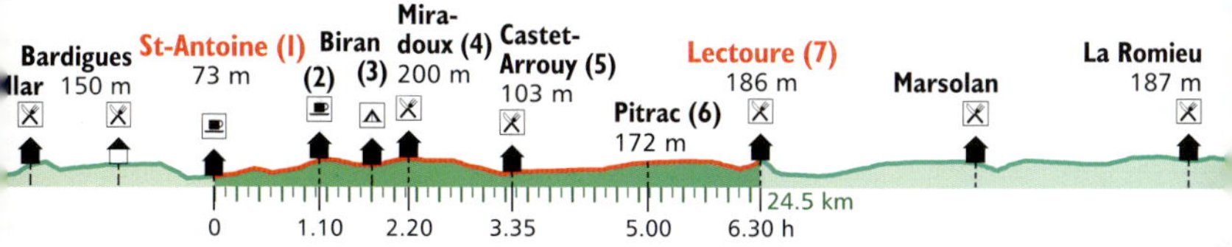

Wir verlassen den kleinen Ort **St-Antoine (1)** auf der D 953, auf der wir gut 500 m entlang gehen, bis rechts ein Weg abgeht, der sich sofort wieder verzweigt. Wir halten uns links und wandern für etwa 1,5 km bergauf, wobei wir über alle Kreuzungen geradeaus hinweg gehen. An einem Gehöft, wo die Straße nach links abbiegt, wenden wir uns geradeaus auf einen Pfad, der bergab durch Felder und über den Bachlauf des Teulère führt. Auf einem sanft ansteigenden Feldweg erreichen wir **Flamarens (2)**, 190 m (1.10 Std.). Wir wenden uns nach rechts auf die Ortsdurchgangsstraße, die D 953, vorbei an der Schlossruine aus dem 15. Jh. und einer gotischen, ebenfalls verfallenen Kirche. Nach dem Ortsausgang folgen wir für mehr als 1 km einem Trampelpfad entlang der Straße, dabei passieren wir nach etwa 10 Minuten den Abzweig zum **Gehöft Biran (3)**. Dann nach links zum Gehöft Gauran abbiegen und hier einem Pfad nach rechts folgen, der uns wieder zur D 953 bringt, der wir nach links folgen. Nach 1 km zweigt ein Trampelpfad nach links ab, an Nussbäumen vorbei, bis der Pfad kurz vor **Miradoux (4)**, 200 m (1.10 Std.), wieder auf die D 953 mündet. Geradeaus wandern wir in die älteste Bastide der ehemaligen Region und des heutigen Departements Gers

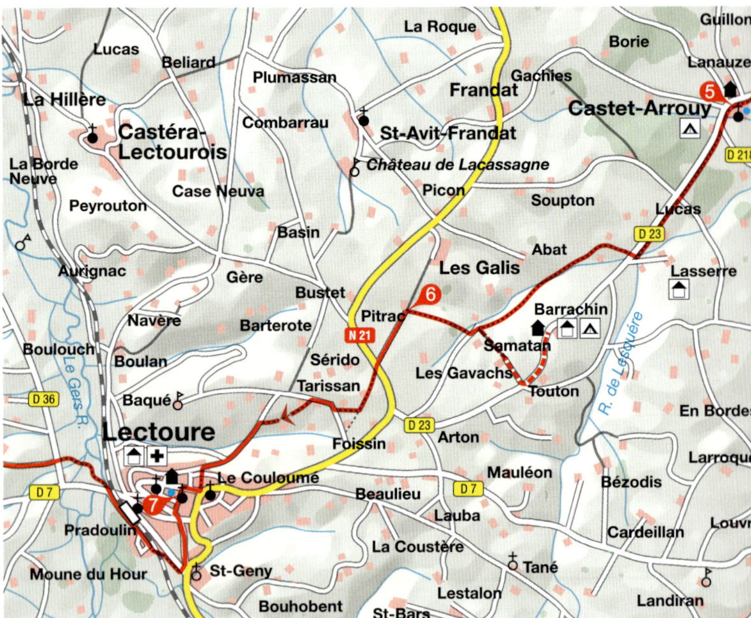

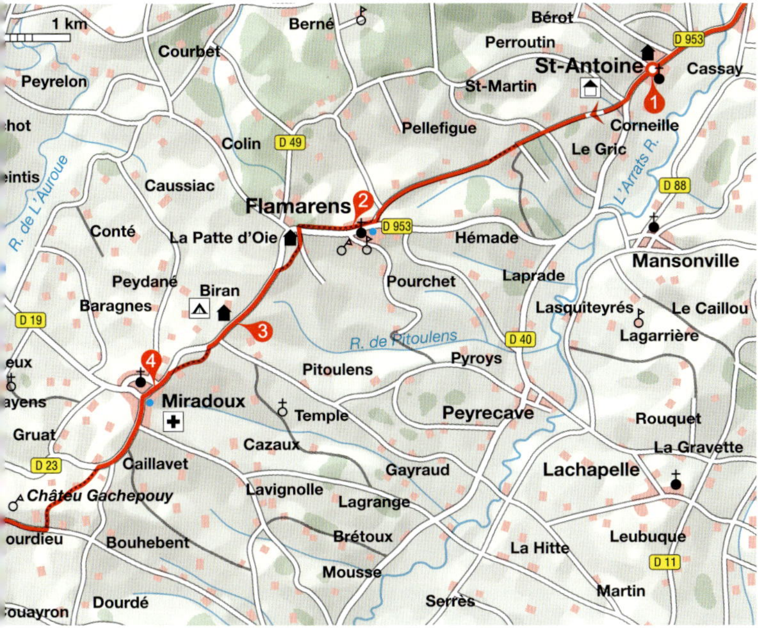

aus der Mitte des 13. Jh. hinein. Die Kirche St-Orens ist ein im Stil des Languedoc errichteter einschiffiger Bau mit Seitenkapellen und steht an der Wende zwischen Romanik und Gotik. In Miradoux biegen wir nach links ab und gehen an der Kreuzung am Ortsende nach links Richtung Lectoure. Von dieser Straße zweigt rechts die D 23 ab, der wir nun für knapp 1 km folgen. Dann führt der GR 65 auf einem Weg nach links bergan zur Schlossruine von Gachepouy aus dem 16. Jh., die weithin sichtbar über dem Hügelland thront. Ab hier folgt die Via Podiensis einem abschüssigen Wanderweg bis zur D 23, der wir nach links auf einem Trampelpfad bis **Castet-Arrouy (5)**, 103 m (1.15 Std.), folgen. Kurz vor dem Ortseingang wenden wir uns in eine Straße nach links, die parallel zur Hauptstraße durch den Ort führt. Am Ortsausgang folgen wir an einer Gabelung erneut der D 23 auf einem Trampelpfad für gut 2 km nach rechts. In der Ferne kann man schon Lectoure auf dem Hügel erkennen. Der Jakobsweg führt jedoch in einem weiten Bogen zum heutigen Etappenziel und zweigt von der D 23 rechts auf einen bergan führenden Pfad zwischen Feldahorn und Hecken ab, auf dem wir zu einem Gehöft gelangen. Nach links geht es weiter durch die Felder an einem Bach-

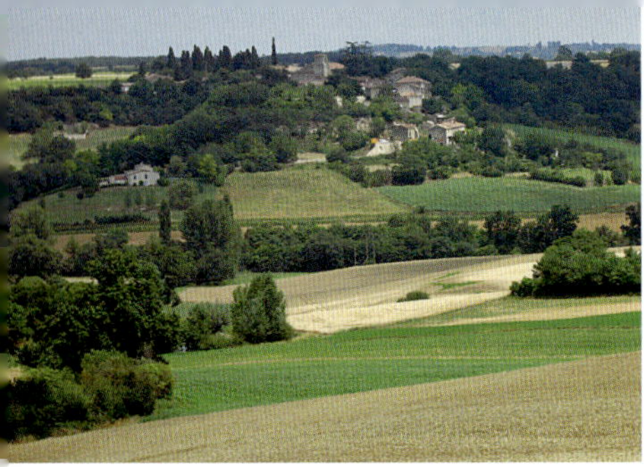

Typisches Landschaftsbild bei Lectoure.

lauf entlang bis zum Bauernhof von Samatan. Hier besteht die Möglichkeit, einen Abstecher nach links zum Gehöft Barrachin (Gîte) zu machen. Hier nach rechts in einen Weg einbiegen, der durch ein Wäldchen bis **Pitrac (6)** führt. An diesem Gehöft wenden wir uns auf dem geteerten Weg nach links, der schließlich auf die D 21 einmündet. Wir queren diese schräg nach links und biegen dann in einen Feldweg ab. Mit dem Kirchturm von Lectoure vor Augen gehen wir an einer Verzweigung nach rechts auf einer kleinen Straße für rund 750 m weiter. An einer Verzweigung gehen wir nach rechts und gleich nochmals nach rechts auf eine kleinen Straße, die zunächst bergab, dann etwas steiler bergan am Friedhof und dem Croix Rouge vorbei zu den ersten Häusern der Stadt führt. Am Kreisverkehr die Straße bergan nehmen und ins Zentrum von **Lectoure (7)**, 186 m (2.55 Std.), gehen.

i *Die Ursprünge von* ***Lectoure*** *gehen zurück auf ein gallisches Oppidum, dem eine galloromanische Ansiedlung folgte, und ab dem Mittelalter war der Ort ein wichtiger Handelsplatz. Der gallische Anführer der Ansiedlung verbündete sich mit den Römern, worauf Lactora einer der zwölf Orte Aquitaniens mit Stadtrecht wurde. Von den einstigen Festungswällen sind noch Reste (2,7 km) erhalten. Lectoure wurde eine Stadt mit zwei Schlössern und zwei Herren: dem Bischof und den Comtes d'Armagnac. Die Jakobspilger konnten in Lectoure gleich zwischen neun Hospizen auswählen. 1473 erlebte Lectoure eine schreckliche Belagerung durch die königlichen Truppen, die vom Kommandanten von Albi angeführt wurden; sie zerstörten die Stadt, töteten viele Einwohner und erdolchten den Comte Jean V.*
Eine vom 14. bis 19. Jh. andauernde Bautätigkeit brachte Bürgerhäuser sowie bedeutende Sakralbauten hervor, wie die ***Kathedrale St-Gervais et St-Protais****. Die Kathedrale wurde auf den Ruinen eines heidnischen Tempels, der der Cybele geweiht war, errichtet. Dieses ehemalige Heiligtum mit einem Stieropferaltar befand sich unter dem Chor. Die Kirche ist ein komplexes Bauwerk aus dem 12. und 13. Jh., eine romanische Kuppelkirche, die teilweise zerstört und im 15. Jh. wieder aufgebaut wurde. Weitere Anbauten und Ausschmückungen kamen zwischen dem 16. und 18. Jh. hinzu. Die Spitze des 45 m hohen fünfstöckigen Glockenturms wurde vor der Revolution abgetragen und im 18. Jh. wieder aufgebaut – er ist damit einer der höchsten Glockentürme Frankreichs. Der ehemalige* ***Bischofspalast*** *stammt aus der zweiten Hälfte des 17. Jh. Es ist ein majestätischer Bau mit einer geschickt angelegten Treppe in der großen Vorhalle.*

8.30 Std.
32,5 km

Lectoure – Condom

20

Herbergen: Espazot (160 m, <10 EW): Gîte La Ferme d'Espazot, 8 B/ÜF 25 €, Essen 15 €, Pferd, Tel. 06 37 64 89 80. **Marsolan** (171 m): (1) Gîte L'Enclos du Tabus, 2 Zi mit 6 B/HP 35 €, Küche, Pferd, engl., ab April, Juli/Aug. geschl., Tel. 05 62 68 79 40, lenclosdutabus@hotmail.fr. (2) Gîte Le Bourdon, 12 B/ÜF 21 €, Küche, April–Okt., Tel. 09 54 10 78 68, 09 53 75 20 93, www.lebourdondemarsolan.fr. **Moncade** (209 m, <10 EW, rund 1 km vor La Romieu nach links den Schildern folgen): Gîte de Beausoleil, 37 B/ÜF 25 €, Küche, Schwimmbad, Pferd, engl., Tel. 06 71 58 50 21. **La Romieu** (187 m, 550 EW): (1) Gîte Le Couvent de la Romieu, 15 B/ÜF 21 €, Küche, engl., März–Okt., Tel. 06 88 47 36 17, 05 62 28 73 59, lecouventdelaromieu.fr. (2) Gîte Le Refuge, 6 B/ÜF 19 €, ganzj., Tel. 06 43 12 81 01. **Le Maçon** (143 m, <30 EW, 3 km nach La Romieu rechts auf den GR 3): (1) Gîte Le Relais du Maçon, 17 B/ÜF 21 €, HP 32 €, Frühstück, Küche, ganzj., Tel. 06 16 93 84 70. (2) Gîte La Rose des Vents, Le Bidon, 8 B/ÜF 25 €, Küche, Schwimmbad, März–Nov., Tel. 06 09 74 09 27, patricia.marches@free.fr. **Castelnau-sur-l'Auvignon** (166 m, 155 EW): Gîte Les Arroucasses, 10 B/HP 35 €, ganzj., Tel. 05 62 68 12 24, www.lesarroucasses.com. **Le Haou** (92 m): Gîte/Centre équestre L'Etrier Condomois (2 km vor Condom, der Beschilderung nach links folgen), 70 B/ab 35 € HP, Pferd, ganzj., Tel. 05 62 28 09 41, www.etrier-condomois.com. **Condom** (82 m, 7500 EW): (1) Gîte de Gabarre, 40 B/ÜF 21 €, dt., engl., April–Okt., Tel. 06 86 41 58 39, www.gitedegabarre-condom.com. (2) Ancien Carmel, 50 B/ÜF ab 25 €, HP, Pferd, engl., ganzj., Tel. 05 62 29 41 56, www.lanciencarmel.com. (3) Gîte Le Relais Saint-Jacques, 15 B/ÜF ab 20 € Küche, keine Hunde, ganzj., Tel. 06 21 78 47 86, 06 13 28 52 66. (4) Gîte Le Champ d'Etoiles, 15 B/ÜF 20 €, Essen 13 €, Pferd, März–Okt., Tel. 06 08 05 26 84. (5) Gîte La Halte du Kiosque, 10 B/ÜF 24 €, keine Hunde, April–Okt., Tel. 05 62 68 37 76, 06 84 32 30 01. (6) Gîte le Refuge de Jean, 5 B/ÜF 20 €, Küche, Pferd, April–Okt., Tel. 06 07 22 24 57.

Die Strecke: Gut markiert; breitere Feld- und Waldwege bzw. asphaltierte Straßen. Wer nicht über La Romieu gehen möchte, kann ab Abrin den Weg geradeaus entlang der Auvignon ohne nenneswerte Höhenunterschiede bis kurz vor Castelnau-sur-l'Auvignon nehmen. Hier trifft man wieder auf den GR (1.15 Std./5 km kürzer).

Höhenunterschied: 340 m im Aufstieg, 440 m im Abstieg.

Kritische Stellen: Keine.

Landschaft: Mit wenig Schatten vorbei an Sonnenblumen, Getreide oder anderen Feldfrüchten und ab und an durch ein kleines Wäldchen. Das Landschaftsbild mit kleinen Hügeln, Flächen und kleinen Tälern ist sehr abwechslungsreich.

Infrastruktur: Marsolan an Kirche; La Romieu ; Castelnau-sur-l'Auvignon ; Condom .

Touristeninformation: OT, La Romieu, Tel. 05 62 28 86 33, www.la-romieu.com; OT, Condom, 50, Place St-Pierre, Tel. 05 62 28 00 80, www.tourisme-condom.com.

Anmerkung: Unterwegs nur in La Romieu Einkaufsmöglichkeit. Auch Brunnen oder Quellen sind selten anzutreffen.

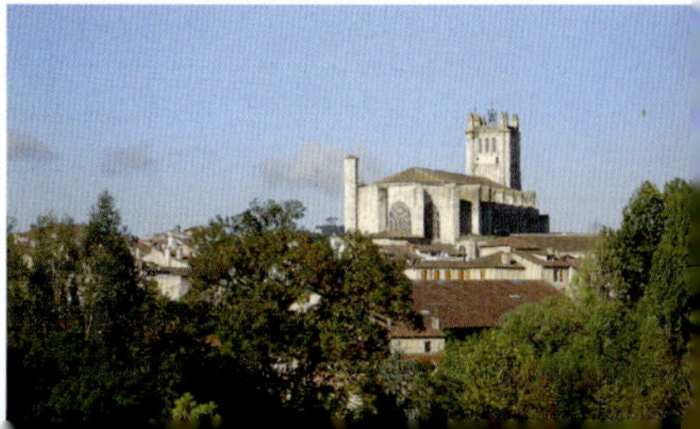

Das Etappenziel: Condom mit Kathedrale.

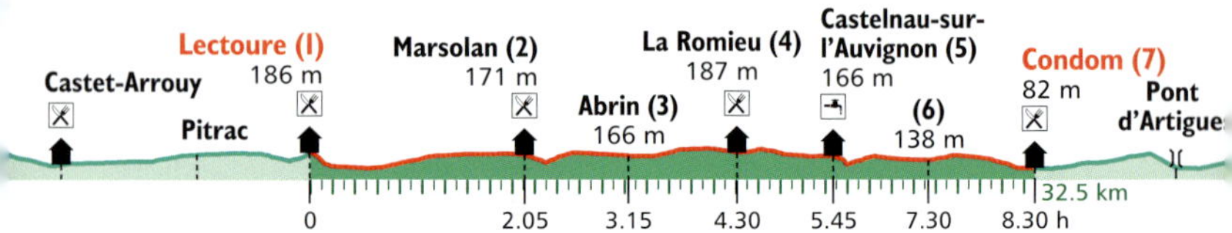

Wir beginnen die Etappe vor der Kathedrale von **Lectoure (1)**. Rechts vom Office du Tourisme führt eine Gasse nach links bergab. Am Ende der Gasse halten wir uns links und passieren den Brunnen der Diana aus dem 13. Jh. sowie eine alte Gerberei. die aus dem 18. Jh. stammt. Am Ende halten wir uns links und nehmen an der Straßenkreuzung den Fußweg zwischen den beiden Hauptstraßen. Auf diesem geht es abwärts, bis wir im Industriegebiet auf die D 36 stoßen, der wir für 200 m nach rechts folgen und dann nach links in die erste Straße einbiegen. Hier überqueren wir eine Eisenbahnlinie und zweigen unmittelbar darauf in die Straße nach rechts ab, auf der wir gut 800 m parallel zu den Schienen entlang wandern. Dieser Weg endet an der D 7, der wir nach links zur Brücke über den Flusslauf der Gers für etwa 200 m

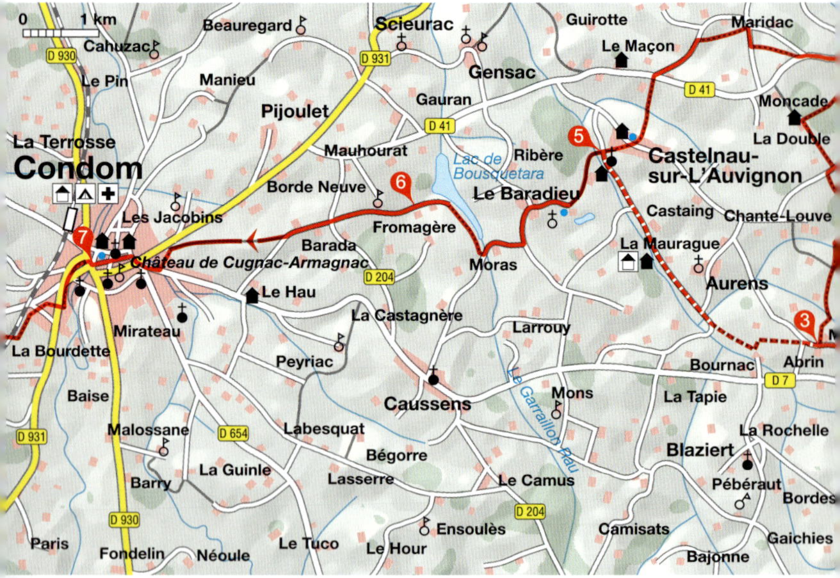

folgen. Wir zweigen nach rechts in einen Waldweg ab, der nach rund 800 m wieder auf eine kleine Straße trifft (D 36), die wir geradeaus queren und einem geteerten Weg bergan folgen. Wir kommen durch das Gehöft Grabiou, 100 m, und wandern weiter auf einem Wanderweg bergan bis zum Weiler Espasol, 160 m.

Der Weg endet auf einem geschotterten Feldweg, dem wir nach links bis zu einer kleinen Straße folgen. Hier rechts und auf ihr für rund 2,5 km immer geradeaus. Wir queren eine Kreuzung und zweigen an einem Picknickplatz mit Wegkreuz und Orientierungstafel nach rechts auf einen Weg ab, der zwischen den Feldern verläuft. Er trifft nach etwa 1 km auf eine Straße, auf die wir nach links einschwenken, am Friedhof vorbei und weiter geradeaus ins Zentrum des Weilers **Marsolan (2)**, 171 m (2.05 Std.), wandern.

Wir kommen an der Kirche Notre-Dame-du-Rosaire aus dem 15. Jh. vorbei und nehmen anschließend die kleine Straße rechts bergab. Hier gibt es am

i *An dieser Stelle traf eine alte Römerstraße auf die Via Podiensis, auf der die Pilger aus der Richtung Rocamadour wanderten. Kein Wunder, dass hier im 13. Jh. Johanniter ein Hospiz unterhielten. Davon ist lediglich die Kapelle erhalten geblieben, die sich in Privatbesitz befindet.*

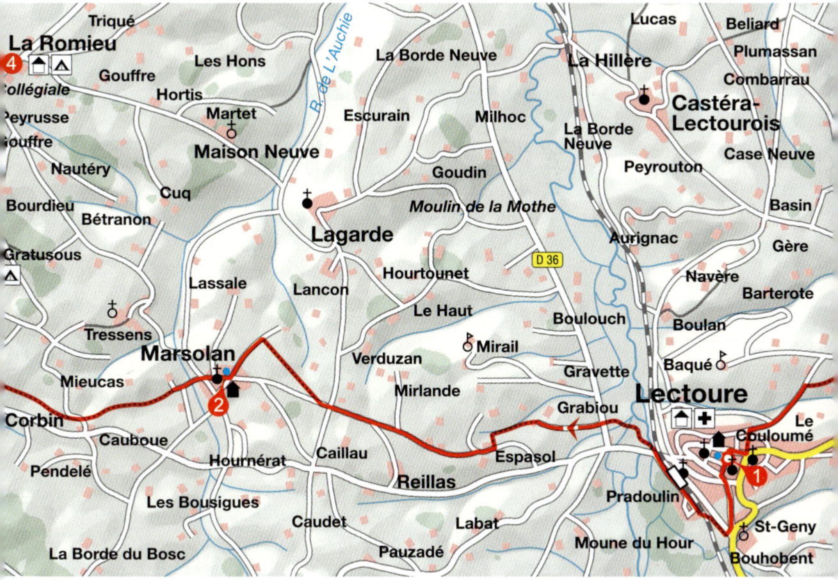

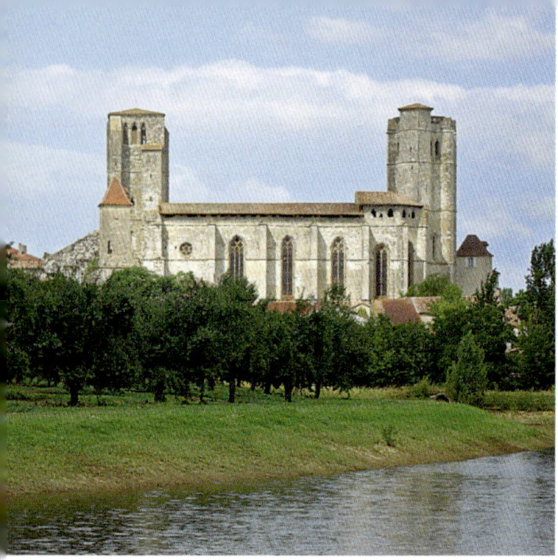

Mächtige Stiftskirche von La Romieu.

Ortsausgang einige Meter nach rechts eine Quelle mit Trinkwasser. Unterhalb des Ortes treffen wir auf die D 166, die wir geradeaus kreuzen, um dann über eine Brücke den Bachlauf der L'Auchie zu queren. Kurz geht es etwas bergan, dann verlassen wir in einer Rechtskurve die Straße und folgen dem Feldweg geradeaus. Nach 800 m wenden wir uns nach links auf einen anderen Feldweg. Auf diesem geht es wiederum geradeaus weiter. Er geht in eine geteerte Straße über, die uns an dem kleinen Gehöft Montravail, 165 m, vorbei bis kurz vor das Gehöft **Abrin (3)**, 166 m (1.10 Std.), ehemals Chapelle d'Abrin führt. Hier besteht die Möglichkeit, eine kürzere Variante, die nicht über La Romieu führt, sondern stets entlang des Bachlaufes der l'Auvignon verläuft, zu wählen. Diese Variante geht an der Chapelle d'Abrin geradeaus weiter und biegt nach 750 m hangabwärts nach links ab. Weiter geht es nach rechts und dann stets geradeaus bis zur Einmündung auf den GR 65 nach Castelnau.

i *Der Name des schönen Ortes* ***La Romieu*** *kommt von dem gascognischen Roumiou, das Pilger bedeutet. Der Mönch Allemand Albert blieb auf seiner Pilgerreise von Rom kommend hier und gründete im 11. Jh. ein Stift, das bald der Abtei des Benediktinerordens St-Victor von Marseille geschenkt wurde. Die mächtige* ***Stiftskirche****, die in den Jahren 1313–18 sehr rasch erbaut wurde und die mit ihrem Turm eher an eine Burg erinnert, verdankt La Romieu dem hier geborenen Kardinal Arnaud d'Aux (1270–1321). Der Kirchenfürst sorgte nicht nur für das Wohlergehen der Kurie – er war Kämmerer unter Papst Clemens V. – sondern auch für das Wohlergehen des Ortes. Im 16. Jh. litt La Romieu, wie auch andere Orte der Region, während der Religionskriege unter den Truppen der Protestanten, die auch den Kreuzgang größtenteils zerstörten. Die beachtliche und wehrhaft anmutende gotische Kirche wird von starken Türmen bewacht: Im Norden sind zwei Türme und im Osten ein weiterer oktogonaler Turm errichtet worden. In ihm befinden sich drei Säle. Im ersten war die Sakristei untergebracht, im zweiten der Kapitelsaal zu Versammlungszwecken und im dritten das Archiv. Wahrscheinlich waren alle drei Säle bemalt, aber nur in der Sakristei konnten die Malereien erhalten werden. Sie stammen aus dem 13. Jh. und zeigen Engel, die von Musikern begleitet werden. Die nördlichen Türme sind ein Glockenturm von 33 Metern sowie der Kardinals-*

turm. Der lichte Kreuzgang aus dem 14. Jh. hat sein Obergeschoss während der Religionskriege verloren. Die Seiten umspannen jeweils acht gotische Arkaden, deren Bögen je eine Rosette und darunter zwei Halbrosetten zieren.
Im Ort trifft man immer wieder auf Skulpturen von Katzen. Sie erinnern an eine Legende, die berichtet, dass ein Waisenmädchen Katzen sehr gern hatte. Während einer Hungersnot wurden sogar die Katzen geschlachtet. Das Mädchen versteckte aber ein Pärchen auf dem Dachboden und als die Not vorbei war und es wieder genug Korn gab, plagten die Mäuse die Bewohner des Dorfes. Da zeigte das Mädchen Angelina den Menschen ihre Katzen, die sich mittlerweile prächtig vermehrt hatten und in den Häusern des Ortes gerne aufgenommen wurden.

Der Hauptweg biegt bei Abrin nach rechts ab in ein kleines Tal. Wir folgen diesem Feldweg zunächst abwärts zwischen Feldern, dann steigt er wieder zu einem Wald hin an. Im Wald stoßen wir auf einen Forstweg, den wir nach links einschlagen. Dieser bringt uns aus dem Wald heraus. Wir erreichen eine Straße, der wir für 50 m nach rechts folgen. Dann geht es nach links auf einem geteerten Wirtschaftsweg weiter, der unmittelbar vor dem Gehöft Le Double, 210 m, im rechten Winkel nach rechts abbiegt. In einem Bogen am Waldrand entlang wandernd sieht man in der Ferne bereits die Kirchtürme von La Romieu, auf die wir nun durch Pflaumenplantagen hindurch zuhalten. An der Straße (D 41) nach rechts und geradeaus über die Kreuzung hinweg kommen wir direkt ins Zentrum von **La Romieu (4)**, 187 m (1.15 Std.).
Von der Kirche in La Romieu gehen wir geradeaus durch die Dorfgasse nach rechts weiter. Dabei gelangen wir wieder auf die D 41, der wir Richtung Condom auf einem Trampelpfad neben der Straße folgen. Nach etwa 1 km biegt der GR 65 nach rechts auf einen Pfad ab, der durch einen Eichenhain führt. Er mündet in eine kleine Straße, der wir bis zur nächsten Verzweigung nach rechts folgen. Dort nach links und an dem Hof Maridac vorbei. Der Wanderweg ist mit Eichen bestanden und mündet in eine kleine Straße, der wir nach links bis zur D 41 folgen. Diese nach schräg links queren und einen Feldweg bergab einschlagen, dem wir geradeaus über einen Bachlauf folgen. Dann geht es bergan nach **Castelnau-sur-l'Auvignon (5)**, 166 m (1.15 Std.). Der GR 65 kreuzt die Dorfstraße und führt geradeaus bergab zum Bachlauf der l'Auvignon. Hier mündet von links kommend die Variante in den Hauptweg ein, der weiter

Gotischer Kreuzgang der Kirche von La Romieu.

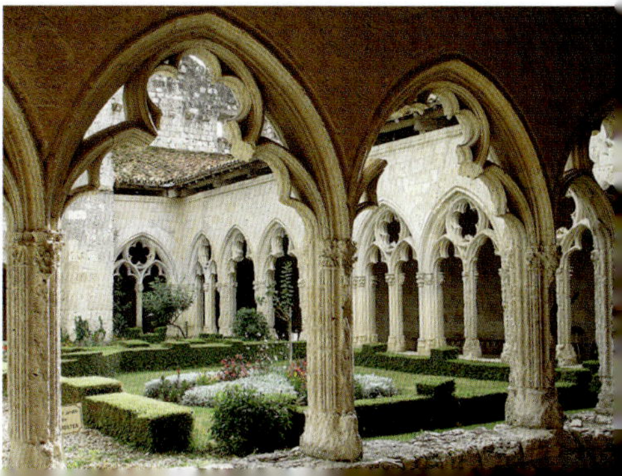

geradeaus geht. Wir kommen zum Weiler La Bareille und wandern weiter bergan, bis wir vor der romanischen Église St-Germaine (13. Jh.) auf einen Feldweg nach rechts abbiegen. Nun gehen wir weiter durch die leicht hügelige Landschaft. Immer öfter passieren wir Weinfelder, die das Herzland der Gascogne prägen. Der GR 65 führt zum Weiler Baradieu, an dem wir links auf einen geteerten Weg abzweigen. Nach 600 m rechts in eine Allee einbiegen, die zum Gehöft Moras führt. Hier geht es bergab zum Bach Garaillon, der zu einem stattlichen See aufgestaut ist. Wir wandern nach rechts und sogleich am Westufer des Stausees entlang bis zu einer kleinen Straße, der wir nach links folgen. Durch **Fromagère (6)**, 138 m (1.40 Std.), hindurch geht es weiter geradeaus und über die D 204. In einer Linkskurve wandern wir auf dem Feldweg weiter geradeaus und sehen vor uns schon die Kathedrale und das Städtchen Condom. Kurz vor **Condom (7)**, 82 m, trifft der GR 65 auf den GRP Cœur de Gascogne, der ebenfalls nach links abzweigt. Wir kommen zur D 7, die leicht bergab nach rechts ins Stadtzentrum (1 Std.) führt.

i ***Condom*** *ist eine typische Kleinstadt der Gascogne, deren Herzstück, das Armagnac-Gebiet, wir hier betreten. Neben Getreideanbau und Holzwirtschaft ist es vor allem der besondere Weinbrand, der die Grundlage des Broterwerbs für die Nachkommen d'Artagnans darstellt. Die Häuser des gemütlichen Städtchens reihen sich rund um den Dom des 16. Jh. und den Kreuzgang mit Rippengewölbe. Der Name stammt möglicherweise von cum-dominium (lat.), was geteiltes Herrschaftsgebiet bedeutet, oder aus dem Keltischen »condate dun« – Stadt am Zusammenfluss. Condom wurde 1317 durch päpstliches Edikt auf Kosten von Agen zum Bischofssitz ernannt und blieb es bis zur Französischen Revolution.*

Die ***Kathedrale St-Pierre*** *ist die letzte der im Stil des Languedoc erbauten gotischen Kathedralen. Der Baubeginn war erst im Jahre 1507. Der äußerlich unscheinbare Bau, der gleich nach seiner Fertigstellung während der Religionskriege schwer beschädigt wurde, überrascht durch einen einschiffigen hellen und freundlichen Innenraum. Der nördlich anschließende Kreuzgang zeigt durch die Galerien, die echte Wandelhallen entstehen lassen, durch seine Öffnung direkt zur Außenwelt und durch die Aufhebung der Bank (d. h. der Mauern der Kreuzgänge zum Innenhof, auf denen die Säulen fußen) eine gewisse Öffnung der abgeschlossenen klösterlichen Welt.*

Innenraum der Kathedrale St-Pierre.

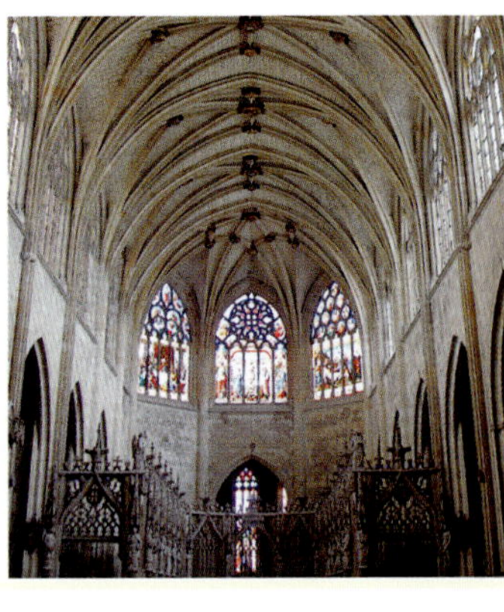

8.15 Std.
33,3 km

Condom – Eauze 21

Herbergen: **Larressingle** (143 m): (1) Gîte/Chambres à la Ferme de Tollet (wo der GR die D 278 quert, rechts und auf ihr etwa 250 m, dann rechts nach Tollet), 5–10 B/16,50 €, HP 34 €, Küche, Pferd, Tel. 05 62 28 02 45, 06 87 36 04 34. (2) Gîte La Halte de Larressingle, 5 B/ÜF 21 €, Küche, keine Hunde, dt., engl., ganzj., Tel. 06 62 77 29 72, www.lahaltedelarressingle.com. **Montréal-du-Gers** (124 m, 1306 EW): (1) Gîte Compostela, 13 B/ÜF 21 €, HP 33 €, engl., dt., März–Okt., Tel. 06 44 31 82 82, 05 62 28 67 36. (2) Gîte Napoléon, 12 B/ÜF 20 €, Essen 20 €, Küche, keine Hunde, span., ganzj., Tel. 06 37 55 48 24, 05 62 29 44 81. (3) Gîte La Halte du Rempart, 10 B/18 € mit Frühstück, Küche, April–Okt., Tel. 05 81 68 10 55, 06 15 15 34 38. **Lamothe** (135 m): Gîte La Casa d'Elena, 11 B/ÜF 21 €, HP 36 €, Küche, engl., Pferd, April–Okt., Tel. 06 50 62 13 46, www.gite-lamothe.eu. **Laboge** (130 m, <30 EW): 6 B/HP ab 35 €, Pferd, März–Okt., Tel. 05 62 09 77 09, 06 62 23 46 72, pascale.geremia@orange.fr. **Eauze** (142 m, 4000 EW): (1) Gîte communal, 23 B/11 €, Küche, engl., April–Okt., Tel. 05 62 09 85 62. (2) Accueil Pèlerins, 8 B/Spende, Küche, Tel. 07 87 72 07 82. (3) Gîte Cheval Vert Vallée, 12 B/ÜF 20 €, Küche, Pferd, engl., ganzj., Tel. 06 70 51 69 73, www.chevalvertvallee.com. (4) Gîte Chez Nadine, 43, Avenue de Sauboires, 10 B/ÜF 25 €, HP 38 €, Essen, Küche, ganzj., Tel. 05 62 08 18 37, 06 68 94 82 46. (5) Gîte La Grange, 13 B/ÜF ab 22 €, Pferd, keine Hunde, April–Okt., Tel. 05 62 09 99 09, 06 61 24 48 04. (6) Gîte Rabelais, 6 B/25 €, keine Hunde, ganzj., Tel. 05 62 09 75 22, 06 73 53 42 43. (7) Gîte Lou Parpalhou, 5 B/ÜF 23 €, April–Okt., keine Hunde, Tel. 05 62 09 72 84. (8) Gîte L'Estanquet, 6 B/ÜF 15 €, Küche, Pferd, ganzj., Tel. 06 35 19 25 83, jeanpierred@ntymail.com.

Die Strecke: Gut gekennzeichnete Etappe, auch wenn der GR sehr oft abzweigt.

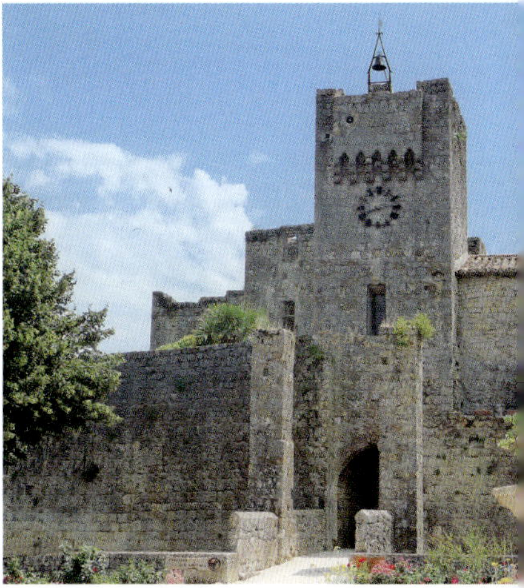

Mittelalter-Flair: Larresingle.

Höhenunterschied: 300 m im Aufstieg, 260 m im Abstieg.

Landschaft: Wir wandern durch das Herzstück des Armagnac mit Weinfeldern, kleinen Wäldchen, Sonnenblumen- oder Getreidefeldern. Auf den Hügeln befinden sich die typischen Bastide-Dörfer.

Infrastruktur: Larressingle ; Montréal-du-Gers ; Séviac (Variante): ; Lamothe ; Eauze .

Touristeninformation: OT, Montréal, Place de l'Hôtel de Ville, Tel. 05 62 29 42 85, www.montrealdugerstourisme.com; OT, Eauze, Rue Félix Soules, Tel. 05 62 09 85 62, info@tourisme-eauze.fr, www.tourisme-eauze.fr.

Anmerkung: Wiederholt Versorgungsmöglichkeiten, aber zum Teil etwas abseits des Wegs (Hinweis im Text).

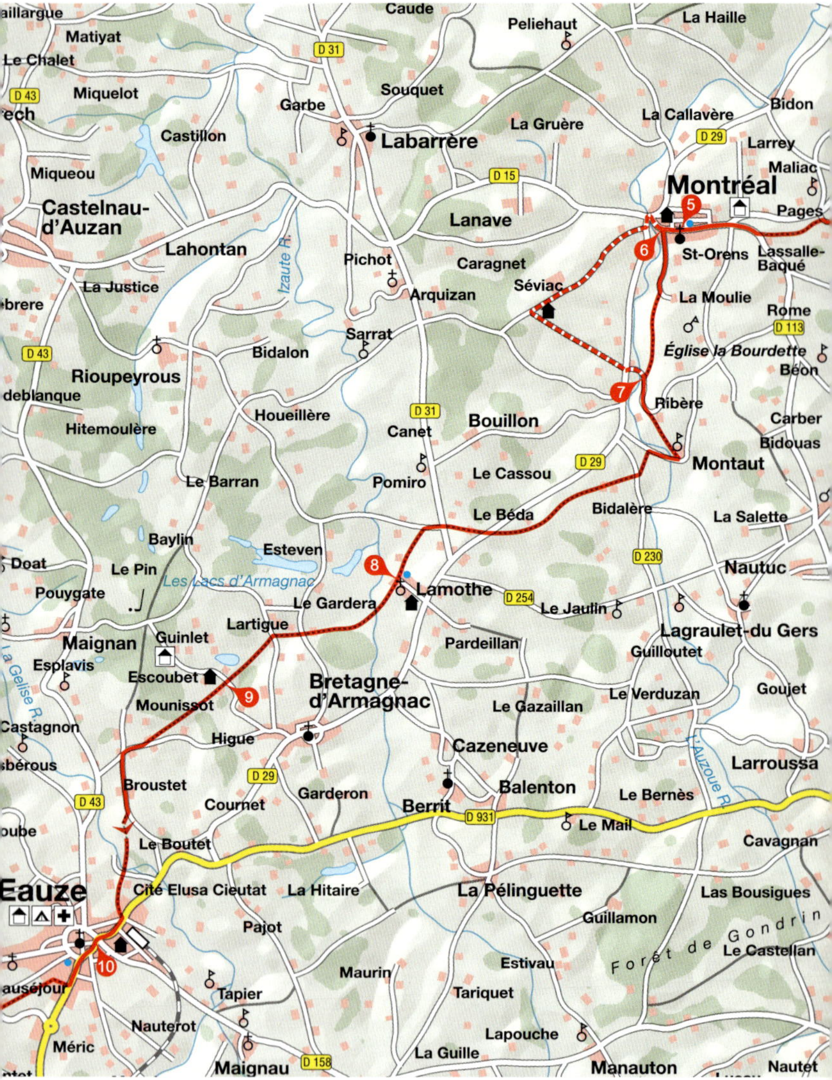
Caude
Peliehaut
La Haille
Matiyat
Le Chalet
D 31
D 43
Miquelot
Souquet
Garbe
Bidon
La Callavère
La Gruère
Castillon
Labarrère
D 29
Larrey
Maliac
Miqueou
D 15
Montréal
Castelnau-
d'Auzan
Lanave
Pages
Lahontan
Izaute R.
Pichot
Caragnet
St-Orens
Lassalle-
Baqué
La Justice
Séviac
Arquizan
La Moulie
Rome
D 113
Sarrat
Bidalon
Église la Bourdette
Béon
D 43
Rioupeyrous
Houeillère
D 31
Bouillon
Ribère
Carber
Canet
Bidouas
Hitemoulère
Montaut
D 29
Le Cassou
Le Barran
Pomiro
Le Béda
Bidalère
La Salette
Baylin
Esteven
D 230
Nautuc
Le Pin
Les Lacs d'Armagnac
Lamothe
Pouygate
D 254
Le Jaulin
Le Gardera
Lartigue
Lagraulet-du Gers
Guinlet
Guilloutet
Maignan
Pardeillan
Esplavis
Escoubet
Bretagne-
d'Armagnac
Goujet
Le Verduzan
La Gelise R.
Mounissot
Le Gazaillan
Castagnon
Higue
Cazeneuve
Larroussa
L'Auzoue R.
D 29
Broustet
Garderon
Balenton
Le Bernès
D 43
Cournet
Berrit
D 931
Le Mail
Le Boutet
Cavagnan
Eauze
Cité Elusa Cieutat
La Hitaire
La Pélinguette
Las Bousigues
Guillamon
Pajot
Forêt de Gondrin
Le Castellan
Estivau
Maurin
Tapier
Tariquet
Nauterot
Lapouche
Méric
La Guille
Maignau
D 158
Manauton
Nautet
5
6
7
8
9
10

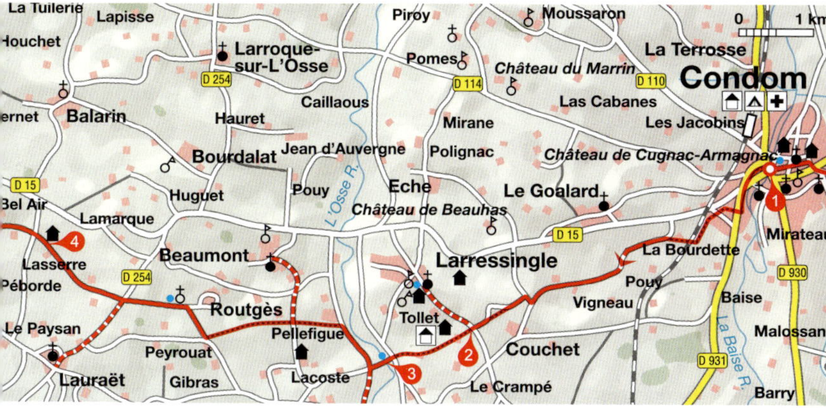

In **Condom (1)** führt der GR 65 nicht direkt ins alte Zentrum und an der Kathedrale St-Pierre vorbei, sondern bleibt vor den Toren der Altstadt. Ein kleiner Abstecher ist trotzdem empfehlenswert. Wir gehen die Avenue du Général de Gaulle in westliche Richtung zur Baïse. Über die Pont des Carmes queren wir den Flusslauf und biegen sofort nach links auf einen Fussweg ab, der parallel zum Fluss verläuft. An der Kirche St-Jacques vorbei geht es dann nach einer Rechtskurve auf die D 931, die wir geradeaus queren, dann folgen wir einem Fußgängerweg durch ein Wohngebiet. An der D 15 wenden wir uns nach links und gehen durch ein Neubaugebiet. Bevor wir eine Brücke erreichen, biegen wir nach rechts ab und unterqueren die alten Bahngleise. Kurz danach zweigen wir nach links auf eine kleine Straße ab, die uns bergan über das Gehöft Le Gay und den Weiler Vigneau, 120 m,

Ruhig fließt die Baïse durch Condom.

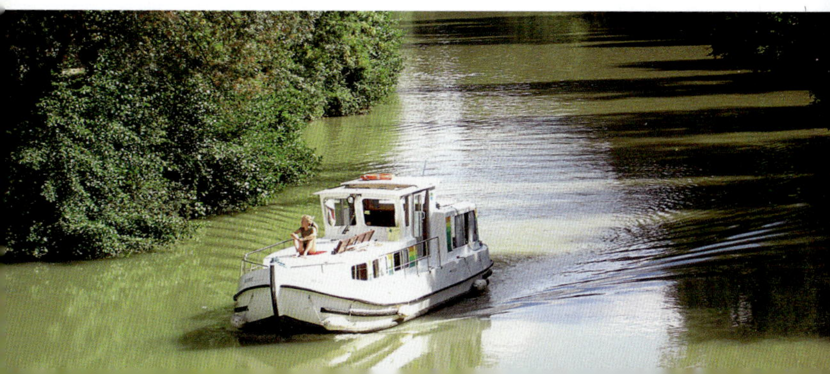

zu einer Weggabelung führt, an der wir uns rechts auf einen Feldweg halten. Wir ignorieren eine Abzweigung nach rechts, gehen am Gehöft Péninon vorbei und erreichen eine Wegkreuzung. Der GR geht geradeaus über eine asphaltierte Straße auf einem Feldweg weiter, der **Abstecher nach Larressingle (2)**, 143 m (1.15 Std.), zweigt hier nach rechts ab.

i *__Larressingle__ ist ein wundervolles Beispiel für die befestigten Dörfer der Region. Die Gascogner nennen diesen Ort liebevoll »Carcassonne du Gers«. Rund 270 Meter völlig intaktes Mauerwerk sowie ein Burggraben umschließen die wenigen Häuser sowie die Burg und die Burgkirche. Der Bau des Ortes wurde 1286 vom Abt Arnaud-Othin de Lomagne initiiert, der ihn zu einem sicheren Sitz für die Äbte von Lectoure ausbauen ließ. Die massive Wehrkirche St-Sigismond ist im Inneren in ein romanisches und in ein gotisches Schiff unterteilt. Noch immer verleihen die alten Häuser, die gleichzeitig die Festungsmauer bilden, dem Dorf ein mittelalterliches Flair, in dem die Zeit stehen geblieben zu sein scheint, seitdem Larressingle von den Bischöfen im 16. Jh. zugunsten eines neuen Landsitzes aufgegeben wurde.*

Der Jakobsweg führt immer geradeaus bergab durch einen schattigen Hain, vom dem nach gut 800 m ein Weg zum Gehöft Tollet abzweigt. Wir überqueren die D 278 und anschließend, auf der **Pont d'Artigues (3)**, 83 m (45 Min.), den Bachlauf der **l'Osse**.

i *Die __Pont d'Artigues__ mit ihren fünf uneinheitlichen Bögen geleitet schon seit dem Mittelalter die Pilger über die Osse. Sie gehörte ursprünglich zum Erzbistum von Santiago de Compostela – was von der enormen Bedeutung der Brücken zu jener Zeit zeugt. In unmittelbarer Nähe befand sich ein Hospiz.*

An der Kreuzung nach der Brücke geht es auf einer asphaltierten Straße nach rechts weiter. Nach links würde man auf einem kleinen Abstecher nach Vopillon gelangen. Von der Straße biegen wir dann auf einen Pfad nach links ab. Nach knapp 1 km kreuzen wir eine weitere kleine Straße. Hier zweigt nach rechts der Abstecher nach Beaumont ab. Wir gehen, nun auf einem Feldweg, weiter geradeaus am Waldrand entlang und am Gehöft Solle vorbei, bis wir nach 1,2 km auf eine kleine Straße treffen, der wir nun nach rechts leicht bergan folgen. An einer Gabelung nach links wenden, an der

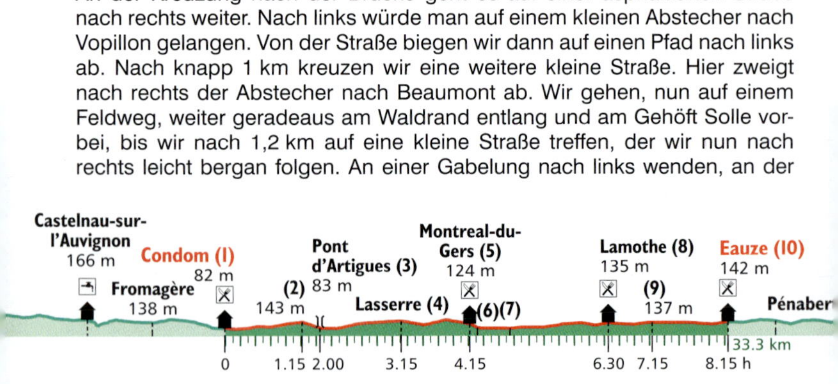

Eglise de Routgès vorbei. Dieses recht alte Gotteshaus bietet zwei Eingänge: einer war damals für die »rechtschaffenen Leut« und ein weiterer für die soziale Unterschicht geschaffen worden. Nun geht es zunächst immer geradeaus, wobei wir die D 254 queren – hier würde man links der D 254 folgend den Ort Lauraët erreichen – und wandern weiter auf einem Hügelkamm. Nach etwa 700 m passieren wir das **Gehöft Lasserre (4)**. Bevor die Straße in einer Rechtskurve zum Weiler Bel Air abbiegt, gehen wir geradeaus auf einem Weg weiter. Der führt hinab zu einem kleinen Bachlauf, den wir queren, und dann bergan durch einen Alleeweg an dem Gehöft Pages, 137 m, vorbei zu einem Eichenwäldchen. Dort zweigen wir nach links ab, kommen am Château de Lasalle-Baqué vorbei und gelangen auf die D 113. Wir folgen ihr, bis wir am Wegkreuz von St-Orens nach links auf die D 15 abbiegen. Vorbei an einem Friedhof nach **Montréal-du-Gers (5)**, 124 m, rechts auf die Rue du 11 Novembre und zum Ortszentrum (2.15 Std.).

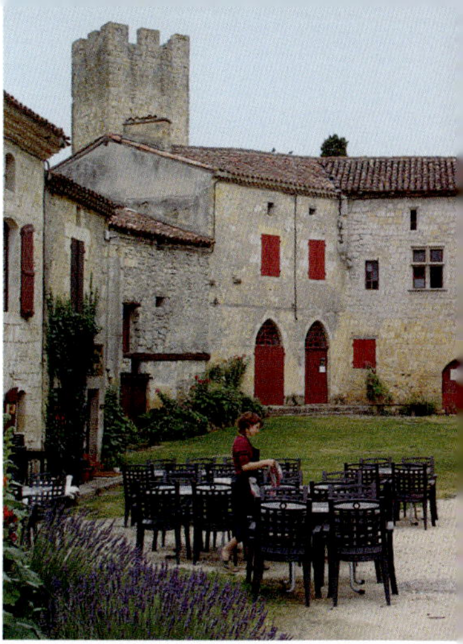

Die Bastide Larresingle.

i ***Montréal** ist eine typische gascognische Bastide aus dem 13. Jh., die an der Stelle eines römischen Oppidums entstand. Im Jahre 1320 wurde die Stadt wie viele andere in der Region der englischen Krone angeschlossen. Daraufhin belagerte 1350 Karl der Schreckliche, König von Navarra, den Ort und übergab ihn im Jahre 1368 dem Comte d'Armagnac. Während der Religionskriege geriet Montréal immer wieder zwischen die Fronten, wobei auch die Basilika St-Orens (13. Jh.) von protestantischen Truppen unter Montgomery zerstört und später im 17. Jh. restauriert wurde. Von der ehemaligen Stadtbefestigung sind nur noch wenige Reste erhalten. Erst im 19. Jh. wurde der Ortskern rund um den zentralen Marktplatz renoviert. Heute leben viele Engländer rund um Montréal, wie auch in der gesamten Gascogne – nicht nur wegen der kurzzeitigen Zugehörigkeit zur englischen Krone im 14. Jh., sondern auch wegen des Armagnac, des guten Weins und der relativ günstigen alten Häuser zum Renovieren.*

Rechts neben der Kathedrale zweigt ein Gässchen vom Ortszentrum ab. Diesem folgen wir bis zur Einmündung in die D 15. Hier geht der Jakobsweg nach links weiter.

Die **Variante über Séviac (6)** folgt der D 15 dagegen nach rechts über die Brücke über die l'Auzoue und wendet sich dann links, bis nach wenigen Metern eine kleine Straße nach rechts bergan abzweigt, die direkt zu der Ausgrabungsstätte von Séviac führt. Den Weg weiter an dem Gelände vorbei ins Dorf von Séviac, an der Straße nach links aus der Ortschaft hinaus. An der Gabelung links bergab, an einem Internat vorbei und geradeaus die D 29 queren. Über eine Brücke gehen wir geradeaus wenige Meter leicht bergan und treffen hier wieder auf den **Hauptweg (7)**, dem wir nach rechts folgen. Wählt man den Hauptweg, gehen wir von der D 15 nach einigen Metern auf einen Feldweg nach rechts ab, der entlang der L'Auzoue verläuft. Am See von Ténarèze vorbei gelangen wir auf einen geteerten Weg, auf dem wir weiter geradeaus das Gehöft Ribère passieren. Hier erreichen wir einen kleinen Weg, der nach rechts zu einem alten Bahnwärterhaus führt. Wir wandern am Bahnwärterhaus nach links und für gut 1 km im Schatten eines Laubwaldes auf der ehemaligen Bahnstrecke, die von Toulouse nach Bordeaux führte. Unter einer Betonbrücke hindurch in einer Schleife auf einen Feldweg, der zur D 230 führt. Hier auf der Straße ein paar Meter nach links und sofort wieder zwischen Weinreben und Bäumen nach rechts bergauf, an schönen Anwesen vorbei. Wir überqueren die D 29 und gelangen nach dem allein stehenden Hof Le Béda auf die D 3, die wir nach links kreuzen. Diesem Weg folgen wir etwa 500 m, bis nach links ein Pfad durch die Weinfelder Richtung **Lamothe (8)**, 135 m (2.15 Std.), abzweigt. In Lamothe wenden wir uns hinter dem Friedhof nach rechts bergab, an der Kirche vorbei ins Tal. Unten angekommen, biegen wir nach links wieder auf die ehemalige Eisenbahnlinie ein. Im Prinzip gehen wir von hier ab für 7 km stets geradeaus auf dem alten Bahndamm durch einen Laubwald bis Eauze. Am außerhalb des Ortes gelegenen, ehemaligen Bahnhof von Bretagne-d'Armagnac, 123 m, queren wir geradeaus die D 264 und später noch zwei weitere Sträßchen. Gut 300 m nach der dritten Straßenüberquerung zweigt ein Weg nach rechts zur Gîte von **Escubet (9)** ab. Der GR verläuft weiter geradeaus auf dem schattigen Bahndamm. Wir passieren auf dem bequemen und ebenen Weg kurz vor Eauze ein Freibad und nach wenigen Minuten ein Industriegebiet. Unser Weg mündet in eine Straße, an der wir nach rechts bergan in das Stadtzentrum von **Eauze (10)**, 142 m (1.45 Std.), bis zur Kirche gehen.

i *Die historische Vergangenheit von **Eauze** erstreckt sich über mehr als 2000 Jahre. Der Name leitet sich von Elusa ab, dem Hauptsitz des Volksstammes der Elusaten, die den Truppen des Julius Cäsars am längsten Widerstand geleistet haben. Während der Religionskriege geriet Eauze wiederholt zwischen die Fronten von Katholiken und Hugenotten. Eauze ist der Hauptort des Armagnac – ein durch den kaiserlichen Präfekten im Jahre 1802 bestätigter Titel. Beim Bau der Kirche St-Luperc im 15. Jh. wurden Steine von den gallorömischen Ruinen verwendet. Sie ist im typischen Stil des Languedoc errichtet, als einschiffige Kirche mit Seitenkapellen. Im Inneren ist ein vorromanisches Taufbecken erhalten, bei dem das Sakrament durch vollständiges Untertauchen erteilt wurde.*

5.00 Std.

20,7 km

Eauze – Nogaro

22

Herbergen: Sauboires (165 m): (1) Le Chalet du Bonheur (bei Peyret), 8 B/Spendenbasis, Essen, Küche, Pferd, ganzj., Tel. 06 29 75 72 84. (2) Gîte Texier, vor Manciet in Peyret nach links für 300 m, 10 B/ÜF ab 24 €, Pferd, ganzj., Tel. 06 65 54 55 89, 05 62 08 50 05. **Le Haget** (140 m): Gîte, 10 B/13 €, HP 33 €, Küche, Pferd, April–Nov., Tel. 05 62 08 54 02, 06 11 66 13 98. **Monneton** (150 m, < 10 EW): Gîte de la Source, 17 B/ÜF 20 €, Essen, Küche, März–Okt., Tel. 05 62 69 04 45, 07 83 98 60 49. **Nogaro** (98 m, 2100 EW): (1) Gîte communal, 14 B im Schlafsaal/12 € und 13 B im Zimmer/14 €, Frühstück 3,50 €, Küche, April–Okt., Tel. 05 62 69 06 15. (2) Gîte du Pied Levé, 15 B/ÜF ab 20 €, Küche, März–Okt., Tel. 06 71 23 73 26, gitedupiedleve@gmail.com.

Die Strecke: Meistens Wander- oder Feldwege und kürzere Straßenabschnitte. Dabei sind nur geringe Höhenunterschiede im flach welligen Relief zu überwinden. Allerdings ist man bis auf kurze Strecken zumeist der Sonne ausgesetzt. Gut markiert.

Höhenunterschied: 160 m im Aufstieg, 200 m im Abstieg.

Kritische Stellen: Lediglich nach dem Hof Riguet, wenn der GR 65 die kleine Straße nach links durch einen Weinberg verlässt, muss auf die Markierung geachtet werden, die links an der Straße angebracht ist. Die beiden Abstecher vom GR-Hauptweg sind gut gekennzeichnet.

Landschaft: Die sanft hügelige Landschaft des südwestlichen Armagnac ist geprägt von Weinbergen, die von Maisfeldern und kleinen Wäldchen abgelöst werden.

Infrastruktur: Manciet ; Eglise de l'Hôpital ; Nogaro .

Touristeninformation: OT Nogaro, 77 Rue Nationale, Tel. 05 62 09 13 30, info@nogaro-tourisme.fr, www.nogaro-tourisme.fr.

Anmerkung: Einkehr- und Einkaufsmöglichkeiten in Manciet.

Wir verlassen das historische Zentrum von **Eauze (1)** Richtung Süden, wobei wir der GR-Beschilderung Richtung Nogaro folgen. An der Ausfallstraße (D 931) geht es nach links bis zum Ortsende, bis vor der Weinkooperative eine Straße nach rechts abzweigt, der wir folgen. Sie macht eine Linksbiegung, quert später eine Umgehungsstraße und führt als Feldweg weiter. Er trifft bei einem Gehöft auf eine kleine Straße, der wir für 500 m geradeaus folgen, am Gehöft **Pénabert (2)**, 150 m (45 Min.), vorbei. Auf einem Feldweg wandern wir geradeaus durch die Weinfelder bergab zum Bachlauf des Bergon, den wir überqueren, und wieder leicht bergan zu einer Hausruine. Dann eine Straße

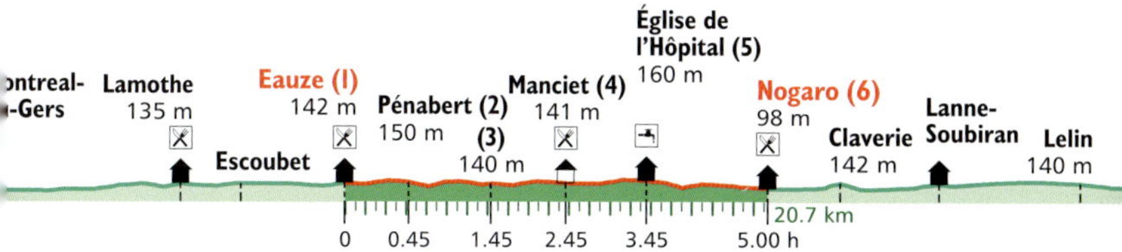

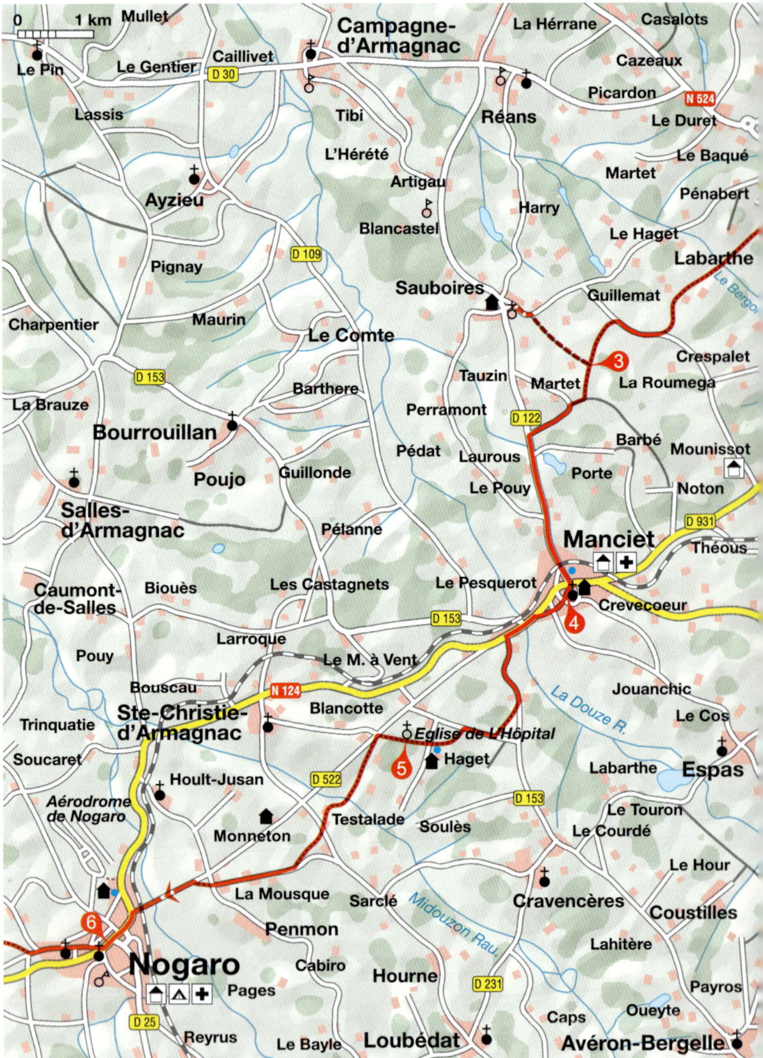
0
1 km
Mullet
Campagne-
d'Armagnac
La Hérrane
Casalots
Le Pin
Le Gentier
Caillivet
D 30
Cazeaux
Picardon
N 524
Lassis
Tibi
Réans
Le Duret
L'Hérété
Le Baqué
Martet
Artigau
Ayzieu
Harry
Pénabert
Blancastel
Le Haget
Labarthe
D 109
Pignay
Le Bergon
Sauboires
Guillemat
Charpentier
Maurin
Le Comte
3
Crespalet
D 153
Tauzin
Martet
La Roumega
Barthere
La Brauze
Perramont
D 122
Bourrouillan
Barbé
Mounissot
Pédat
Laurous
Porte
Poujo
Guillonde
Le Pouy
Noton
Salles-
d'Armagnac
D 931
Pélanne
Manciet
Théous
Caumont-
de-Salles
Biouès
Les Castagnets
Le Pesquerot
Crevecoeur
D 153
4
Larroque
Pouy
Le M. à Vent
Bouscau
N 124
Jouanchic
La Douze R.
Ste-Christie-
d'Armagnac
Blancotte
Trinquatie
Le Cos
Eglise de L'Hôpital
Soucaret
5
Haget
Labarthe
Espas
Hoult-Jusan
D 522
Aérodrome
de Nogaro
D 153
Le Touron
Testalade
Soulès
Le Courdé
Monneton
Le Hour
La Mousque
Sarclé
Midouzon Rau.
Cravencères
Coustilles
6
Penmon
Lahitère
Nogaro
Cabiro
Hourne
D 231
Payros
Pages
Oueyte
D 25
Caps
Reyrus
Le Bayle
Loubédat
Avéron-Bergelle

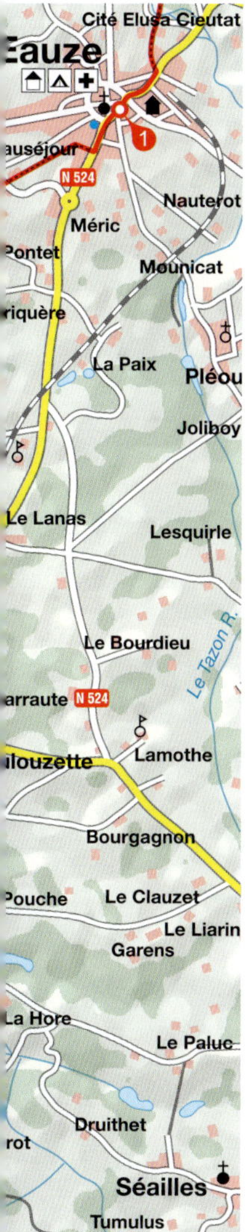

kreuzen, durch ein Wäldchen und danach nach links zu zwei großen alleinstehenden Pinien. An der Verzweigung die Teerstraße nach rechts einschlagen und am Bauernhof Riguet vorbei. Knapp 500 m nach dem Hof geht der Jakobsweg nach links durch einen Weinberg auf ein Wäldchen zu. Nach einem Bachlauf erreichen wir das Gehöft Peyret. Hier zweigt der **Abstecher zum Dorf Sauboires (3)** nach rechts ab. Der GR 65 führt weiter geradeaus und später an einer Gabelung nach rechts bergab. Kurz bevor der Weg die D 122 erreicht, passieren wir die Fischzuchtanlage Pouy (120 m; 1.25 Std.). An der D 122 wenden wir uns nach links und erreichen nach 2 km **Manciet (4)**, 141 m (35 Min.).

i *An strategischer Stelle gab es zur Sicherung der Wirtschafts- und Pilgerwege hier eine Burg, die nach einigen Wirren vom Ritterorden Santiagos eingenommen wurde.*

Am Ortseingang von Manciet gehen wir nach rechts eine Gasse entlang bis zur Durchgangsstraße. Wir gehen geradeaus zum Ortskern, halten uns dann rechts und wandern durch ein kleines Gewerbegebiet aus dem Ort. Wir biegen nach links auf die D 153 ab, der wir für etwa 800 m folgen. Der GR biegt rechts auf einen Weg ein, der zwischen Maisfeldern und am Hof von Belair vorbeiführt. Dann mündet er in eine kleine Straße, der wir rechts wenige Meter bis zum Weiler Tucom folgen. Hier geht es zunächst nach links, dann auf einem Pfad nach rechts zur **Eglise de L'Hôpital (5)**, 160 m (1 Std.), einst eine Johanniter-Kirche.
Wir wandern an der Kapelle vorbei zur D 522, an der wir den nach links abbiegenden Weg einschlagen. Nach gut 1 km überqueren wir den Bachlauf des Midouzon, gehen an einer kleinen Straße nach links und verlassen diese wieder nach wenigen Metern nach rechts. Wir überqueren den Bach St-Aubin und gehen auf der Straße nach rechts durch verstreut liegende Häuser und Höfe, eine Straße querend und leicht ansteigend bis zur D 522, der wir nun nach links durch eine schöne Allee bis zum Ortseingang von Nogaro folgen. Der GR 65 führt uns auf der Durchgangsstraße ins Zentrum von **Nogaro (6)**, 98 m (1.15 Std.).

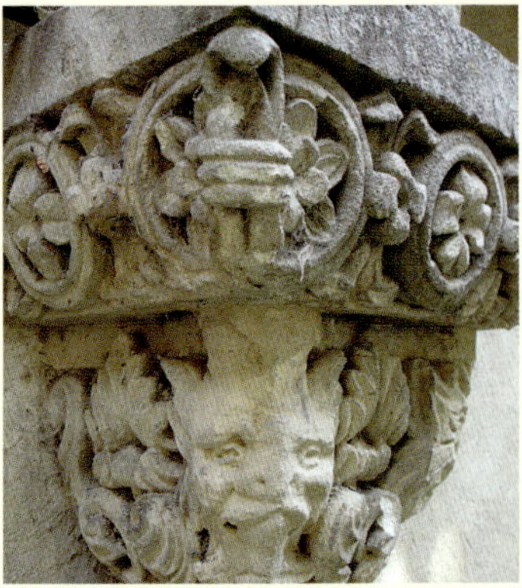

i *Die Gründung* ***Nogaros*** *(Ort mit Nussbäumen) im Jahre 1055 geht auf den Bischof von Auch zurück. Während der Religionskriege wurde der Ort von den gefürchteten Truppen Montgomerys fast völlig zerstört. Die Kirche St-Nicolas, die ab 1055 errichtet wurde, hat ebenfalls sehr gelitten, wurde aber im 16. und 17. Jh. wieder teilerneuert – so erhielt sie zum Beispiel ein neues Gewölbe. Im 19. Jh. erfolgte eine erneute Renovierung, wobei der Chor ausgemalt wurde. Der Innenraum wird durch Mittel- und Seitenschiffe sowie die romanische Mittelapsis gegliedert. Die spitzbogigen Arkaden werden von Kapitellen getragen, die einen reichen Schmuck an figürlichen Darstellungen bieten (siehe Bild rechts). Leider sind vom Kreuzgang nur noch klägliche, aber schöne Reste erhalten.*

Im Herzen des Armagnac.

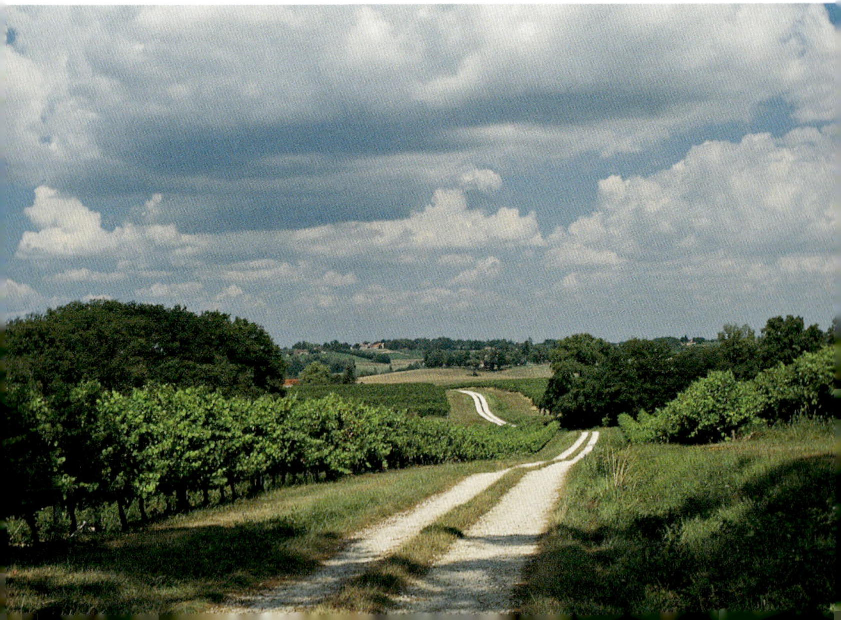

6.45 Std.

27,9 km

Nogaro – Aire-sur-l'Adour

23

Herbergen: Arblade-le-Haut (145 m; in Claverie nach links): Gîte L'Arbladoise, 9 B/35 €, HP 35 €, Frühstück, Küche, dt., engl., ganzj., Tel. 05 62 09 14 11, 06 81 88 24 22, www.larbladoise.fr. **Lanne Soubiran** (132 m, 100 EW): Gîte Le Presbytère, 12 B/ÜF 20 €, Essen, HP 35 €, Küche, Tel. 05 62 09 70 24, 06 43 34 99 45. **Labarbe**: (1) Gîte Maison Labarbe, 6 B/ÜF 21 €, HP 35 €, Küche, Pferd, Tel. 0961 33 93 91, 06 66 29 44 55. (2) Gîte (etwa 500 m nach dem Abzweig von der D 152), 10–12 B/ 15 €, HP 35 €, Frühstück, Küche, Pferd, keine Hunde, span., April–Okt., Tel. 09 61 33 93 91, 06 66 29 44 55. **Dubarry**: Gîte La Grange à Dubarry (abseits des GR), 12 B/16 €, HP 34 €, Küche, Pferd, engl., April–Nov., Tel. 05 62 69 64 82, 06 27 35 84 13. **Arblade-le-Bas** (143 m; 30 EW): rund 800 m abseits vom GR, Gîte Bélardine, 8 B/ÜF 20 €, HP 28 €, Essen mit Familie, Pferd, Tel. 07 89 57 33 30, www.belardine.fr. **Barcelonne-du-Gers** (80 m, 1350 EW): Gîte l'Hospitalet du Cosset, 12 B/ÜF 20 €, Küche, engl., ganzj., Tel. 06 33 80 50 95, info@bastideducosset.com, www.bastideducosset.com. **Aire-sur-l'Adour** (81 m, 6880 EW): (1) Gîte/Maison des Pèlerins, 6 Zi mit 15 B/ÜF 20 €, Küche, engl., span., April–Okt., Tel. 05 58 71 68 07, 07 80 04 11 40. (2) Gîte/Hôtel de la Paix, 8 B/ÜF 15 €, zusätzlich 8 Zi ab 17 € inkl. Frühstück, Küche, Tel. 05 58 71 60 70, 06 81 39 50 02, www.hoteldelapaix40.fr. (3) Centre de Loisirs, 28 B/ÜF 16 €, Essen 11 €, Küche, Reserv., Fr.–So. geschl. sowie an Feiertagen und in den Sommerferien, Tel. 05 58 71 61 63. (4) Chapelle des Ursulines, 40, Rue Félix Despagnet, 12 B/19 €, HP 35 €, span., keine Hunde, April–Okt., Tel. 05 58 52 09 01, 06 08 37 18 26, chapelledesursulines.eklablog.fr. (5) Gîte Au Gré de l'Adour, 24 Route de Duhort, 5 B/ÜF 23 €, Pferd, ganzj., Tel. 05 58 52 39 79, 06 32 96 58 96. (6) Gîte Le Relais du Twickenham, 31, Rue P. Duthil, 10 B/ÜF ab 20 €, Essen 12 €, Küche, ganzj., Tel. 06 82 02 12 02. (7) Accueil Pelerin, 8 B/ÜF 18 €, Essen ab 10 €, Küche, ganzj., Tel. 05 58 71 82 18, 06 37 17 74 71. (8) Gîte Hospitalet Saint Jacques, Halte chrétienne Orthodoxe, Père André, 21, Rue Félix Despagnet, nur Fußpilger, 6 B/ÜF 18,50 €, HP 29 €, Küche, Garten, Tel. 05 58 52 31 68, www.saintjacques-hospitalet.fr.

Die Strecke: Feld- und Wanderwege durch zunehmend flacheres Gelände.

Höhenunterschied: 120 m im Auf- und Abstieg.

Kritische Stellen: Nach Lanne-Soubiran ist der neue Streckenabschnitt, der von einem Feldweg nach rechts abzweigt, markiert; man gelangt aber auch mit den alten, geradeaus führenden Markierungen wieder auf den jetzigen GR 65.

Landschaft: Wir nähern uns der Flussebene der Adour, die v.a. durch Maisanbau intensiv landwirtschaftlich genutzt wird. Zuvor führt der Weg durch Felder und Eichen- und Edelkastanienwäldchen durch die Region Gers, bevor wir südlich des Adour ins Département Landes gelangen.

Infrastruktur: Barcelonne-du-Gers; Aire-sur-l'Adour.

Touristeninformation: OT Aire-sur-l'Adour, Place du Général de Gaulle, Tel. 05 58 71 64 70, otsi.aire@wanadoo.fr, www.aire-sur-adour.org.

Anmerkung: Ausreichend Trinkwasserquellen, jedoch keine Möglichkeit zur Einkehr, auch keine Lebensmittelläden.

An der Stadtkirche von **Nogaro (1)** gehen wir nach rechts in die Rue Broqué und weiter über die l'Avenue du Cassou. Am Château d'Eau wenden wir uns nach links und schwenken nach wenigen Metern auf einen Schotterweg

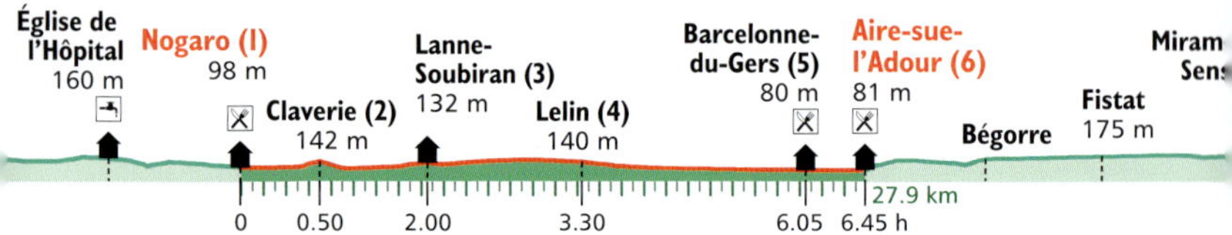

nach rechts ein. Diesem Weg bleiben wir treu, bis wir den Bachlauf der Jurane erreichen. Diesen queren wir nach links und erreichen den Bauernhof **Claverie (2)**, 142 m (50 Min.), auf einem Hügelkamm. Hier wenden wir uns zuerst nach rechts auf einen Wirtschaftsweg und dann gleich weiter nach links. Bergab geht es zum Bachlauf der L'Izaute, an der wir zuerst kurz nach rechts und dann nach links entlang bis zur N 124 wandern. Der GR 65 folgt für 700 m der Straße nach rechts über eine kleine Brücke und auf einem Trampelpfad entlang der Maisfelder. Dann zweigt nach links ein fein geschotterter schöner Alleenweg ab. An der Gabelung nach links weiter durch die Weinfelder, bis wir bei **Lanne-Soubiran (3)**, 132 m (1.10 Std.), zur D 152 gelangen.

Der GR 65 folgt der Straße für knapp 500 m nach rechts. Dann biegt er an einem Haus links auf einen Weg ab, der zunächst an einzelnen Häusern vorbeiführt. An einer Gabelung die linke Variante nehmen. Wir halten geradeaus

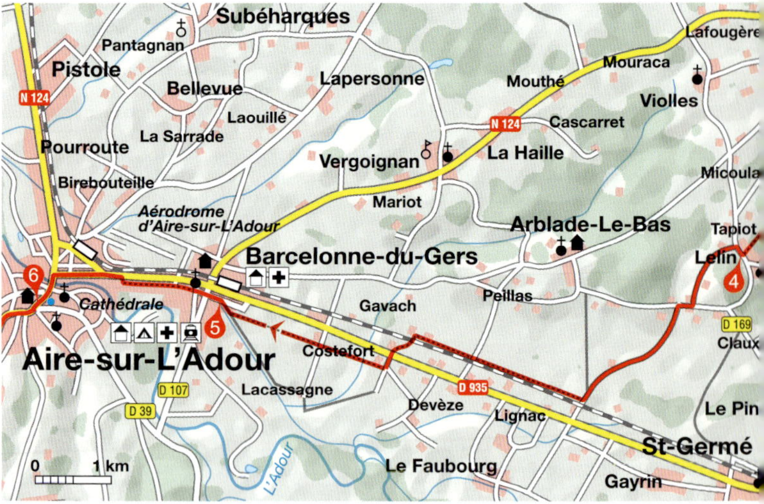

durch die Maisfelder auf einen Wald zu. Wir wandern in einer Rechtskurve durch den Wald und gelangen auf einen Weg, dem wir nach rechts an Weinfeldern entlang bis zu einer kleinen Straße folgen. Auf der Straße geht es nur wenige Meter nach links und dann an einer Gabelung nach rechts. Zweimal folgen wir an einer Gabelung jeweils dem linken Weg, danach geht es zwischen zwei Häusern bergab durch die Felder. Auf der Höhe des alten Bauernhofes Micoulas gehen wir weiter geradeaus durch ein kleines Wäldchen und Weinfelder. Wir passieren die Gehöfte Brana und Bernachet, bevor wir kurz vor dem Weiler Lelin nach rechts abbiegen.
Bei **Lelin (4)**, 140 m (1.30 Std.), wandern wir an einem Wegekreuz weiter auf der Durchgangsstraße und zweigen nach rechts auf einen Weg ab. Nach

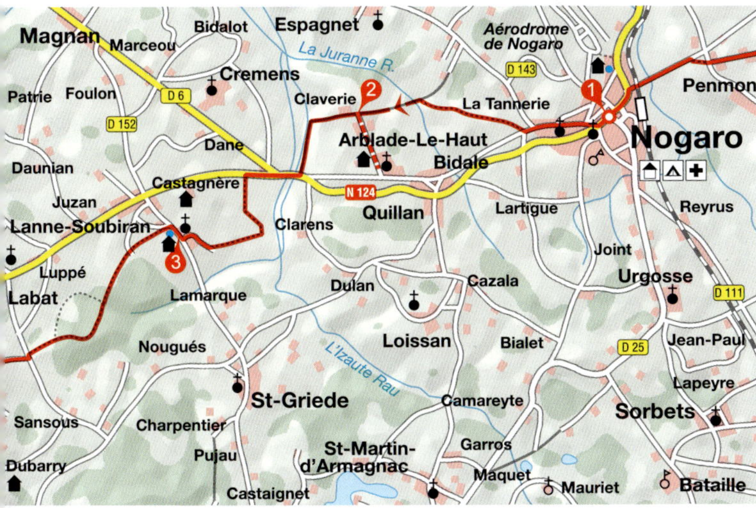

rund 1,1 km geht es nach rechts auf eine kleine Straße, die wir bereits nach wenigen Metern wieder nach links verlassen. Nach rund 2 km trifft der GR auf Bahngleise, bei denen wir uns rechts auf einen Feldweg halten und für 2,5 km an den Bahngleisen entlang wandern. Dann zweigen wir nach links ab und überqueren die stark befahrene D 935. Bereits am ersten Abzweig nach der D 935 zweigt der Jakobsweg auf einen Feldweg nach rechts ab, der nun für eine Strecke von über 2 km parallel zur D 935 verläuft. Der Weg mündet auf eine schmale Straße, auf der es nach rechts weitergeht, auf die ersten Häuser von Barcelone-du-Gers zu. Nach 300 m biegen wir nach dem Waschhaus nach links ab und erreichen so das Zentrum von **Barcelon-**

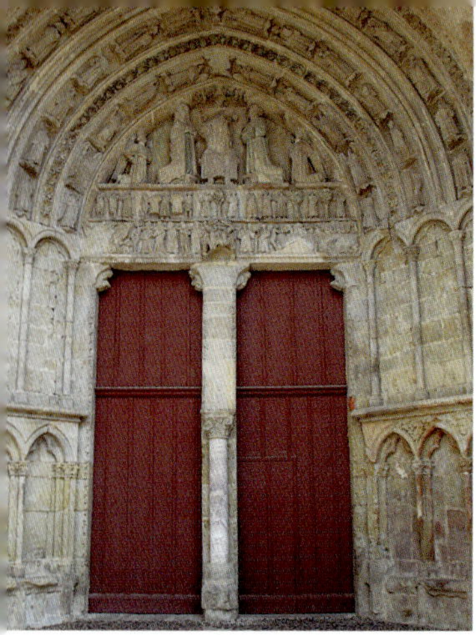

Das Portal von Ste-Quitterie.

ne-du-Gers (5), 80 m (2.35 Std.). Im Ort überqueren wir geradeaus die D 107 und folgen der Kennzeichnung durch die Jakobsmuschel durch die Rue de l'Abattoir, die Rue de Casamont, die Rue de l'Hôpital, die Rue Notre-Dame, die Rue de Béret und schließlich in die Rue des Moncaux.

Barcelonne-du-Gers geht nahtlos über in Aire-sur-l'Adour, dem Zielort unserer Etappe, den wir auf der Rue des Saligats erreichen. Auf der Avenue du 4 Septembre geht es nach links weiter, dann über den Place de la Liberté, immer der Kennzeichnung folgend über den Impasse Frédéric-Lévrier und auf der Brücke über den breiten Strom der Adour. Die Rue du 13 Juin bringt uns am gegenüberliegenden Flussufer zum zentralen Platz, dem Place Général-de-Gaulle. Noch rund 250 m geradeaus auf der Rue Gambeta weiter und wir sind am Etappenziel, der Kathedrale St-Jean-Baptiste in **Aire-sur-l'Adour (6)**, 81 m (40 Min.), angekommen.

i ***Aire-sur-l'Adour*** *war urprünglich eine Ansiedlung eines keltischen Stammes, die dann von den Römern ausgebaut wurde. Im 5. Jh. wurde die Stadt zu einem der Hauptsitze der Westgoten sowie zum Bischofssitz, der im Zuge der Französischen Revolution verloren ging. Im Mittelalter war Aire-sur-l'Adour eine wichtige Station der Pilger vor den Pyrenäen. Heute ist der Ort ein bedeutendes ökonomisches Zentrum vor allem für landwirtschaftliche Produkte. Die* ***Kathedrale St-Jean-Baptiste*** *ist im Hundertjährigen Krieg sowie in den Religionskriegen schwer beschädigt worden, so dass von der ursprünglich romanischen Kirche nur noch wenig erhalten ist.*

Die ***Abteikirche Ste-Quitterie*** *aus dem 11./12. Jh. mit ihrem mächtigen viereckigen Turm gehörte zu einem Benediktinierkloster. Das Portal mit dem Tympanon, das Christus als Weltenherrscher zeigt, entstand in gotischer Zeit. Der romanische Ursprung der Kirche ist im Innern noch gut erkennbar. Unter dem Chor wird in der Krypta der Sarkophag der hl. Quiteria aufbewahrt. Die Legende beschreibt sie als eine westgotische Prinzessin, die ihrem christlichen Glauben nicht abschwören wollte. Dafür wurde sie enthauptet, wobei sie jedoch ihren Kopf noch bis zu der Stelle getragen haben soll, an der sich heute die Krypta befindet. Hier entspringt eine Quelle, der heilende Wirkung vor allem bei Geisteskrankheiten nachgesagt wird. Den reich verzierten Marmorsarkophag aus dem 5./6. Jh. soll König Chlodwig selbst in Auftrag gegeben haben. Die Reliefs zeigen Szenen aus dem Alten und Neuen Testament, wie den Sündenfall oder die Erweckung des Lazarus.*

8.15 Std.
33,3 km

Aire-sur-l'Adour – Arzacq-Arraziguet

24

Herbergen: Miramont-Sensacq (200 m): (1) Gîte communal, 20 B/12 €, Küche, April–Okt., Tel. 05 58 79 91 23, 05 58 79 94 06. (2) Gîte, Ferme de Marsan (abseits des GR, von Miramont-Sensacq für 3 km der D 440 in Richtung Ferme de Marsan folgen), 10 B/14 €, Frühstück, zusätzlich Zimmer ab 38 € für 2 Pers., Küche, ganzj., Tel. 05 58 79 94 93. **Pimbo** (200 m): (1) Gîte communal, 21 B/ÜF 17 €, HP 22 €, Küche, April–Nov., Tel. 05 58 44 46 57. (2) Gîte Ferme de Nordland, vor Pimbo an D 111 nach rechts, nach 50 m links Richtung Chuteou-Nordland, 8 B/ÜF 28 €, HP 44 €, April–Sept., Tel. 05 58 44 49 80, 06 75 97 34 23. **Arzacq-Arraziguet** (231 m): Gîte/Centre d'accueil, 35 B/ÜF 15 €, HP 26 €, Küche, Pferde, engl., ganzj. (Reserv.), Tel. 05 59 04 41 41, www.arzacq.com.

Die Strecke: Keine Abzweigungen oder Varianten, gut gekennzeichnet. Die erste Hälfte der Strecke verläuft meist auf Feldwegen durch Maisfelder, danach wechseln Wanderwege mit kleinen Straßen.

Höhenunterschied: 340 m im Aufstieg, 190 m im Abstieg.

Kritische Stellen: Bei nasser Witterung ist die erste Hälfte sehr schlammig.

Landschaft: Unmittelbar südlich des Flusslaufes der Adour erstrecken sich ausgedehnte Maisfelder über die fruchtbare Ebene, im Süden schließen sich erste Hügelkämme an, sodass die intensive Landwirtschaft von Wiesen und kleinen Wäldchen abgelöst wird. Die kleinen historischen Dörfer des Département Landes liegen weithin sichtbar auf den Hügeln.

Infrastruktur: Miramont-Sensacq; Pimbo; Arzacq-Arraziguet.

Touristeninformation: OT Arzacq-Arraziguet, Tel. 05 59 04 59 24, ot.soubestre@wanadoo.fr, www.arzacq.com.

Anmerkung: Auf der ersten Etappenhälfte gibt es kaum Schatten, daher für ausreichend Sonnenschutz sorgen.

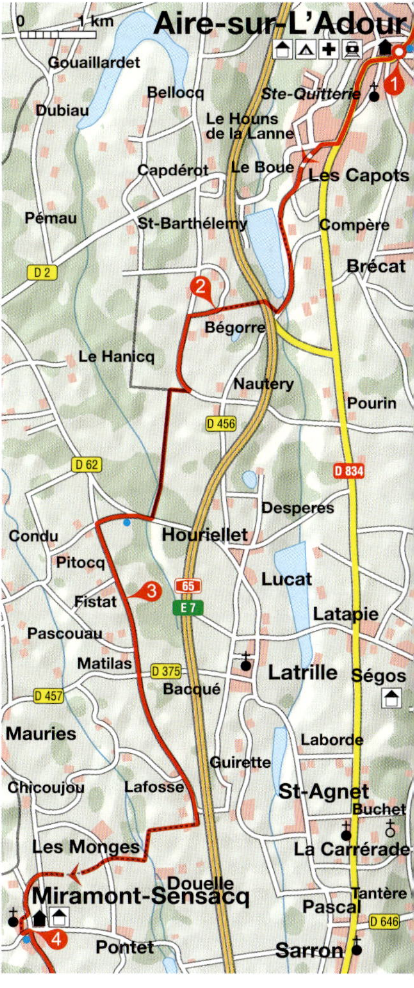

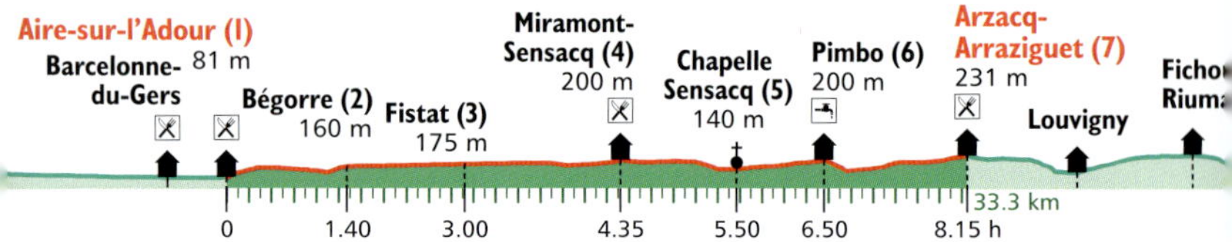

Vom Zentrum von **Aire-sur-l'Adour (1)** gehen wir nicht den gleichen Abstecher zurück zum Hauptweg des GR 65, sondern folgen einer kleinen Ausfallstraße, der Rue du Mas, bergan Richtung Süden. Dabei passieren wir die Kirche der Benediktinerabtei von Ste-Quitterie, bis wir an einer Tankstelle auf den Hauptweg treffen. Wir biegen an einem Kreisverkehr nach rechts auf die D 2 ab und folgen dann den Markierungen nach links durch ein Wohngebiet. Gleich darauf nach rechts und an einer Gabelung im Tal nach links. Wir wandern an einem Bachlauf entlang, bis wir nach rechts auf die D 456 treffen, der wir Richtung Süden folgen. Unter einer Brücke hindurch bleiben wir noch 400 m auf der Straße und zweigen dann nach rechts in einen Feldweg ab, der etwas bergan an dem Bauernhof **Bégorre (2)**, 160 m (1.40 Std.), vorbei auf eine Kreuzung zuführt. Hier biegt der GR nach links ab. Auf landwirtschaftlichen Wegen folgen wir der Markierung im Slalom durch die Maisfelder. Dabei stoßen wir auf die D 62, der wir kurz nach rechts folgen. Wir biegen an einer Gabelung nach links ab und folgen dieser kleinen Straße für gut 500 m. An einer Kreuzung schlagen wir den Weg (Chemin de St-Pé) nach links ein und folgen ihm in südlicher Richtung durch das landwirtschaftlich geprägte Gebiet. Nach rund 750 m auf dem Chemin de St-Pé lassen wir das Gehöft **Fistat (3)**, 175 m (1.20 Std.), rechts liegen und bleiben unserem Weg geradeaus treu. Dabei queren wir die D 375 und passieren das Gehöft von Lafosse und biegen bei Matot nach rechts ab. Wir gehen an einem Haus vorbei, nach dem die Straße in einen Wanderweg übergeht. Dabei queren wir den Bachlauf des Bahus, passieren ein Gehöft und queren geradeaus einen Wirtschaftsweg. Auf dem Wanderweg gehen wir an einer Gabelung nach rechts und über die D 11 geradeaus hinweg in eine kleine Straße. Auf ihr erreichen wir bergan den Ortskern von **Miramont-Sensacq (4)**, 200 m (1.35 Std.). An der Kirche hat man an klaren Tagen einen weiten Panoramablick auf die Pyrenäen. Von der Kirche gehen wir die Straße nach rechts bergab und biegen dann nach links zum Brunnen ab. Hier erreichen wir die D 314, der wir nach rechts etwa 2,3 km folgen. Die Via Podiensis biegt nach rechts in eine kleine Straße ab, die zum Hof Galette führt, an dem es nach rechts nach Lamagnagues geht. Wir wandern an dem Gehöft vorbei über den Hügel abwärts und treffen auf einen geteerten Weg, auf dem wir nach rechts gehen. An einer Verzweigung nochmals wenige Meter nach rechts bis zur romanischen **Chapelle Sensacq (5)** aus dem 11. Jh., die einst dem Apostel Jakobus geweiht war. Von der Kapelle geht es auf dem Sträßchen kurz bergan, dann nach rechts abbiegen und nach 750 m auf einen Schotterweg nach links einschwenken, der bergan bis zur D 111 führt. Wir folgen der Straße für wenige Meter nach rechts und biegen dann nach links in ein Wäldchen ab. Wir bleiben auf diesem Waldweg, halten uns an einer Gabelung rechts und erreichen so das auf dem Hügel vor uns liegende Örtchen **Pimbo (6)**, 200 m (2.15 Std.).

Um den Ort rankt sich die Legende, dass ihn Karl der Große selbst gegründet haben soll. Gesichert ist auf jeden Fall die Gründung einer Abtei des Benediktinerordens. Dieser errichtete im 12. Jh. die Kirche St-Barthélémy, die im 14. Jh. zu einer Wehrkirche erweitert wurde. Erstaunlich ist das Portal, auf dem keltische Symbole und Krieger dargestellt sind.

Links auf die D 371 und auf ihr geradeaus bis zum Ortsende, wo wir nach rechts auf eine kleine Straße abzweigen, von der nach wenigen Metern ein Wanderweg nach rechts abbiegt. Diesem folgen wir bergab zum schmalen

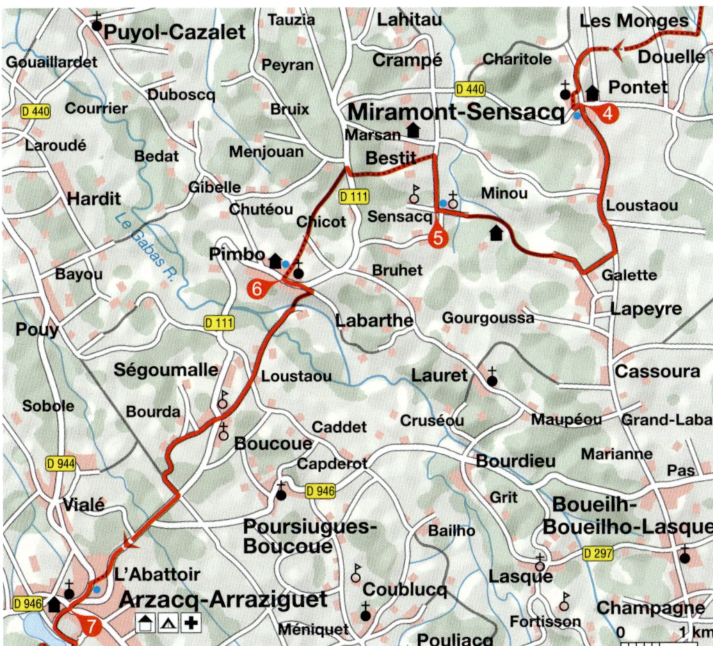

Fluss Gabas, den wir überqueren. Weiter geradeaus an Höfen vorbei kommen wir zu einer geteerten Straße, die wir geradeaus queren und so wieder zur D 111 gelangen. Der GR 65 quert die Straße schräg nach rechts und führt auf dem Chemin de Lassalle an einigen Häusern vorbei. An den nächsten drei Gabelungen halten wir uns stets links, bis wir auf die D 32 stoßen, auf der wir nach rechts bis zur Einmündung in die D 946 entlang gehen. Weiter geht es nach rechts aus dem Wäldchen hinaus bis zum Ortseingang von **Arzacq-Arraziguet (7)**, 231 m (1.25 Std.). Hier biegen wir rechts ab und gelangen so bergan ins Ortszentrum.

i ***Arzacq-Arraziguet** erwuchs aus einer Bastide, die im Hundertjährigen Krieg von den Engländern auf dem Hügel errichtet wurde. Davon zeugt heute lediglich der zentrale Platz mit den Arkadengängen im Erdgeschoss der Häuser, die Stadtmauern sind verschwunden.*

Die Chapelle Sensacq auf der grünen Wiese.

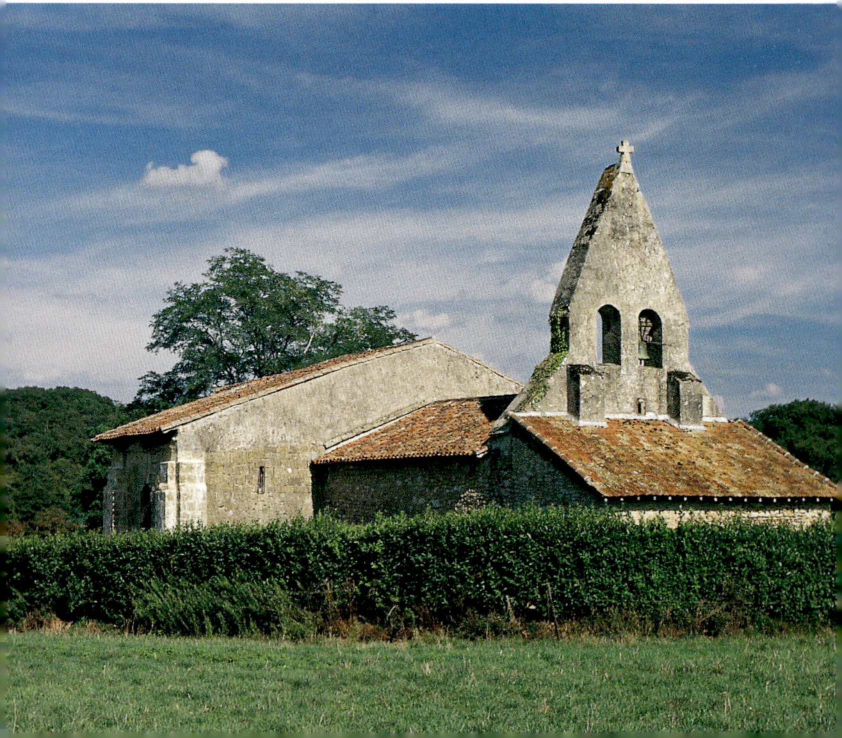

Das Béarn und das französische Baskenland

Das Béarn ist eine alte französische Provinz am Fuß der Pyrenäen, die sich südlich an die Gascogne anschließt. Gemeinsam mit dem französischen Teil des Baskenlandes bildet es das Département Pyrénées-Atlantiques. Drei große Täler durchziehen den Pyrenäenanteil des Béarn: der Gave de Pau, das Tal des Ossau und das Tal der Aspe, das die natürliche Verbindung von Oloron-Ste-Marie zum Col du Somport bildet – einer der beiden Pyrenäenpässe der Jakobspilger. Entlang der Flussläufe erstrecken sich saftige Weiden, Ackerland, Obstbäume und Weinreben, die im mild-feuchten atlantischen Klima gut gedeihen. Obwohl das Béarn bereits seit im 843 geschlossenen Vertrag von Verdun, in den ursprünglichen Grenzen des Königreichs zu Frankreich gehörte, war die tatsächliche Zugehörigkeit lange Zeit umstritten. So kann die Region auf eine lange wechselhafte Geschichte zurückblicken, die bis zur Französischen Revolution immerhin mit diversen Sonderrechten verbunden war.

Das Baskenland, von den Basken Euskadi genannt, liegt auf beiden Seiten der Pyrenäen auf spanischem und französischem Boden. Jahrhundertelang war diese Gegend vor allem auf die Landwirtschaft und das Handwerk ausgerichtet, dessen bekanntestes Produkt sicherlich die in ganz Frankreich verbreitete Baskenmütze ist. Die zerklüfteten Täler und ihre Abgeschiedenheit von natürlichen Verkehrswegen sind verantwortlich dafür, dass die Basken lange Zeit unabhängig lebten und so nicht nur ihre Bräuche festigen, sondern auch ihre Sprache erhalten konnten. Die Ursprünge des baskischen Volkes liegen für Wissenschaftler und Linguisten immer noch im Verborgenen, denn kurioserweise zeigt das Baskische keine Ähnlichkeit mit einer der indogermanischen Sprachen. Seit mehr als tausend Jahren ziehen die Jakobspilger durch das Baskenland, auf dem bekannten und häufig frequentierten Pyrenäenübergang zwischen St-Jean-Pied-de-Port und Roncesvalles, dessen Anstiege kürzer und sanfter sind als die auf den Somportpass im Béarn.

Hier im Pyrenäenvorland geht der Chemin de St-Jacques im beständigen, aber stets moderaten Auf und Ab über die zum Teil bewaldeten Hügel der Region. Schattige Mischwälder wechseln mit saftigen Weiden für Kühe und Pferde und häufig kann man die Gebirgskette der Pyrenäen erkennen, der man sich langsam nähert. Immer wieder passiert der Jakobsweg ein Gehöft oder Dorf, so dass die Versorgung mit Unterkünften, Essen und Trinken gewährleistet ist. Wie in den Pyrenäen selbst kann sich das Wetter im Vorland schnell ändern und Niederschläge können das Wandervergnügen schmälern. Der Anstieg von St-Jean-Pied-de-Port über die Pyrenäenpässe ist anhaltend steil, aber meist auf befestigten Wegen sehr gut zu bewältigen. Für diese letzte Etappe sollte man mit ausreichend Proviant, Sonnencreme, warmer Kleidung und Regenschutz ausgerüstet sein.

25 *Arzacq-Arraziguet – Arthez-de-Béarn*

7.15 Std.

30,4 km

Herbergen: Labalette (225 m, < 30 EW): 10 B/HP 36 €, April–Okt., Pferd, Tel. 06 08 31 48 56, ndupouts@gmail.com. **Louvigny** (110 m, <50 EW): Chambre d'hôtes Ferme de la Houn de Lacoste, in Lou Castet nach rechts 600 m, 5 Z/HP 40 €, Pferd, Schwimmbad, ganzj., Tel. 06 80 42 68 94, 05 59 04 42 73. **Fichous-Riumayou** (235 m, 175 EW): Gîte Bien Hêtre, 7 B, Frühstück, Essen 10 €, Küche, Pferd, ganzj., Tel. 06 60 76 32 29, contact@bienhetre.fr. **Larreule** (120 m): Gîte L'Escale, 12 B/ÜF 20 €, Essen 14 €, ganzj., Tel. 05 59 81 49 24, 06 32 02 25 48. **Uzan** (120 m): Gîte, 8 B/ÜF 22 € in 2 Zi, Küche, keine Hunde, April–Okt., Tel. 05 59 81 65 76, 06 82 97 47 29. **Pomps** (130 m): (1) Gîte communal, 18 B/ÜF ab 15 €, Essen 10 €, Küche, Pferd, April–Okt., Tel. 06 84 91 94 00. (2) Gîte Chez Darribère, 4 B/HP 35 €, ganzj., Pferd, Tel. 05 59 81 69 64, 06 71 59 84 68. **Géus-l'Arzacq** (130 m): Gîte Ayguelongue, 4 B/HP 35 €, engl., Mitte April–Mitte Okt., Tel. 05 59 81 41 90, 07 81 77 90 17. **Arthez-de-Béarn** (211 m): (1) Gîte communal, 24 B/11 €, Küche, Pferd, engl., März–Okt., Tel. 05 59 67 70 52. (2) Gîte Broussé, 8 B/ÜF 19 €, Essen (Reserv.), Küche, Pferd, ganzj., Tel. 05 59 67 74 46. (3) Gîte En Coussina (kurz vor Arthez auf der D 96 nach rechts), 6 B/ÜF 18 €, Essen 12 €, Küche, ganzj., Tel. 05 59 67 78 78, 07 81 00 09 64.

Die Strecke: Steter Wechsel von Wander- und Feldwegen sowie kleinen Straßen durch eine leicht hügelige Landschaft. Bei Géus-d'Arzacq gibt es eine kurze Variante zum Hauptweg und vor Arthez-de-Béarn zweigt eine längere Variante entlang einer historischen Salzhandelsroute vom GR 65 ab, die erst wieder bei Argagnon am Gave de Pau in den Hauptweg mündet.

Höhenunterschied: 330 m im Auf- und Abstieg.

Kritische Stellen: Bis auf den Abzweig der Varianten keine problematischen Stellen. In Larreule zwei Wege durch den Ort ausgewiesen, die beide kurz darauf wieder zusammenkommen.

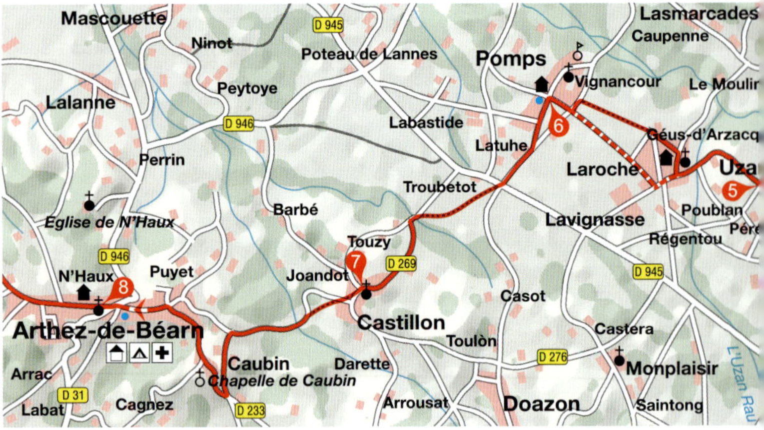

Landschaft: Schritt für Schritt nähert sich der Jakobsweg der Region Béarn. Zwischen den breiten Flusstälern des Luy de France und des Luy de Béarn erstrecken sich in dieser abwechslungsreichen Landschaft Mais und Wein sowie Weiden, Wiesen und an den Hängen kleinere Waldflächen.
Infrastruktur: Uzan; Pomps; Arthez-de-Béarn.

Von der Durchgangsstraße in **Arzaq-Arraziguet (1)** gehen wir an der Bank in den Chemin de St-Jacques und erreichen schnell den Ortsrand. Es geht etwas bergab, nach links, an einem kleinen See vorbei und dann bergan durch ein Wäldchen hindurch. Der Weg mündet in eine Straße, der wir rechts 200 m bis zu einer Gabelung folgen. Hier zweigt der Jakobsweg nach rechts ab. Kurz darauf geht es nach links an Höfen vorbei auf einem Feldweg berg-

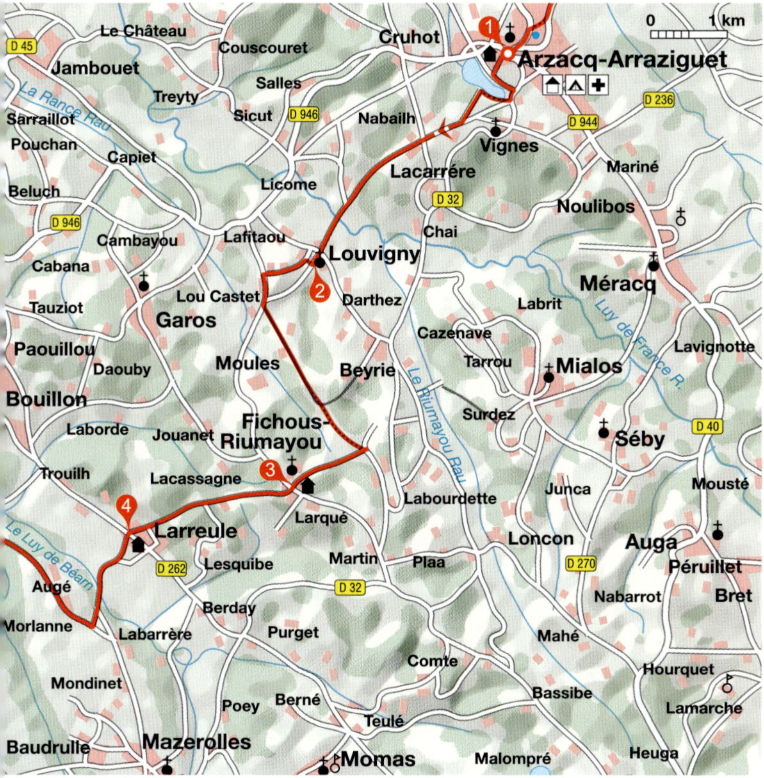

ab und über den Flusslauf des Luy-de-France. An der Mühle von Diégou gehen wir bergan zum Weiler **Louvigny (2)**, 110 m (1.05 Std.).
Im Ort biegen wir nach links ab zur Kirche und folgen der Straße für 250 m, um nach rechts auf dem Chemin de Lassoulade auf einen kleinen Hügel zu wandern. Beim Weiler Lou Castet biegen wir zweimal nach links ab und gelangen bergab am Friedhof vorbei zu einer Wegkreuzung am Hof Moundy. Hier gehen wir geradeaus bergan auf einem Feldweg durch Weiden. Mit idyllischen Ausblicken auf die hügelige Landschaft folgen wir für rund 2,2 km dem Hügelkamm. An einer Verzweigung wandern wir nach rechts bergab in eine kleine Senke, von der aus der Weg in Serpentinen zum Weiler **Fichous-Riumayou (3)**, 235 m (1.20 Std.), ansteigt. An der Kirche vorbei geht der GR 65 an der Durchgangsstraße nach links weiter, um an der nächsten Möglichkeit nach rechts in einen Feldweg abzuzweigen, der bergab durch einen Laubmischwald nach **Larreule (4)**, 120 m (35 Min.), führt.

Der Ort wurde im 13. Jh. zu einer Bastide ausgebaut und war bereits im 10. Jh. Sitz eines Benediktinerklosters, das während der Religionskriege und der Französischen Revolution stark beschädigt wurde. Von der Abteikirche St-Pierre aus dem 12. Jh. ist das Längsschiff nicht erhalten geblieben, sodass heute das Querschiff mit der Nordapsis genutzt wird.

Hier gehen wir geradeaus über die D 262 hinweg. Wir bleiben auf diesem Weg, queren den Luy de Béarn und befinden uns nun offiziell in der Region Béarn. Nach der Brücke nach rechts an einem Gehöft vorbei und nach wenigen Metern an einer kleinen Straße wieder nach rechts, auf der wir bis **Uzan (5)**, 120 m (1 Std.), bleiben. Die Dorfkirche und der Brunnen sind der hl. Quiteria von Aire-sur-l'Adour geweiht. Hier gehen wir auf der D 49 wenige Meter nach rechts und biegen dann nach links auf eine Straße ab. Kurz darauf erreichen wir eine Verzweigung, an der es nach links weiter geht. An der nächsten Gabelung biegen wir rechts in eine kleine Straße ein, die durch die Felder führt. Nach 800 m biegen wir nach links ab und gelangen so zum Weiler Géus-d'Arzacq. Hier führt der GR 65 nach rechts, während eine kleine Variante, die in Pomps wieder auf den Hauptweg trifft, nach links abzweigt. Nach der Kapelle und einem Wegkreuz biegt der Jakobsweg nach links auf eine Straße ab, die am Gehöft Lacassourette vorbei nach **Pomps (6)**, 130 m

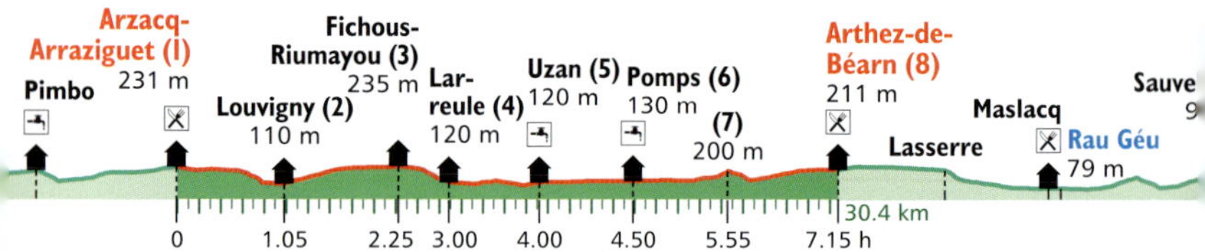

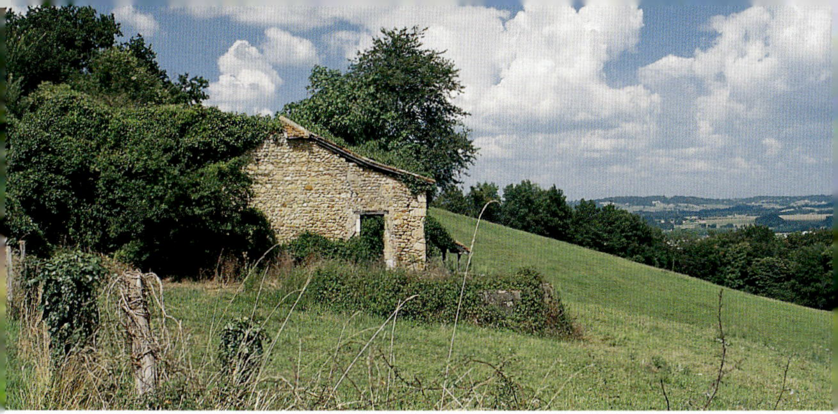

Wiesen, Wälder und Weiden im Pyrenäenvorland.

(50 Min.), führt. Auf einer kleinen Straße für wenige Meter nach links gehen, dann nach rechts in den Ort. Das Renaissanceschloss von Pomps aus dem 16. Jh. besitzt eine schöne Fassade mit einem achteckigen Turm. An der zentralen Wegeverzweigung in Pomps wenden wir uns nach links und gleich darauf nochmals links. Auf diesem geteerten Weg kreuzen wir die D 945 und zweigen nach wenigen Metern auf einen Feldweg durch Maisfelder nach rechts ab. Vor einer Brücke, die über den Bachlauf des Lech führt, mündet die Via Podiensis auf die D 269, der wir nach links ansteigend in den Weiler **Castillon (7)**, 200 m (1.05 Std.), folgen. Im Ort halten wir uns stets geradeaus, queren die D 276 und nehmen einen Wanderweg, der uns bergab durch ein Wäldchen wieder zur D 269 bringt. Auf der Straße nach links über den Bach L'Aubin und weiter bis kurz vor Arthez-de-Béarn. Hier zweigt nach links eine kleine ansteigende Straße ab, die auf die D 233 einmündet. Rechts erreichen wir nach wenigen Metern die **Chapelle de Caubin**.

i *Die kleine romanische Kirche aus dem 12. Jh. ist Johannes dem Täufer geweiht und gehörte zu einer Komturei des Johanniterordens, die in den Religionskriegen von den Truppen Montgomerys stark zerstört wurde. Im Innern befindet sich ein reich verziertes gotisches Nischengrab von 1324 mit einer Steinfigur eines Ritters in voller Rüstung.*

Von hier geht es stets geradeaus in das lang gestreckte Straßendorf **Arthez-de-Béarn (8)**, 211 m (1.20 Std.). An der Verzweigung nach der Kapelle biegt die Variante des GR 65 bis Argagnon ab.

i *Die Gründung des Ortes geht auf eine Augustinerabtei zurück, die ebenso wie das Schloss die Kriegswirren und die Zeit nicht überdauern konnte.*

26 Arthez-de-Béarn – Navarrenx

7.30 Std.
31,8 km

Herbergen: Argagnon: (1) Gîte, 190, Route de Pèdauque (vor Argagnon für 250 m nach rechts ab), 14 B/ÜF ab 25 €, Essen 10 €, Pferd, ganzj., Tel. 05 59 09 37 35, 06 79 56 98 37, glyn34@hotmail.com. (2) Gîte de Cambarrat (hinter Argagnon nach der Gave-Brücke), 10 B/ÜF ab 19 €, HP ab 30 €, Küche, Pferd, engl., span., ganzj., Tel. 05 59 67 65 98. **Maslacq** (79 m, 762 EW): (1) Gîte La Halte, 5 B/ÜF 22 €, Küche, Pferd, dt., engl., April–Mitte Okt., Tel. 06 45 33 68 23. (2) Gîte Méziat, 5 B/ÜF ab 29 €, Essen 14 €, Küche, April–Okt., Tel. 06 02 39 09 30, 06 79 34 77 59. (3) Gîte Les Tilleuls, 6 B/ÜF 23 €, Küche, März–Okt., Tel. 06 19 42 76 20, 05 59 38 21 65, emmf@orange.fr. **Abbaye de Sauvelade** (90 m): (1) Gîte/Restaurant Le P'tit Laa, 18 B/10 €, HP 30 €, Pferd, keine Hunde, engl., April–Nov., Tel. 05 59 67 33 69, 05 59 67 60 59. **Sauvelade** (100 m): (1) Gîte communal, 18 B/ÜF 15 €, HP 30 €, Küche, Pferd, ganzj., Tel. 05 59 67 33 69, leptit-laa@hotmail.com. (2) Ecogîte La Maison du Grillon (rund 1 km nach Sauvelade am GR), 10 B/ÜF ab 22 €, HP ab 37 €, Pferd, Zelt, April–Okt., Tel. 05 59 09 44 30, 06 84 38 14 21, oustau.grigt@gmail.com. **Bugnein** (193 m): Gehöft Le Grand Saule am Rau Saleys, Gîte, 5 B/ÜF ab 21 €, Essen 14 €, Küche, engl., span., April–Ende Okt., Tel. 05 59 67 33 39. **Navarrenx** (126 m, 1200 EW): (1) Gîtes communaux, 3 Gîtes mit 16, 12 und 26 B/13 €, Küche, Schlüssel an Bar Le Dahu, 23, Rue St-Germain, bis 18 Uhr, ganzj., Tel. 05 59 66 10 22. (2) Gîte Le Relais du Jacquet, 9 B/ÜF 55 €, März–Okt., Tel. 05 59 66 57 25, www.chambre-hotes-navarrenx.com. (3) Gîte Le Cri de la Girafe, 12, Rue du Faubourg, 8 B/HP 35 €, ganzj., Tel. 05 59 66 24 22, 07 60 75 19 14. (4) Gîte L'Alchimiste, 10 B/HP 28 €, ganzj., Tel. 09 67 03 26 84, 06 32 78 13 76. (5) Gîte Casellas, 4 B/ÜF 30 €, HP 40 €, ganzj., Tel. 06 81 52 84 14, moradella-gnes@hotmail.com.

Alte Steinkreuze an der Abtei Sauvelade.

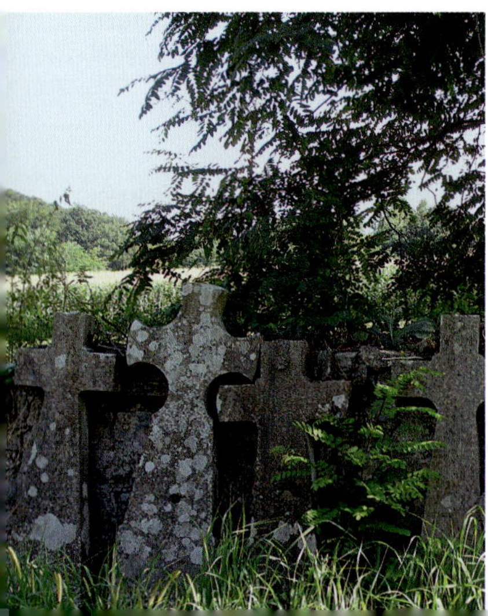

Die Strecke: Bis auf kürzere Abschnitte auf kleinen Straßen und Feldwegen. Vor Argagnon mündet die von Arthez-de-Béarn kommende Variante des GR. Nach Lagor zweigt nur ein Abstecher ab.

Höhenunterschied: 420 m im Aufstieg, 500 m im Abstieg.

Kritische Stellen: Keine.

Landschaft: Die Hügelketten werden immer wieder durch Bachläufe zerschnitten, sodass sich der Weg im ständigen Auf und Ab durch die Landschaft am Gave de Pau windet. Dieser Fluss markiert den Übertritt in die Region des Pyrenäenvorlandes.

Infrastruktur: Argagnon ; Maslacq A; Abbaye de Sauvelade ; Navarrenx A i.

Touristeninformation: OT Navarrenx, Place des Casernes, Tel. 05 59 38 32 85, navarrenx@bearndesgaves.com, www.tourisme-bearn-gaves.com.

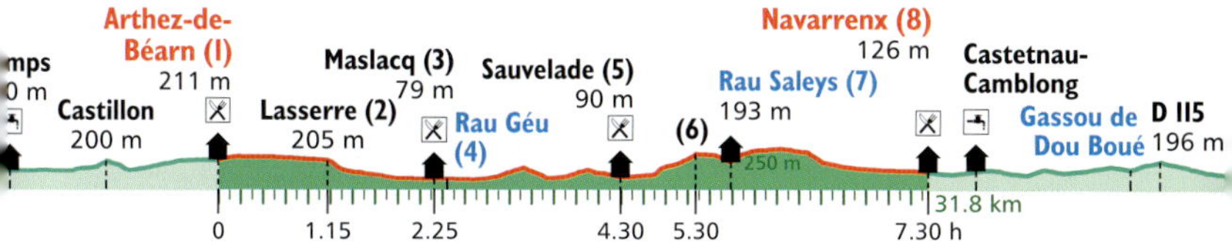

Im Zentrum von **Arthez-de-Béarn (1)** überqueren wir die D 946 und gehen geradeaus die Hauptstraße entlang. An einer Gabelung mit einem großen weißen Wegekreuz nehmen wir die Straße nach rechts. Dieser kleinen Straße, die in einen Feldweg übergeht, folgen wir für rund 3,5 km auf einem Hügelkamm. Nach einer Hochspannungsleitung erreichen wir am **Hof Lasserre (2)**, 205 m (1.15 Std.), eine geteerte Straße, der wir relativ steil bergab auf der Route d'Eglise ins Tal folgen. Dabei wandern wir durch ein Neubaugebiet, wobei sämtliche Abzweigungen ignoriert werden. Wir überqueren einen Bach, danach eine kleine Straße und erreichen dann sogleich Arganon, 90 m (1 Std.).
Der Hauptstraße folgend biegt unser Weg nach links ab und läuft auf einem Trampelpfad parallel zur Straße. Nach wenigen Metern halten wir uns rechts und überqueren auf der D 275 die Eisenbahnlinien, den Gave de Pau sowie die Autobahn. Vor der Brücke mündet die Variante von Arthez-de-Béarn auf den Hauptweg. Wir gehen weiter auf der D 275 bis **Maslacq (3)**, 79 m (10 Min.).
Im Ort biegen wir zweimal hintereinander nach links ab und gehen dann weiter auf der Hauptstraße bis ans Ortsende. Hier nehmen wir nach der Brücke über den **Bach Géu (4)** einen Weg nach links zum Hof von Lacluque. Dort wieder links und durch die Maisfelder in der Ebene parallel zum Gave de Pau wandern. Wir queren einen geteerten Weg und gelangen in unmittelbarer Ufernähe zur Hausruine von Guironolé. Hier führt der Jakobsweg nach rechts auf einem steilen Waldweg auf einen Hügel. Oben angekommen gehen wir nach rechts (nach links könnte man einen kurzen Abstecher zur Chapelle Notre-Dame de Muret unternehmen) weiter. Wir queren die D 9 und wenden uns an einem Haus sofort nach links auf einen Feldweg, um nach wenigen Metern vor der D 9, 202 m (1 Std.), nach rechts in den Chemin Saubade einzuschwenken.
Auf dieser Straße wandern wir bergab durch Felder und Wiesen und über den Bachlauf der Geu zum Gehöft La Comme. Hinter dem Hof biegen wir nach rechts zum Gehöft La Comme ab. Hinter dem Hof führt ein Weg durch einen Bachlauf und mündet nach 500 m in eine kleine Straße, die bergan führt. Auf dem Hügelkamm queren wir eine andere kleine Straße und folgen geradeaus dem Weg durch einen Mischwald bergab ins Tal der Laà. Über eine Brücke erreichen wir die Zisterzienserabtei von **Sauvelade (5)**, 90 m (1.05 Std.).

*Die Abtei von **Sauvelade** (aus dem Lateinischen »silva lata«, d. h. großer Wald), wurde 1127 von Benediktinern gegründet und wurde dann von Zisterziensern übernommen. Ganz im Stil der Architektur der Zisterzienser ist die Klosterkirche aus dem 13. Jh. betont schlicht und einfach. Allerdings ist der Grundriss der Kirche sehr ungewöhnlich, er wurde in Form eines griechischen Kreuzes angelegt. Auch diese Abtei wurde von den Truppen Montgomerys verwüstet; endgültig vertrieben wurden die Klosterbrüder während der Französischen Revolution.*

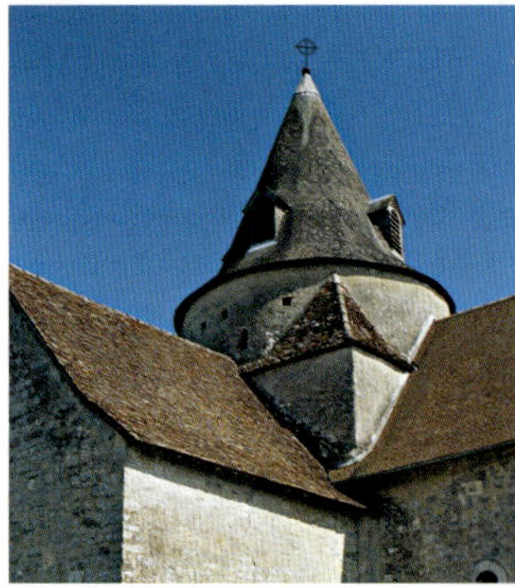

An der Abtei vorbei gelangen wir an einem Wegkreuz zur D 110, der wir nach links folgen. Nach 1 km nehmen wir eine kleine Straße nach rechts und nach wenigen Metern an der Gabelung die linke Variante. Bis Navarrenx wandern wir durch ein abwechslungsreiches Gelände mit Viehweiden und kleinen Wäldchen. Am schön renovierten Hof von **Bignan (6)**, 250 m (1 Std.), gehen wir nach rechts und an der folgenden Gabelung nach links weiter, bevor wir nach 250 m nochmals nach links zum **Bachlauf der Saleys (7)** abbiegen. An zwei Höfen vorbei geht es bergan und dann an einer Pumpstation nach links weiter. Wir überqueren eine kleine Straße und wandern weiter geradeaus am Hof Laborde vorbei.

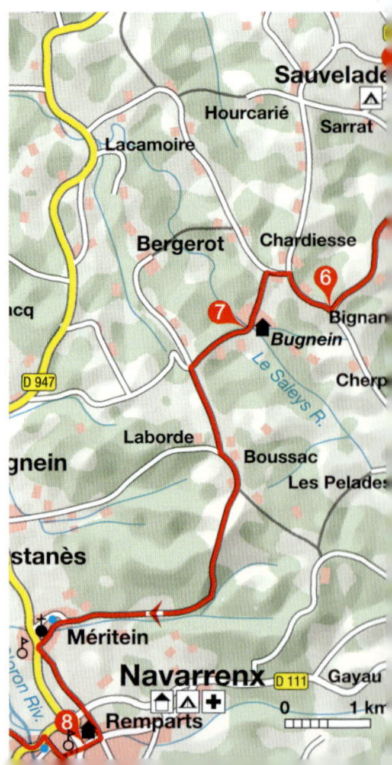

Nach dem Gehöft zweigt der GR 65 auf eine geteerte Straße nach rechts ab und führt durch einen hohen Laubmischwald. Wir kommen an einer Quelle vorbei, erreichen das Tal der Lucq und schließlich den Weiler Méritein. An den beiden folgenden Gabelungen nach links wenden und auf der Hauptstraße angekommen an der Kirche wenige Meter nach links gehen. Hier zweigt eine kleine Straße nach links ab, der wir über die Ebene zwischen Méritein und Navarrenx folgen. Wir unterqueren die D 11, biegen am Ortsrand von Navarrenx nach rechts ab und bleiben dann gerade-

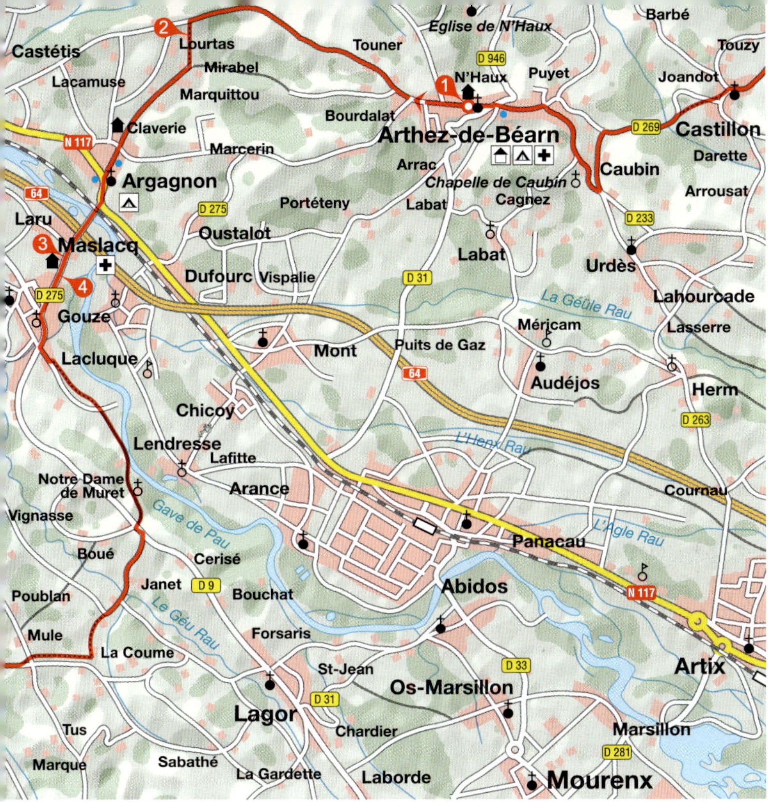

aus auf dieser Straße, auf der wir das historische Zentrum von **Navarrenx (8)**, 126 m (2 Std.), erreichen.

i *Der Namen des Ortes bezieht sich auf die Provinz Navarra, an deren Grenze sich diese Ansiedlung am Gave d'Oloron befand. Anfang des 14. Jh. wurde Navarrenx zu einer Bastide ausgebaut, was an den schachbrettförmigen Straßenzügen und dem zentralen Platz gut ersichtlich ist. Im 16. Jh. ließen der König von Navarra und seiner Frau Marguerite d'Angoulême die Stadt architektonisch neu gestalten und nach dem Vorbild der toskanischen Stadt Lucca eine Zitadelle errichten. Hauptattraktion des Ortes ist der Mauerwall mit seiner gesamten Wehrarchitektur und der wuchtigen Porte St-Antoine. Innerhalb der Stadt trifft man auf weitere militärische Bauwerke wie den Pulverturm, die Kaserne und das Zeughaus. Die spätgotische Kirche St-Germain stammt aus dem 16. Jh.*

27 Navarrenx – Aroue

4.30 Std.

20,4 km

Herbergen: Castetnau-Camblong (135 m, 450 EW): (1) Gîte aux 2 Anes, 15 B/ÜF ab 25 €, Essen 15 €, Küche, Pferd, ganzj., Tel. 06 73 53 49 57, 05 59 66 21 85. (2) Gîte Mouchoux, 5 B/ÜF ab 36 €, Essen 13 €, März–Dez., Tel. 06 21 11 84 33, contact@villamouchoux.com. (3) Gîte Chez Bouju, 8 B/ÜF 25 €, Essen 15 €, ganzj., Tel. 06 19 84 01 22, 05 59 66 01 86, montagne.francis@neuf.fr. **Lacorne** (192 m, <30 EW): Eco-Accueil, 6 B/Spendenbasis, Essen, Küche, Pferd, Mai–Okt., Tel. 06 13 29 02 19, 06 10 42 02 35. **Lichos** (100 m, 129 EW): Gîte, 6 B/ÜF 24 €, Küche, April–Okt., Tel. 05 59 28 81 39, 06 31 90 92 41. **Behoteguia:** (1) Gîte Maison Bellevue (1,5 km vor Aroue auf dem GR), 14 B/ÜF 16 €, Küche, engl., dt., ganzj., Tel. 05 59 65 70 19, 06 16 48 63 65. (2) Accueil à la Ferme Behoteguia, 26 B/ÜF ab 15 €, HP ab 30 €, keine Hunde, ganzj., Tel. 05 59 65 85 69. **Aroue** (109 m): Gîte communal, 12 B/10 €, Küche, Pferd, April–Nov., Tel. 05 59 65 95 54, 07 88 89 92 57.

Die Strecke: Kleine Straßen und Wanderwege mit geringen Höhendifferenzen. Keine Varianten oder Abzweigungen, nur Aroue liegt etwa 300 m abseits des Hauptweges. Die Markierung ist eindeutig.

Höhenunterschied: 230 m im Auf- und Abstieg.

Kritische Stellen: Keine.

Landschaft: Wir wandern durch eine sanft wellige Landschaft, die geprägt ist von Hügeln und zahlreichen kleinen Bachläufen. Mais und satte Weiden wechseln sich mit Wäldern und Wäldchen ab. Dabei gelangen wir über den Gave de Mauléon vom Béarn ins Baskenland.

Infrastruktur: Castetnau-Camblong; Lacorne; Lichos; Aroue.

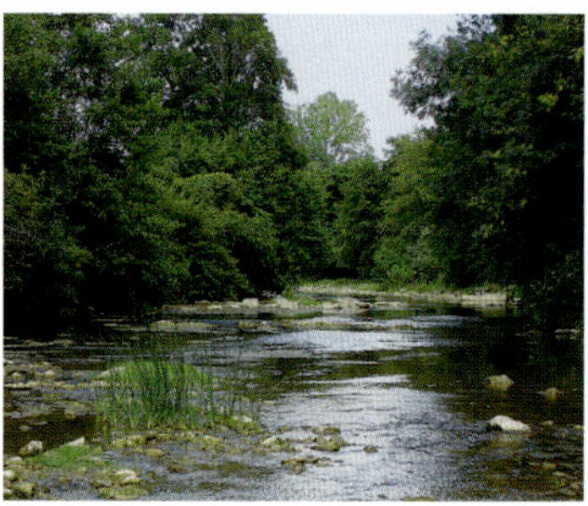

Zahlreiche Bäche und Flüsse durchziehen die Region.

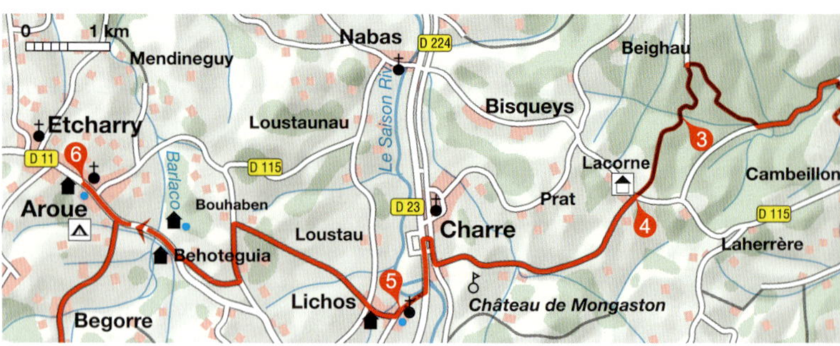

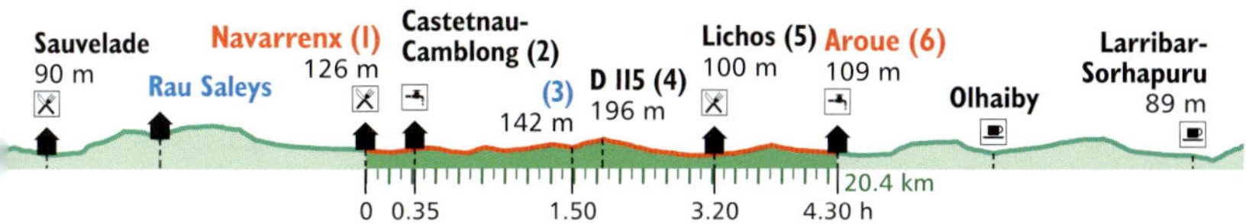

Vom historischen Zentrum von **Navarrenx (1)** gehen wir am Place des Armes nach links und verlassen durch die Porte St-Antoine den Ort bergab zur Brücke über den Gave d'Oloron. Wir folgen auf der anderen Uferseite der Straße nach rechts und geradeaus über einen Kreisverkehr hinweg. Auf dieser geht es weiter bis **Castetnau-Camblong (2)**, 135 m (35 Min.).

Am Ortseingang geht es nach rechts Richtung »Centre Bourg« bergan. Oben angekommen wenden wir uns nach links, an der Kirche vorbei, und wiederum nach links in die Rue de Debouté, die aus dem Ort hinausführt. Nach 800 m zweigen wir an einer Einfahrt nach links in die Rue de Camblong ab. Dieser Weg bringt uns über den Bach Lausset. An einer Gabelung weiter nach rechts durch einen Laubmischwald. An der nächsten Verzweigung geht es nach rechts am Waldrand entlang, über ein Bächlein und weiter im Wald bergan. An einer Gabelung wendet sich der GR nach rechts auf einen Pfad. Der Waldpfad mündet in einen Weg, auf dem wir den Bachlauf des Harcellane überqueren. Nach wenigen Metern gelangen wir zu einer geteerten Straße, auf der wir links und parallel zum Bachlauf weiter durch den Wald gehen. Nach 1,2 km biegen wir nach rechts auf einen Wanderweg, der über Weiden und durch ein Wäldchen einen Hang hochführt. Der Pfad stößt an einer Verzweigung auf einen Waldweg, dem wir nach links über den Bachlauf der **Gassou de Dou Boué (3)**, 142 m (1.15 Std.), folgen.

An einem Hangar geht es nach links und gleich darauf wieder nach links auf einen Weg, der bergan an Maisfeldern vorbei bis zur **D 115 (4)** führt. Der Jakobsweg quert diese geradeaus Richtung Château de Mongaston. Die Burgruine mit dem Donjon aus dem 13. Jh. bewachte einst die Furt über den Gave de Mauléon. Wir bleiben nun auf dieser kleinen Straße, ignorieren sämtliche Abzweigungen und biegen an einer Gabelung nach rechts ins Tal der L'Apaure ab. Unmittelbar nach der Brücke wandern wir an einer Gabelung nach links bergan und am Château de Montgaston vorbei. Weiter geht es bergab zum Weiler Cherbeys. Hier zweigen wir auf der D 224 nach rechts

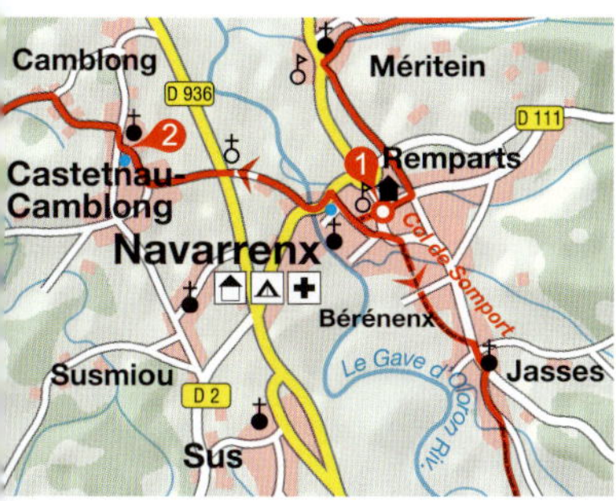

ab und nach 300 m nach links. Wir unterqueren die D 23, halten uns dann sofort nach links parallel der D 23 und überqueren auf einer Brücke den Flusslauf der Saison, der die Grenze zum Baskenland markiert. Auf der anderen Uferseite geht es nach rechts auf einem Weg durch Maisfelder bis zum Ortseingang von **Lichos (5)**, 100 m (1.15 Std.). Im Weiler zweigt der GR sogleich nach rechts ab. Nach Lichos durchqueren wir die hügelige Landschaft und queren eine Straße, nehmen den gegenüberliegenden Weg und wandern für 1,8 km durch Felder und Weiden. Beim Bauernhof Bouhaben, 193 m (35 Min.), gehen wir an der Wegverzweigung nach rechts über das Gehöft Sakhanel und dann auf dem Sträßlein nach rechts. Wir gelangen zur D 11, der wir nach rechts bis zum Château de Joantho (18. Jh.) folgen. Der Hauptweg zweigt hier nach links ab. Wir folgen jedoch dem Abstecher nach **Aroue (6)**, 109 m (35 Min.), geradeaus ins Ortszentrum.

i *Die romanische Kirche St-Etienne aus dem 12. Jh. wurde im 19. Jh. grundlegend umgebaut, sodass nur wenig von ihrer ursprünglichen Substanz erhalten ist. Über der Tür zur Sakristei soll in einem Relief, in dem ein Ritter mit einem Schwert dargestellt ist, der Apostel Jakobus als Maurentöter (Matamoros) zu erkennen sein.*

Pilger auf steinigen Wegen im Baskenland.

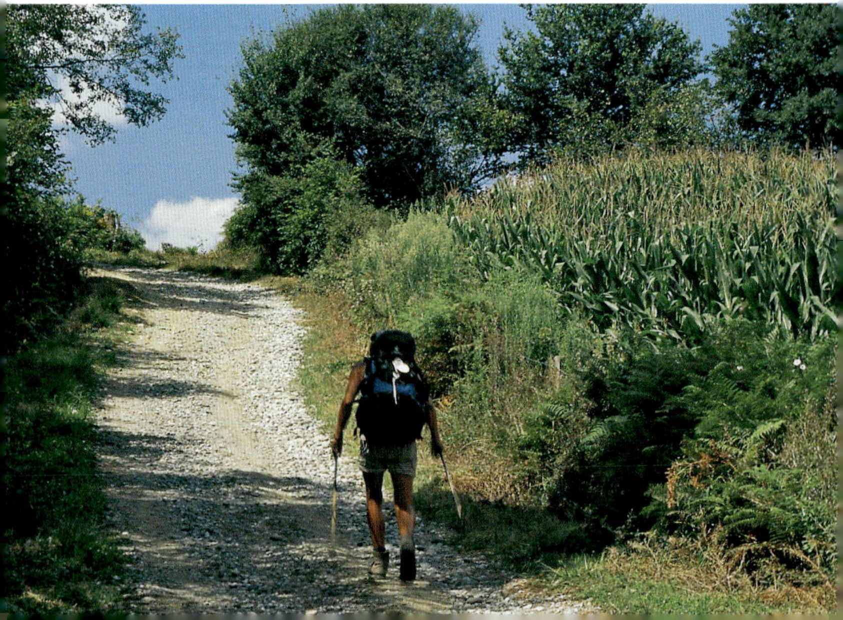

5.45 Std.
24,3 km

Aroue – Ostabat 28

Herbergen: St-Palais (50 m; Variante): (1) Gîte Soretena, 2 Ave. F. St.-Jayme, 4 B/ÜF 36 €, Essen 12 €, engl., ganzj., Tel. 06 10 10 73 97, 09 73 67 88 27. (2) Gîte Errekaldea, in Béhasque-Lapiste (rund 500 m östlich von St-Palais), 8 B/ÜF 19 €, Essen 14 €, Küche, Pferd, engl., ganzj., Tel. 06 32 10 95 87, 06 20 50 67 75. (3) Centre Bideak, 27 B/ÜF ab 9 €, Küche, April–Okt., Tel. 05 59 65 90 77, caminopa@hotmail.com. **Uhart-Mixe** (120 m): Gîte de l'Escargot (nach Chapelle de Soyarza nach links), 14 B/HP 35 €, Frühstück, Essen, Pferd, span., Tel. 05 59 65 60 00, 06 16 33 72 13, www.augitedelescargot.com. **Harambeltz** (220 m, <30 EW): Gîte Etxetoa, 3 Zi/20 €, Essen 15 €, Küche, Mai–Okt., Tel. 06 17 90 45 59, loustalot.jean@laposte.net. **Ostabat-Asme** (124 m, 285 EW): (1) Gîte, Maison Ospitalia, 10 B/13 €, Küche, April–Okt., Tel. 05 59 37 83 17, 06 10 04 65 75. (2) Gîte Burguzaharia, 6 B/ÜF 24 €, Küche, April–Okt., Tel. 05 59 65 46 69, 06 72 68 3 24. (3) Gîte Aire Ona, 12 B/ÜF ab 20 €, Küche, Pferd, Mitte April–Mitte Okt., Tel. 05 59 37 88 75, 06 33 65 77 15.

Die Strecke: Kleine Straßen und Wanderwege mit mäßigen Höhenunterschieden. Vom GR 65 zweigt nur eine Variante über St-Palais ab.

Höhenunterschied: 450 m im Auf- und Abstieg.

Kritische Stellen: Lediglich beim Abzweig der Variante über St-Palais vor dem Weiler Larribar-Sorhapuru ist eine erhöhte Aufmerksamkeit erforderlich. Der Auf- und Abstieg zur Chapelle de Soyarza ist relativ steinig und steil.

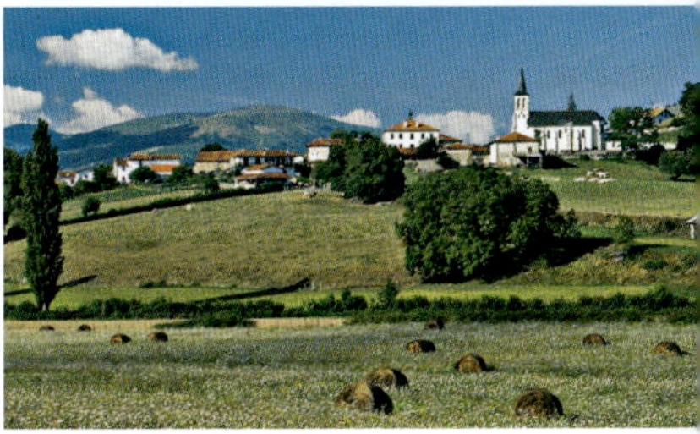

Blick auf Ostabat.

Landschaft: Diese Etappe führt uns weiter ins Baskenland mit seinen grünen Weiden, Wäldern, kleinen Weilern und Bauernhöfen. Die Ausblicke auf die ursprünglich wirkende Landschaft lassen die Pyrenäen in greifbare Nähe rücken.

Infrastruktur: Olhaiby (an der Kapelle); St-Palais i A; Larribar-Sorhapuru; Chapelle de Soyarza; Uhart-Mixe; Ostabat.

Touristeninformation: OT St-Palais (Abstecher); Place Charles de Gaulle, Tel. 05 59 65 71 78, saintpalais64@orange.fr, www.saintpalais-tourisme.com.

Anmerkung: Für Trinkwasser ist ausreichend gesorgt, während sich nur wenige Gelegenheiten bieten, Proviant einzukaufen oder Essen zu gehen.

Von **Aroue (1)** gehen wir auf der Durchgangsstraße zurück bis zum Château de Joantho. Hier zweigt der GR 65 rechts auf eine kleine Straße ab, die durch Weiden und Maisfelder geradeaus führt. Wir ignorieren sämtliche Abzweigungen, passieren den Bauernhof Begorre und wandern danach in einem großen Bogen in der hügeligen Landschaft: Nach dem Hof Begorre gehen wir zunächst geradeaus und nehmen dann an einer Gabelung den rechten von drei Wegen, der uns auf einem Feldweg bergan zum Hof Pague-

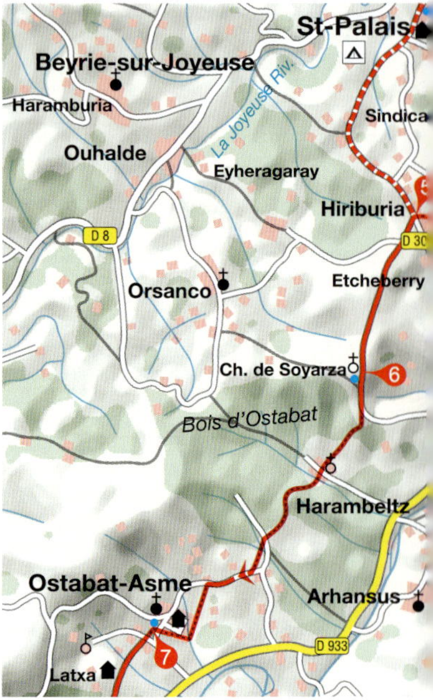

guy bringt. Hier biegt der Jakobsweg im spitzen Winkel nach links ab. An der nächsten Gabelung den Weg nach links einschlagen – nach rechts kommt man zur **Chapelle d'Olhaïby (2)**, 105 m (1.35 Std.). Die kleine romanische Kirche ist St-Just geweiht. Weiter geht es geradeaus am Hof von Etchecoin vorbei. An den folgenden zwei Gabelungen nach rechts abbiegen, bis wir wieder auf eine geteerte Straße stoßen. Hier gehen wir nach links und wandern für 2,5 km auf einem Schotterweg durch das Plateau d'Archelako, das einen bezaubernden Blick auf die Pyrenäen und das Vorland freigibt. Er mündet in einen Weg, auf dem wir rechts haltend nach wenigen Metern zum Gehöft Lukia, 210 m (1.05 Std.), gelangen.

Der Hauptweg verläuft weiter nach links, während die mit dem Muschelsymbol und der GR-Markierung gekennzeichnete **Variante nach St-Palais (3)** führt. Wir bleiben links und wandern auf einer kleinen Straße an Weiden und Höfen vorbei weiter bergab bis zur D 242, an der wir nach rechts abbiegen. Entlang der Straße geht es für 1 km bis zu einer Gabelung, an der wir uns nach links wenden und schließlich geradeaus den Weiler **Larribar-Sorhapuru (4)**, 89 m (50 Min.), erreichen. Im Ort geht es bergab zur D 933, die wir auf einer Brücke überqueren und zum Weiler Etchartia gelangen. Weiter geht es geradeaus, wobei wir einem Schild »Stèle de Gibraltar« bis zum Bachlauf der Bidouze folgen. Nach der Brücke halten wir uns links und wandern durch Felder und Wald bergan nach Hiriburia. Hier wenden wir uns nur wenige Meter nach rechts und gelangen so zur Stele. Dieser Ge-

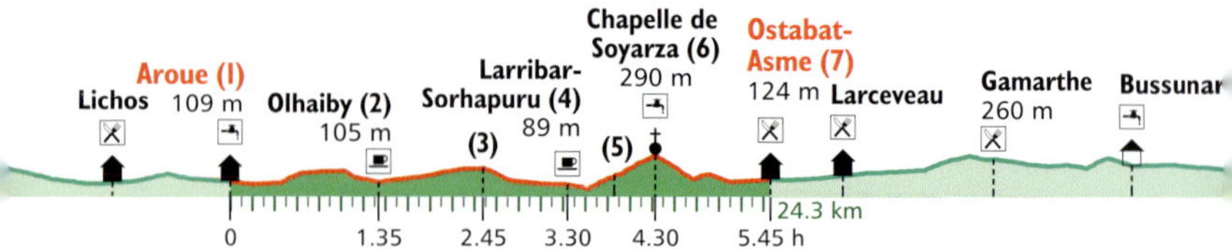

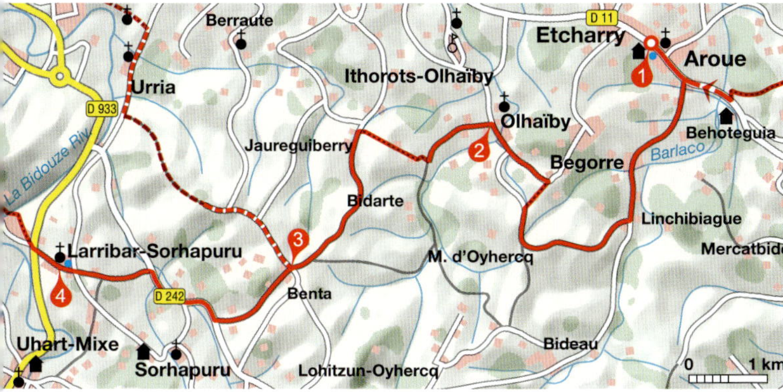

denkstein, der einem baskischen Grabstein nachempfunden ist, markiert laut der Jakobusforschung das Zusammentreffen der Via Podiensis mit den beiden anderen Wegen von Vézelay und Tours sowie der **Variante von St-Palais (5)**. Nun queren wir die D 302 schräg links und folgen einem relativ steilen und steinigen Prozessionsweg bergan bis zur **Chapelle de Soyarza (6)**, 290 m (1 Std.), die an der Stelle der alten Kapelle Notre-Dame de la Garde errichtet wurde.

An der Kapelle kann man einen wunderbaren Panoramablick auf den Pyrenäenkamm genießen (Orientierungstafel). Auch der Weg bergab ist steil und steinig. Wir gelangen erneut zu einer Stele, an der wir nach rechts auf einen Wanderweg abzweigen, der bergab zum Hof Harambeltz führt. Wir durchqueren den Hof nach rechts und kommen an der ehemaligen Abtei und dem Hospiz St-Nicolas mit der kleinen romanischen Kirche aus dem 12. Jh. vorbei. An der nächsten Gabelung geht es nach rechts in den Wald hinein. Nach dem Bachlauf des Harambelzeko biegen wir nach etwa 300 m nach rechts ab, dem Hauptweg folgend, auf dem wir geradeaus einen Forstweg queren. Auf einer kleinen Straße gehen wir dann nach rechts und ignorieren alle Abzweigungen. An einer Stele zweigt der GR 65 von der Straße nach links ab, der uns in Sichtweite von **Ostabat (7)**, 124 m (1.15 Std.), zu den ersten Häusern des Ortes führt. Das Ortszentrum erreichen wir auf einer nach rechts bergan führenden Gasse.

i ***Ostabat** wird ebenfalls als Sammelpunkt der Via Podiensis, der Via Lemovicensis und der Via Turonensis beschrieben. Immerhin konnten in Ostabat während der mittelalterlichen Blütezeit der Jakobswallfahrt mehrere tausend Pilger beherbergt werden. Sicher ist, dass sich der Ort an der wichtigen Römerstraße bildete, die von Bordeaux über Pamplona nach Astorga verlief.*

29 Ostabat – St-Jean-Pied-de-Port

5.30 Std.
22,9 km

Herbergen: Gaineko Etxea/Ostabat: Gîte/Ferme Gaineko-Etxea, 30 B/HP ab 38 €, Pferd, engl., April–Okt., Tel. 05 59 37 81 10, 06 72 73 78 56, lucie.eyharts@wanadoo.fr. **Larceveau** (147 m): (1) Gîte Bichta Eder, 5 B/HP 35 €, keine Hunde, engl., April–Okt., Mi/Do geschl., Tel. 05 59 37 49 24, 06 86 67 77 91. (2) Gîte Paradis, Mendiondoua (knapp 2 km nach Larceveau), 6 B/ÜF 25 €, Essen 12 €, Küche, Tel. 05 59 37 82 67, 06 81 43 12 47. (3) Refuge Ancien Moulin du Prieuré Hôpital d'Utziate, 4 B/Spendenbasis, ganzj. **St-Jean-Pied-de-Port** (180 m, 1600 EW): (1) Refuge municipal, 32 B/10 €, Frühstück, Küche, ganzj., Tel. 06 17 10 31 89. (2) Gîte Zuharpeta, 14 B/ÜF 18 €, Essen 12 €, März–Nov., Tel. 05 59 37 35 88, 06 21 30 03 05. (3) Gîte Zazpiak Bat, 18 B/HP 36 €, Küche, keine Hunde, ganzj., Tel. 05 59 49 10 17, 06 75 78 36 32, www.gite-zazpiak-bat.com. (4) Gîte Ultreia, 15 B/ÜF 22 €, Essen, Küche, März–Okt., Tel. 06 80 88 46 22, gite.ultreia@vertesmontagnes.fr. (5) Gîte Beilari, 18 B/HP 33 €, keine Hunde, engl., März–Okt., Tel. 05 59 37 24 68. (6) Gîte Azkorria, 14 B/ÜF ab 29 €, engl., ganzj., Tel. 05 59 37 00 53, 06 21 16 94 76. (7) Gîte Izaxulo, 20 B/ÜF 22 €, Küche, engl., März–Okt., Tel. 05 24 34 19 00, 06 84 33 12 05. (8) Auberge du Pèlerin, 43 B/ÜF ab 22 €, März–Okt., Tel. 05 59 49 10 86, 06 85 58 59 41. (9) Gîte Buen Camino, 15 B/ÜF ab 20 €, Essen 13 €, Febr.–Okt., Tel. 06 63 26 12 02, 05 59 37 25 23. (10) Accueil paroissial Kaserna, 14 B/HP ab 20 € plus Spendenbasis, April–Okt., Tel. 05 59 37 65 17. (11) Gîte Antton, 14 B/HP ab 36 €, April–Okt., Pferde, Tel. 06 65 19 50 73, 09 82 55 13 20, compostelle@giteantton.fr.

Die Strecke: Keine Varianten oder Abzweige; immer klar gekennzeichnet. Der Jakobsweg führt im beständigen Wechsel von Wanderwegen und vor allem kleinen Straßen bis St-Jean-Pied-de-Port.

Höhenunterschied: 260 m im Aufstieg, 200 m im Abstieg.

Kritische Stellen: Keine.

Landschaft: Diese Etappe ist der Auftakt zu den Pyrenäen: wir nähern uns unaufhörlich der Bergkette, die jedoch noch recht sanft hier im Vorland ausläuft. Es geht nochmals durch eine liebliche Landschaft mit kleinen Orten, die verstreut im Grün der Weiden und Wälder liegen. St-Jean-Pied-de-Port liegt am Fuße der erst ab hier steil ansteigenden Pyrenäen.

Infrastruktur: Larceveau; Gamarthe; Bussunarits; St-Jean-le-Vieux; St-Jean-Pied-de-Port.

Touristeninformation: OT St-Jean-Pied-de-Port, Place du Général de Gaulle, Tel. 05 59 37 03 57, www.pyrenees-basque.com.

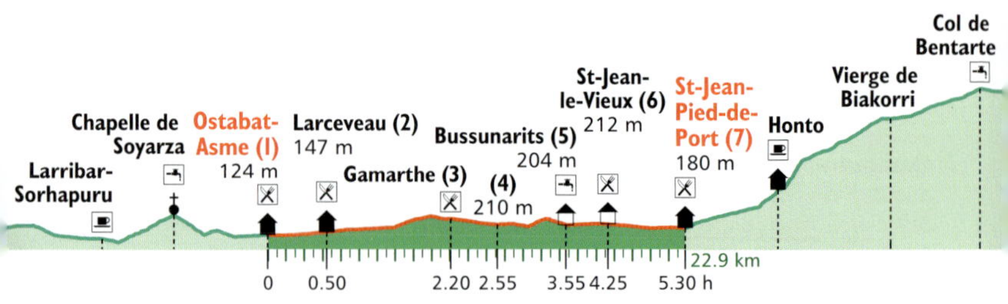

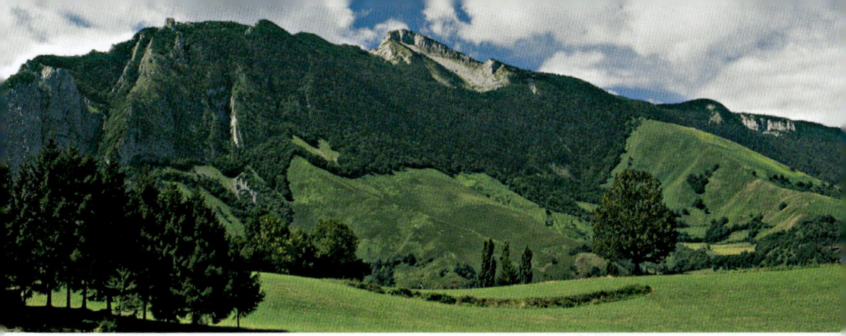

Bei St-Jean-Pied-de-Port.

Vom oberen Zentrum von **Ostabat-Asme (1)** geht es auf der Durchgangsstraße zum westlichen Ortsrand. Hier zweigt von der D 508 nach rechts eine kleine Straße ab, die durch Weiden sowie einzeln stehende Häuser und Höfe führt. Wir überqueren eine Straße geradeaus und gehen auf einem Wanderweg weiter, der wieder in eine geteerte Straße übergeht und beim Weiler Larramendia nach links zur D 933 abzweigt. Wir folgen dieser 500 m nach rechts bis **Larceveau (2)**, 147 m (50 Min.). Hier zweigen wir nach rechts von der D 933 ab. Dieser Weg biegt nach wenigen Metern erneut rechts ab und wir wandern durch Wohngebiete und Felder.
Nach Chahara geht es vor einem Hof nach rechts auf einen Pfad, der bei Bastida Choko wieder in eine kleine Straße übergeht. Nach einer Brücke zweigt der GR 65 links ab und führt zurück zur D 933, der wir auf einem Weg neben der Straße folgen. Auf der Höhe des Weilers Utxiat macht der Weg eine Rechtskurve, nach der wir sofort nach links abbiegen. Durch ein Gatter geht es auf einem Weg, der weiterhin parallel zur D 933 am Waldrand entlangführt. Der Wanderweg erreicht wieder die Straße und läuft jetzt als Trampelpfad etwa 800 m weiter. An einem alten steinernen Wegkreuz zweigt der Jakobsweg nach links auf eine kleine Straße ab, der wir bis **Gamarthe (3)**, 260 m (1.30 Std.), folgen.
Im Ort geht es nach links auf einer Dorfstraße weiter, die auf die kleine Straße mündet, die uns bis Mongelos bringt. Hier erreichen wir wieder die D 933, die wir nach links für wenige Meter einschlagen und dann nach links auf einem geteerten Weg verlassen. Nach der Brücke gehen wir an einem Abzweig nach rechts und folgen diesem Weg nun geradeaus, alle Abzweigungen ignorierend, mit einem schönen Blick auf die Pyrenäen. Nach rund 600 m kommen wir am **Gehöft Larraldeborda (4)** vorbei. Nach weiteren 400 m gehen wir an einer Gabelung mit einem Viehgatter (*passage canadien*) nach links und bleiben wiederum stets auf diesem Weg geradeaus. Am Weiler **Bussunarits (5)** erreichen wir die D 120, der wir nach rechts, am Château d'Apat vorbei, folgen. An der nächsten Kreuzung gehen wir geradeaus in eine Wohn-

straße, die in eine Hauptstraße mündet, auf der wir nach rechts und dann die D 933 querend, das Zentrum von **St-Jean-le-Vieux (6)**, 212 m (2.05 Std.), erreichen.

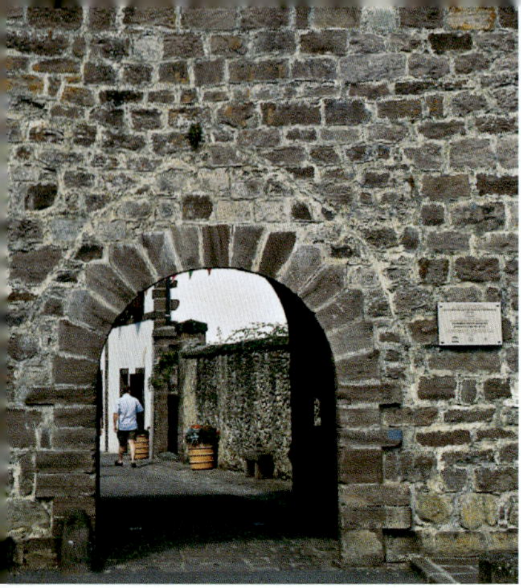

Stadttor von St-Jean-Pied-de-Port.

i ***St-Jean-le-Vieux** war bereits bei den Römern eine Station an der Straße über den Pass nach Roncesvalles. Die heutige Streckenführung der Via Podiensis über St-Jean-Pied-de-Port hat sich erst später herausgebildet. Die romanische Dorfkirche St-Pierre besitzt ein schönes Portal aus dem 12. Jh., das als einziges Dokument aus dieser Zeit von der Kirche erhalten geblieben ist.*

Am Place de Fonton geht es nach links in eine Gasse, die schnell aus dem Ort herausführt. Der GR führt durch eine Unterführung und dann gleich nach links weiter durch die Felder. Wir erreichen eine Siedlung und gehen an der ersten Gabelung nach links auf die D 933, der wir für wenige Meter nach rechts folgen. Wir queren die Straße und nehmen einen schönen Alleenweg nach links. An der nächsten Gabelung geht es nach rechts durch den Teilort La Madeleine. Wieder ignorieren wir alle Abzweigungen, wenden uns an der kleinen Kirche Ste-Marie-Madeleine-de-la-Recluse links, und wandern über eine Brücke weiter auf **St-Jean-Pied-de-Port (7)**, 180 m, zu. Kurz bevor wir die Altstadt erreichen, kreuzen wir die D 401 und gehen gegenüber auf der ansteigenden Straße weiter. Wir gelangen zur Stadtmauer am Portal St-Jacques und sind in der Rue de la Citadelle und damit im Herzen der Stadt angekommen (1.05 Std.).

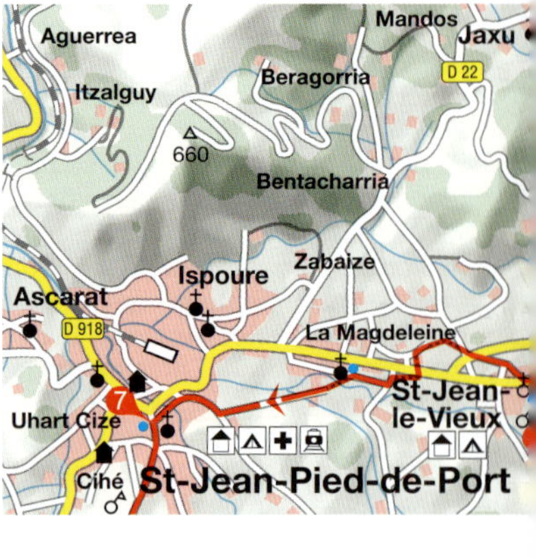

i ***St-Jean-Pied-de-Port** ist der letzte Ort vor der spanischen Grenze und der Pyrenäenüberquerung. Hier sammelten und sammeln sich auch heute zahlreiche Pilger, die sich auf die letzte große Strecke des Jakobsweges quer durch Spanien bis nach Santiago de Compostela begeben. Die Stadt-*

befestigung stammt aus dem 15. Jh. und wurde im 17. Jh. unter Vauban verstärkt. Die Kirche Notre-Dame-du-Bout-du-Pont wurde zwischen dem 14. und 15. Jh. im Stil der Gotik errichtet, wobei der Kirchturm gleichzeitig als Turm des Brückentores über die Nive fungiert. Über der Altstadt und der Kirche wacht auf dem Hügel die Zitadelle über St-Jean-Pied-de-Port.

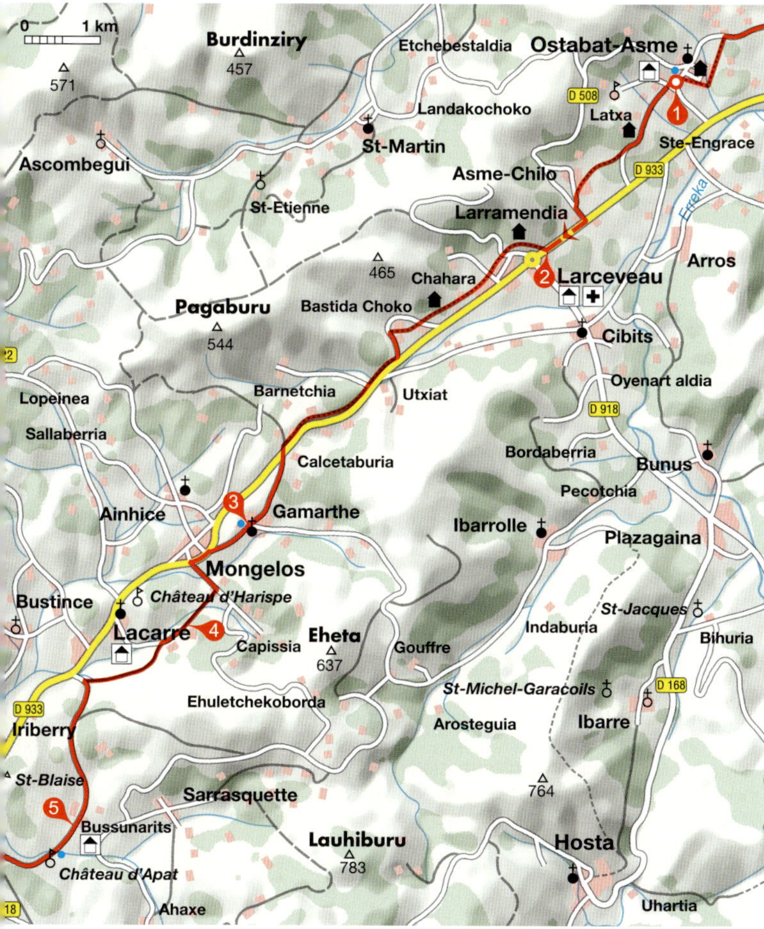

30 St-Jean-Pied-de-Port – Roncesvalles

6.45 Std.
24,5 km

Herbergen: Uhart-Cize (166 m, 30 EW): (1) Gîte La Coquille Napoléon, 10 B/15 € (20 € im Winter), Frühstück, Pferd, ganzj., engl., span., Tel. 06 62 25 99 40. (2) Gîte Portaleburu, 6 B/18 €, engl., ganzj., Tel. 05 59 49 10 74, 06 43 04 62 04. **Honto** (500 m): Gîte/Ferme Ithurburia, 13 B/ÜF ab 17 €, Essen 18 €, Küche, Pferd, engl., span., ganzj., Tel. 05 59 37 11 17, 06 80 53 00 46. **Roncesvalles** (962 m, 30 EW): Albergue de la Colegiata, 180 B/ab 8 €, Pferde, ganzj., Tel. +34/94 87 60 000.
Die Strecke: Die letzte Etappe der Via Podiensis verläuft größtenteils auf kleinen Straßen. Im zweiten Teil der Strecke geht es auf guten Wanderwegen bergan. Bis zur spanischen Grenze ist der Weg weiterhin mit der weiß-roten GR-Markierung gekennzeichnet, die dann von gelben Pfeilen abgelöst wird.
Höhenunterschied: 1300 m im Aufstieg, 520 m im Abstieg.
Kritische Stellen: Schwierigkeiten können vor allem bei Nebel – aufgrund schlechter Sichtverhältnisse – auftreten. Im Winter unbedingt vorab nachfragen, ob die Strecke begehbar ist. Es besteht noch die Möglichkeit, entlang der D 933 bzw. N 135 nach Roncesvalles zu gelangen. Allerdings ist von diesem Unterfangen aufgrund des dichten Verkehrs abzuraten.
Landschaft: Gewiss kann diese Etappe als »Königsetappe« bezeichnet werden, nicht nur, was die Höhenunterschiede betrifft, sondern vor allem aufgrund des landschaftlichen Hochgenusses. Schnell steigt der Weg von St-Jean-Pied-de-Port auf der Route Napoléon an, sodass sich immer wieder überraschende und weite Ausblicke ins Pyrenäenvorland sowie auf die Gipfel und Täler des Pyrenäenkamms ergeben.
Infrastruktur: Honto; Orisson; Col de Bentarte; Roncesvalles.
Touristeninformation: OT Roncesvalles, Tel. 00 34 94 87 90 480, www.turismo.navarra.es.
Anmerkung: Trotz des Höhenunterschieds ist die Route Napoléon auch für weniger erfahrene Wanderer mit durchschnittlicher Kondition sehr gut zu bewältigen. Die Steigungen sind relativ kontinuierlich bzw. gleichmäßig und der Untergrund ist gut begehbar. Die Wetterentwicklung sollte man gut beobachten, denn Wetterwechsel erfolgen in der Region sehr rasch. Ausreichend Sonnenschutz, Wasser und Proviant sind trotz vieler Quellen am Weg ratsam.

Über die Rue de la Citadelle gehen wir an der Kirche von **St-Jean-Pied-de-Port (1)** vorbei, queren über eine mittelalterliche Brücke den Flusslauf der Nive und verlassen die Stadt über die Rue d'Espagne. Ein Verkehrsschild zeigt den Weg »Chemin de St-Jacques« geradeaus über die Rue de Maréchal Harispe zur Route Napoléon.
Im ersten Abschnitt ist der Weg relativ steil und führt an einzelnen Häusern und Höfen vorbei. An einer Gabelung nach 3,5 km geht es nach rechts weiter die kleine Straße (D 428) bergan. Wir folgen dieser stets geradeaus und ignorieren alle Abzweigungen bis **Honto (2)**, 500 m (1.25 Std.). Von Honto wandern wir zunächst auf der Straße weiter, die wir nach 300 m nach links auf einen Wanderpfad verlassen, der sich in Serpentinen durch die Weiden schlängelt. Der Pfad trifft wieder auf die Straße, der wir nun weiter nach links

an einer Informationstafel vorbei folgen. Ohne Abzweigung gelangen wir auf der D 428 zur Bar Orisson. Wir wandern weiter auf der kleinen Straße, bis wir sie für kurze Zeit auf einem Pfad nach rechts verlassen, bis er nach knapp 1,5 km wieder auf die Straße mündet, der wir bis zu einer Gabelung folgen. Linker Hand ist die **Vierge de Biakorri (3)**, 1095 m (1.50 Std.), auf einem Felsen hoch über dem Tal der Nive zu besichtigen. Wir gehen nach rechts an den Ruinen des Château-Pignon vorbei und wenden uns am Abzweig der D 128 nach links, weiterhin der D 428 folgend, bergan. Nach 2,3 km zweigt der GR 65 am Pic Urdanasburu an einem Steinkreuz, dem Croix Thibaut, nach rechts auf einen Wiesenpfad ab. Wir kommen an einer kleinen Schutzhütte vorbei und gelangen zum Rolandsbrunnen am **Col de Bentarte (4)**, 1344 m (1.15 Std.). Dies ist die letzte Station auf französischem Boden, denn bereits nach wenigen

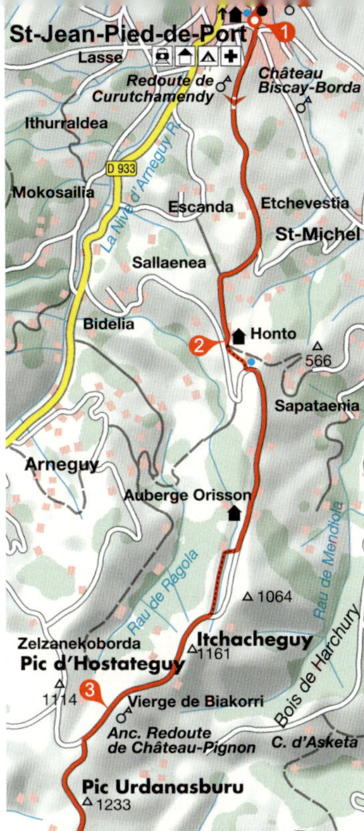

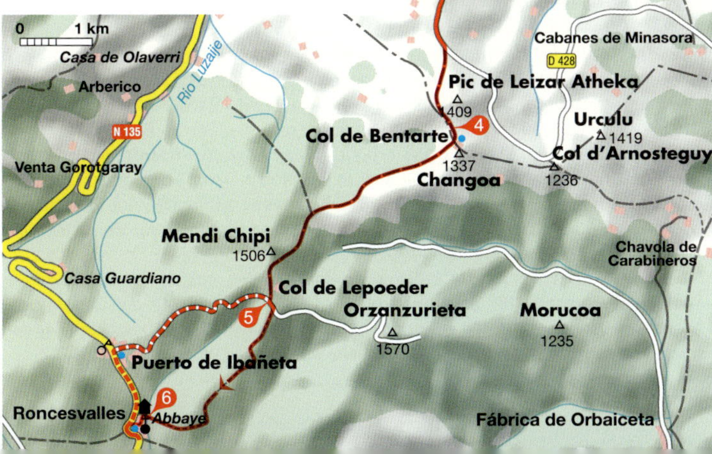

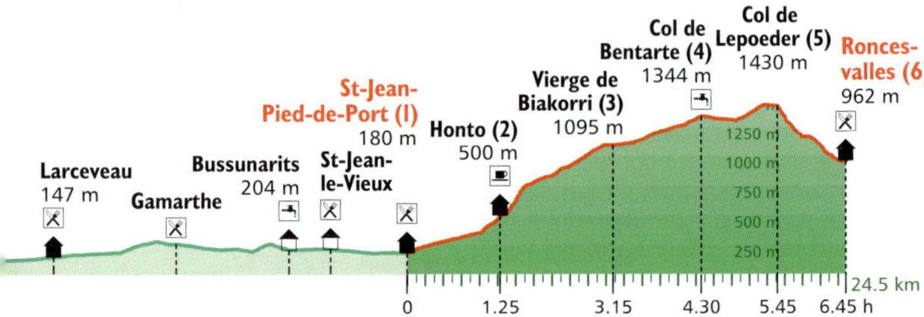

Metern überschreitet man die französisch-spanische Grenze und befindet sich in der Region Navarra. Hier kennzeichnen die gelben Pfeile den Camino Francés, wie der Jakobsweg in Spanien genannt wird. Nun geht es auf Forstwegen und Pfaden zum höchsten Punkt der Etappe, dem **Col de Lepoeder (5)**, 1430 m (Cisa-Pass, 1.15 Std.). Hier bietet sich die Möglicheit, nach rechts über die Straße, dem GR 12 folgend, nach Roncesvalles zu gelangen. Wir aber folgen am dortigen Wegweiser dem GRT 7 geradeaus, überqueren eine kleine Straße und folgen dem deutlich abschüssigen Pfad durch den Wald. Alternativlos wandern wir auf dem Pfad weiter, der allmählich flacher wird. An einer Kreuzung geht es nach rechts auf einem Wirtschaftsweg und alsbald über einen Bach hinweg zum Kloster **Roncesvalles (6)**, 962 m (1 Std.).

i *Hier bei **Roncesvalles** soll der heldenhafte Roland und treueste Gefährte Karls des Großen auf dem Rückzug des Spanienfeldzugs einen ehrenhaften Tod gestorben sein. Die Ursprünge des Klosters von Roncesvalles gehen bis ins 12. Jh. auf den Bischof von Pamplona und den König von Navarra zurück, die ein Hospiz errichten wollten. Die Abtei wurde bereits 1346 direkt dem Papst in Rom unterstellt. Während des 16. Jh. litt die Klosteranlage stark unter den Kriegswirren, blieb jedoch von der Französischen Revolution, die auch über die Grenzen Frankreichs hinweg ihre zerstörerischen Auswirkungen zeigte, weitgehend verschont.*
Die heute dreischiffige Marienkirche von Roncesvalles wurde zu Beginn des 13. Jh. eingeweiht. Sie ist im Stil der Gotik erbaut, mit einer großen Rosette in der Westfront. Über dem Hauptaltar ist die Statue der Notre-Dame von Roncesvalles angebracht. Im Kreuzgang aus dem 14. Jh. fanden einst zahlreiche Adelige und Kirchenfürsten ihre letzte Ruhe. Im 16. Jh. stürzte er zusammen mit dem Dach der Kirche ein und wurde ein Jahrhundert später wieder aufgebaut. Die Kapelle zum Heiligen Geist ist das älteste Bauwerk in Roncesvalles, das an der Stelle, an der Roland gefallen sein soll, errichtet wurde. Hier sollen nicht nur die Gebeine der Mitstreiter, sondern auch die von später verstorbenen Pilgern bestattet worden sein. Daneben steht die St-Jakobus-Kapelle aus dem 12. Jh.

5.15 Std.

24 km

Navarrenx – Oloron-Ste-Marie

27-V

Herbergen: Oloron-Ste-Marie (248 m, 23.000 EW): Gîte Le Relais du Bastet, 19 B/ 12,50 €, April–Okt., Tel. 06 44 80 70 96.
Die Strecke: Der Abschnitt ist nicht durch die weiß-rote GR-Kennzeichnung markiert. Teilweise geht es auf Wegen, die als PR (Petite Randonée) ausgewiesen sind (gelbe Markierung). Wir wandern v. a. auf kleinen Straßen und Feldwegen ohne nennswerte Höhenunterschiede zwischen dem Flusslauf des Gave d'Oloron und der parallel dazu verlaufenden Departementstraße. Diese Route ist die kürzeste Verbindung zwischen der Via Podiensis und dem aus Arles kommenden Zweig des Jakobsweges (GR 653), der ab Oloron-Ste-Marie über den Col du Somport führt.
Höhenunterschied: 170 m im Aufstieg, 50 m im Abstieg.
Kritische Stellen: Da es keine Markierungen gibt, empfiehlt es sich, nach der ausführlichen Beschreibung und dem Kärtchen zu wandern.
Landschaft: Es geht vorbei an kleinen bäuerlichen Weilern durch die Flussaue des Gave d'Oloron. Dabei durchqueren wir eine landwirtschaftlich intensiv genutze Ebene, in der vor allem Mais angebaut wird. Kurz vor Oloron-Ste-Marie stoßen wir auf den GR 653, der die Pilger von Arles zum Col du Somport führt, wobei wir einen herrlichen Panoramablick auf die Stadt und die Pyrenäenkette genießen können.
Infrastruktur: Préchacq-Navarrenx ; Verdets ; Oloron-Sainte-Marie .
Touristeninformation: OT Oloron-Ste-Marie, Allées du Comte de Tréville, Tel. 05 59 39 98 00, www.tourisme-oloron.com.
Anmerkung: Wir passieren zwar immer wieder kleine Ortschaften, jedoch ohne Möglichkeit zur Einkehr oder zum Einkauf. Auch an ausreichend Trinkwasser denken, nicht jedes Dorf hat einen Brunnen mit entsprechender Wasserqualität.

Wir gehen an der Kirche von **Navarrenx (1)** nach rechts leicht bergan zur Ringstraße, die um den historischen Kern führt, und biegen links in sie ein. An der Post zweigen wir auf die Durchgangsstraße nach rechts ab und gehen etwa 500 m weiter geradeaus, bis wir nach dem Shoppi-Einkaufsmarkt in die Rue de la Fontaine de Prat nach rechts einschwenken. Hier geht es am Bachlauf entlang über eine Brücke und an einem alten Brunnen vorbei. Nach rund 200 m biegen wir nach rechts, Richtung Jasses ab und wenden uns an der Gabelung nach 50 m nach rechts auf einen Feldweg, der zwischen Feldern an einem Zaun entlang führt. Nach 500 m stößt der Weg zwi-

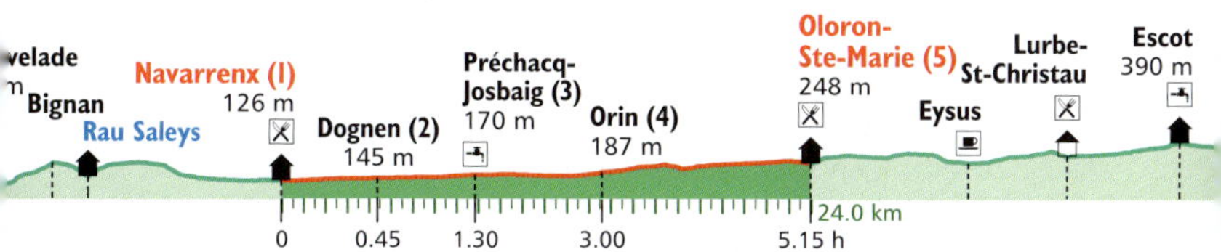

schen den Häusern des Weilers Jasses auf die D 2. Auf der Straße nach rechts weiter bis zum Place St-Barthelemy. Auf der D 2 geht es an der Kirche und dem Friedhof vorbei. Nach einigen Metern gehen wir an der Gabelung mit der D 27 nach rechts weiter auf der D 2 und über eine Brücke. Am Ortsende von Jasses biegen wir am letzten Haus nach rechts auf einen gelb markierten Feldweg ab. Nach 700 m wenden wir uns an einer Gabelung mit einem Wegekreuz nach rechts Richtung **Dognen (2)**, das wir nach 1 km erreichen. An der Kreuzung im Weiler geradeaus bis zur Kirche, an der wir nach rechts abzweigen. Gleich an der nächsten Gabelung gehen wir nach links Richtung Gurs. Am Ortsende von Dognen nehmen wir am letzten Haus die kleine Straße nach links. Diese führt zum kleinen Weiler Les Chrétiens, in dem wir geradeaus eine kleine Straße überqueren und nach knapp 100 m an einer weiteren Kreuzung nach rechts abzweigen. Diesem Sträßchen folgen wir nun stets geradeaus bis **Préchacq-Navarrenx**, 156 m (1.45 Std.). Im Ort treffen wir auf die D 25, der wir nach rechts aus dem Ort hinaus folgen. Nach gut 600 m überqueren wir den Flusslauf des Gave d'Oloron und halten weiter geradeaus auf den Ortsrand von Préchacq-Josbaig zu. Im Ortszentrum von **Préchacq-Josbaig (3)**, 170 m (1.10 Std.), treffen wir auf den rot-weiß gekennzeichneten GR 78, dem wir von nun an bis Oloron-Ste-Marie folgen. Wir biegen im Ortskern nach links und folgen einer kleinen Ortsverbindungsstraße durch die Felder und Wiesen ostwärts bis Aren, das in unmittelbarer Nähe des Flusses gelegen ist.

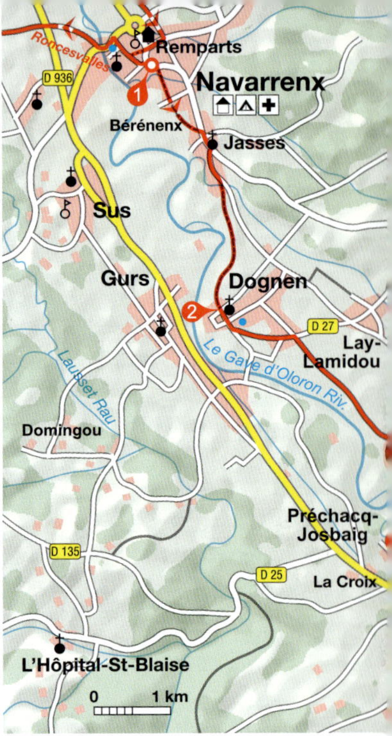

In Aren kommen wir an der Dorfkirche vorbei und halten uns dann nach rechts aus dem Dorf hinaus auf einem befestigten Feldweg, der uns wiederum durch die landwirtschaftlich geprägten Fluren in südliche Richtung führt. Allmählich gelangen wir ans Ufer des Gave d'Oloron, an dem wir für eine kurze Strecke entlangwandern. Etwa 500 m nachdem wir das Ufer verlassen haben, überqueren wir die D 936 und kommen nach weiteren 600 m in

Orin (4), 187 m (1.30 Std.), an. In dem kleinen Ort geht es auf der Durchgangsstraße nach links und sogleich nach rechts. Der GR 78 bringt uns schnell aus dem Dorf hinaus, wobei wir unserem Weg durch das sanft-hügelige Gelände, das von zahlreichen kleinen Rinnsalen und Bachläufen durchzogen ist, in südöstliche Richtung folgen. Am Ortsende biegen wir nach rechts ab, folgen dem Sträßlein für etwa 700 m, wenden uns an der Gabelung nach links und vertrauen weiter der GR-Markierung, die uns mehr als 2 km nach Orin zu einer T-Kreuzung bringt. Vor dem Tal des Le Vert, der alsbald in den Gave d'Oloron mündet, orientieren wir uns nach rechts, steigen ins Tal hinab, überqueren den Fluss an der Pont de César und erreichen somit den Ort Moumour, 210 m (1.10 Std.).

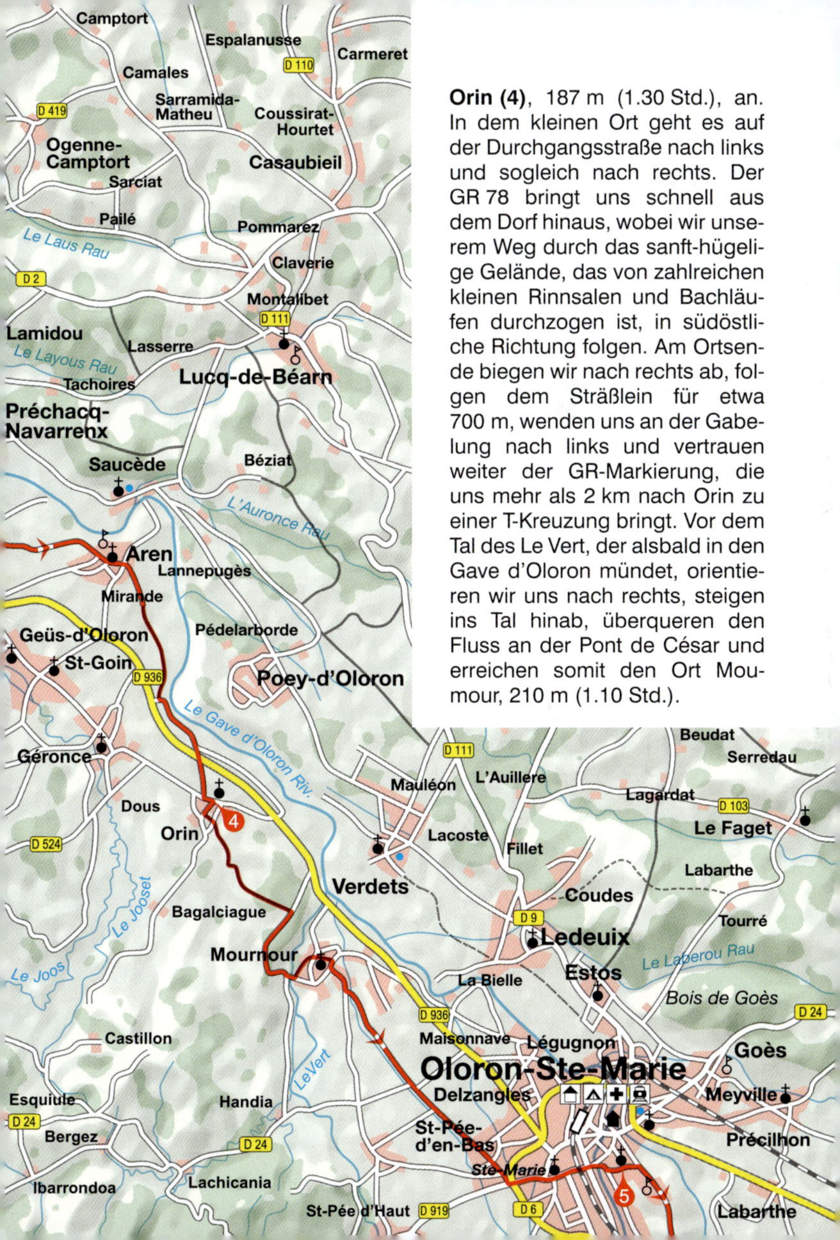

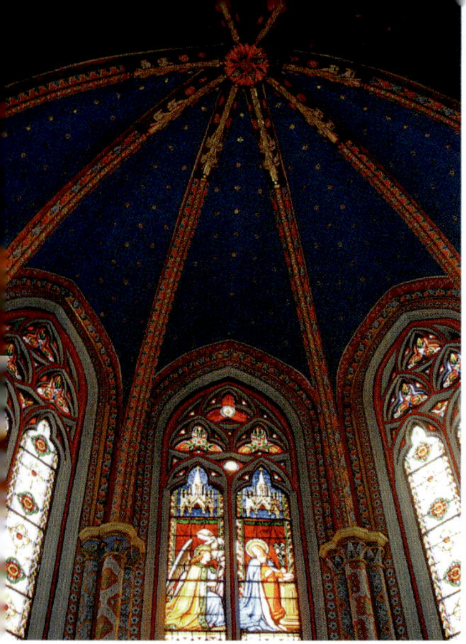

Chorfenster der Kathedrale von Oloron.

Am Château d'Eau (Wasserschloss) und der Ortskirche vorbei durchwandern wir den kleinen Ort. Die D 424 führt uns weiter in südöstliche Richtung. An einzelnen Gehöften und Häusern zweigt der GR 78, der Voie du Piémont, nach links über eine schmale Brücke ab. Nun bleiben wir einem befestigten Feldweg, der immer parallel zum Bachlauf der Mielle verläuft für die kommenden gut 2,5 km treu. Schließlich gelangen wir so an den Stadtrand von Oloron-Ste-Marie, wobei wir weiter geradeaus dem GR auf dem Boulevard Henri Laclau folgen bis zu einem großen Kreisverkehr. Wir biegen an dem zweiten Abzweig in die Avenue Tristan Derème ab, die uns zum Etappenziel, der Cathédrale Ste-Marie, im Stadtzentrum von **Oloron-Ste-Marie (5)**, 248 m (1.30 Std.), bringt.

Die Doppelstadt Oloron-Ste-Marie ist der Ausgangspunkt für die Strecke über den Col du Somport.

i ***Oloron-Ste-Marie*** *liegt am Fuße der Pyrenäen am Zusammenfluss vom Gave d'Ossau und Gave d'Aspe. Die Doppelstadt war ursprünglich wahrscheinlich eine militärische Siedlung der Iberer, dann eine römische Festung und diente später im 11. Jh. als militärisches Quartier für die Truppen, die im Zuge der Reconquista gegen die Mauren kämpften.*

Von der romanischen Kathedrale Ste-Marie aus dem 12./13. Jh. sind lediglich der untere Bereich des quadratischen Turmvorbaus und das wundervolle Figurenportal erhalten. Als Baustein stand der harte Pyrenäenmarmor zur Verfügung, der fast unbeschädigt die Zeit überdauert hat und die Kathedrale zum bedeutendsten Bauwerk mit romanischen Skulpturen in der Region Béarn macht.

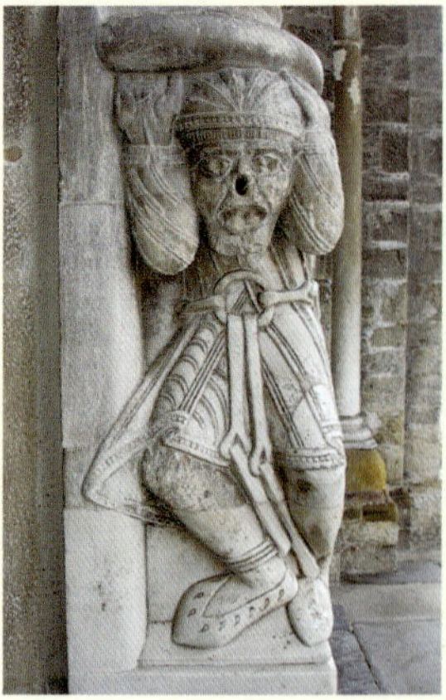

7.45 Std.
28,6 km

Oloron-Ste-Marie – Osse-en-Aspe

28-V

Herbergen: Escot (390 m): Gîte Fontaines d'Escot (2 km abseits vom GR), 40 B/ab 21 €, Tel. 05 59 34 54 40, fontaines-escot@gmail.com, contact@fontaines-escot.com. **Sarrance**: Monastère de Sarrance, Accueil des pèlerins, 10–18 B/Spendenbasis, empfohlen ab 10 € für ÜB und 25 € bei HP, Küche, Tel. 05 59 34 71 17, st-norbert-accous@hotmail.fr, Tel. 05 59 34 54 78. **Osse-en-Aspe**: Gîte Chaneü, 28 B/ab 15 €, Küche, Tel. 06 33 12 00 43, amisdechaneu@gmail.com.

Die Strecke: Von Oloron-Ste-Marie ist der Anstieg auf dieser Etappe sehr moderat. Der GR 653 führt entlang von kleinen Straßen durch das Flusstal des Gave d'Aspe hinein in die bezaubernde Bergwelt der Pyrenäen.

Höhenunterschied: 370 m im Aufstieg, 190 m im Abstieg.

Kritische Stellen: Eine wirklich kritische Stelle ist der Ausgangsort Oloron-Ste-Marie. Folgt man hier der Markierung, verliert und verirrt man sich innerhalb des Stadtkerns. Es ist empfehlenswert, entweder anhand eines Stadtplans, der beim OT erhältlich ist, seinen Weg zu finden oder anhand der folgenden ausführlichen Beschreibung. Danach kann es durchaus sein, dass längere Strecken gar keine Markierung aufweisen, auch wenn immer wieder Wege abzweigen. In solchen Fällen bleibt der GR 653 immer auf dem augenscheinlichen Hauptweg geradeaus.

Landschaft: Noch ist das Tal des Gave d'Aspe weit und die umgebenden Erhebungen sind liebliche grüne Hügel, auf denen Viehwirtschaft betrieben wird, einzelne Gehöfte liegen und die teilweise von Mischwäldern bedeckt sind. Die Orte orientieren sich am Talverlauf.

Infrastruktur: Eysus; Lurbe-St-Christau; Escot; Sarrance; Osse-en-Aspe.

Anmerkung: Auch wenn diese Etappe meist auf kleinen Straßen verläuft, sollte man an festes Schuhwerk denken, da der eine oder andere Abschnitt bei feuchter Witterung glitschig wird.

Vom Gave d'Aspe in **Oloron-Ste-Marie (1)** gehen wir bergan in die Rue Labarraque, von der wir nach links abzweigen und durch einen Park, an einem Aussichtspunkt und der Kirche St-Pierre vorbei, nach rechts abzweigend den Place St-Pierre erreichen. Wir queren den hübschen Platz und gehen nach rechts weiter bergan in die Rue d'Aspe. Dann geht es leicht abwärts durch eine Neubausiedlung, am Friedhof vorbei und, kurz bevor wir eine Straße erreichen, nach links auf einen Pfad, der geradeaus in die D 338

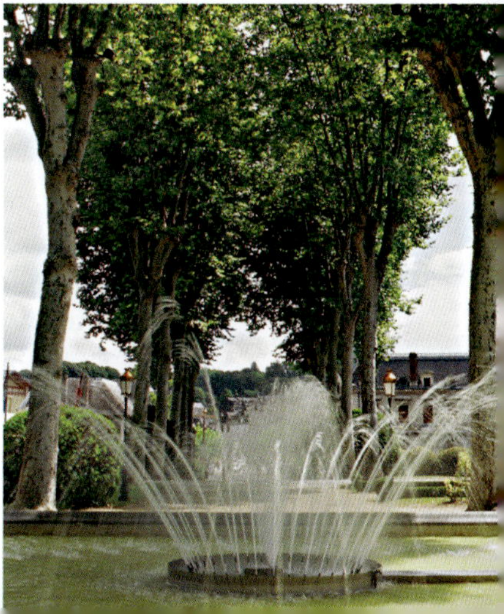

Parkanlage in Oloron.

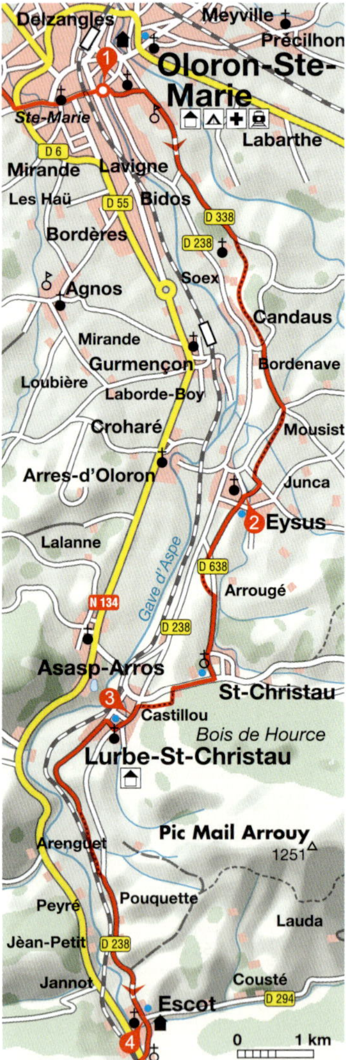
Delzangles
Meyville
Précilhon
Oloron-Ste-Marie
Ste-Marie
D 6
Labarthe
Mirande
Lavigne
Les Haü
D 55
Bidos
D 338
Bordères
D 238
Soex
Agnos
Candaus
Mirande
Gurmençon
Bordenave
Loubière
Laborde-Boy
Croharé
Mousist
Arres-d'Oloron
Junca
Eysus
Lalanne
D 638
Arrougé
N 134
Gave d'Aspe
D 238
Asasp-Arros
St-Christau
Castillou
Bois de Hource
Lurbe-St-Christau
Pic Mail Arrouy
1251
Arenguet
Pouquette
Peyré
Lauda
Jèan-Petit
D 238
Cousté
Jannot
Escot
D 294
0
1 km

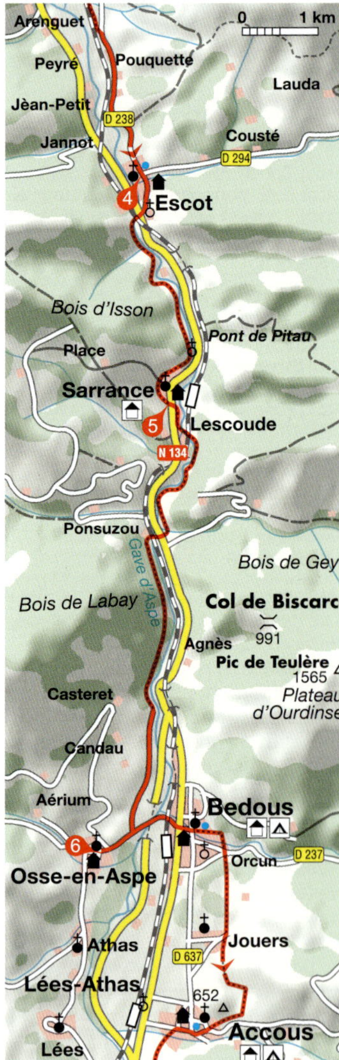
Arenguet
0
1 km
Pouquette
Peyré
Lauda
Jèan-Petit
D 238
Cousté
Jannot
D 294
Escot
Bois d'Isson
Pont de Pitau
Place
Sarrance
Lescoude
N 134
Ponsuzou
Gave d'Aspe
Bois de Gey
Bois de Labay
991
Agnès
Pic de Teulère
1565
Casteret
Plateau d'Ourdinse
Candau
Aérium
Bedous
Orcun
D 237
Osse-en-Aspe
Jouers
Athas
D 637
Lées-Athas
652
Accous
Lées

mündet. Diese wandern wir nun entlang, bis ein Pfad nach rechts abzweigt und durch den Wald leicht bergan führt. Dieser Waldweg führt ganz kurz nochmals zur Straße, der wir für 100 m nach links folgen, und biegt dann wieder nach rechts in den Wald hinein ab, bis er schließlich nach insgesamt knapp 3 km auf der D 338 endet. Der Chemin d'Arles führt nach rechts, auf der Straße entlang, und an der unmittelbar folgenden Gabelung nach links, immer weiter auf der D 338. Dann zweigt ein Weg nach rechts ab Richtung Côte de Habas, der abwärts über eine Brücke und dann wieder leicht bergan über Felder und Wiesen führt. An der Gabelung biegen wir nach links ab in den Chemin de Lun, dem wir an einem Bauernhof vorbei folgen. Wir erreichen den Weiler **Eysus (2)**, 250 m (2 Std.), wo wir an einer Kreuzung nach links in den Chemin des Escoliers einbiegen. Über eine Brücke geht es weiter ins Dorf hinein, wir biegen bei der nächsten Gelegenheit nach links ab und nehmen dann die zweite Abzweigung nach rechts in die Route du Fronton. Geradeaus weiter in die Route des Thermes und an der nächsten Kreuzung geradeaus über die Straße hinweg in den Chemin de St-Jacques-de-Compostelle aus dem Ort hinaus. Dieser Weg mündet in die D 638, der wir für wenige Meter nach links folgen, um dann gleich in einen Feldweg nach rechts einzuschwenken. Der Weg führt parallel zur D 638 durch Wiesen und mündet nach 300 m wieder nach rechts in die Straße. Auf dieser erreichen wir nach 1,2 km den Kurort St-Christau, den wir geradeaus an den Thermen und an einer Kapelle vorbei durchwandern. Am Ortsende zweigen wir nach rechts auf die D 918 Richtung Col du Somport ab und gehen an der nächsten Gabelung nach links und an Häusern entlang. Nach 200 m nach links auf einen kleinen, ansteigenden Weg, der nach **Lurbe-St-Christau (3)**, 297 m (1.05 Std.), führt, abzweigen.

Im Weiler nach links auf einer kleinen Straße weitergehen, die an einem Bachlauf entlangführt, diesen quert und geradeaus weiterführt. Vor dem Dorfausgang biegen wir nach rechts auf eine Straße ab. An der Gabelung nach 150 m gehen wir nach links weiter und entlang einer Steinmauer aus dem Ort hinaus. Das Sträßchen führt durch Felder, auf einem Steinbruch zu. Wir wandern im Tal des Gave d'Aspe immer geradeaus, bis der Weg in die D 238 mündet, auf der wir rechts haltend nach gut 2 km **Escot (4)**, 390 m (1.30 Std.), erreichen. Wir durchqueren den Ort geradeaus und überqueren

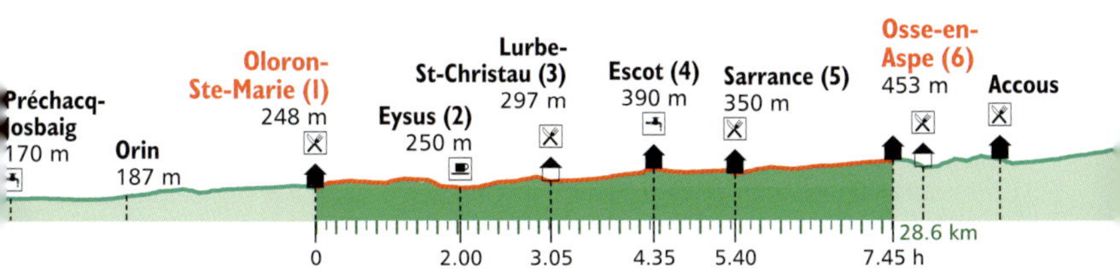

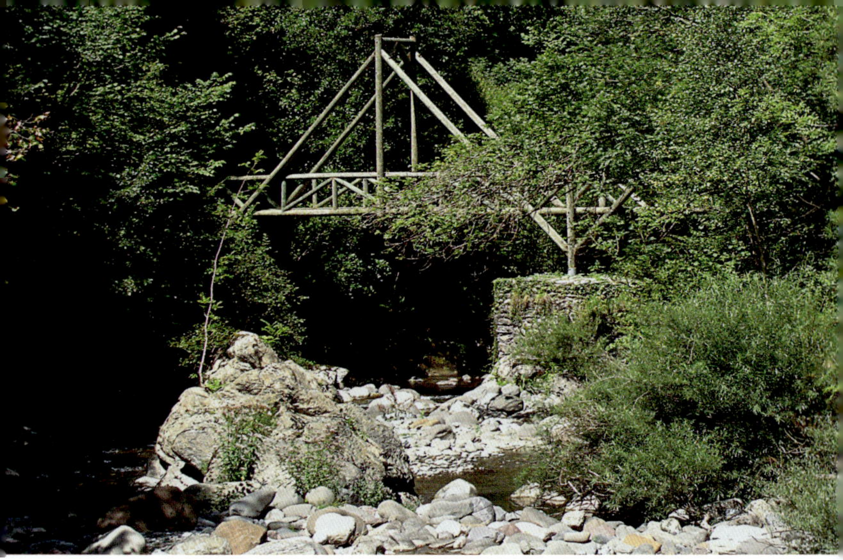

Holzbrücke über den Gave d'Aspe.

kurz nach dem Ortsausgang die N 134. Über den Gave d'Aspe und den Weg nach links am Felsen entlang einschlagen. Der schöne, gut markierte Wanderweg führt durch einen Mischwald mit vielen Buchsbäumen bergan. Nach 3 km gelangen wir bei der Chapelle d'Uzein wieder zur N 134, der wir nach rechts für 200 m zum Ort **Sarrance (5)**, 350 m (1.05 Std.), folgen.

Am Ortseingang nehmen wir die Straße nach rechts, die an der Kirche und dem Kreuzgang vorbei führt und wieder in die N 134 mündet. Wir kreuzen diese, gehen über die Brücke und unmittelbar danach an der Gabelung nach rechts in eine kleine Straße, die am Gave d'Aspe entlang führt. Nach 300 m zweigt nach rechts ein Pfad in den Wald ab, der relativ steil zum Fluss hin führt (Achtung: bei Hochwasser nicht begehbar, dann auf der N 134 bleiben). Wir bleiben stets auf diesem Pfad, der unter einer alten Eisenbahnbrücke hindurch leitet. Wir kommen bergan an der Felswand von Mail du Couret vorbei und gelangen wieder auf das Niveau des Flusses. Im leichten Anstieg kommen wir nach etwa 2,5 km zum Weiler Ponsuzou. Hier queren wir nach rechts die N 134 sowie den Gave und gehen in das gegenüber liegende Sträßchen. Am alten Bahnwärterhaus vorbei führt der GR 653 am linken Flussufer weiter. Dabei wandern wir meist durch einen schönen Mischwald und später an Wiesen entlang. Nach etwa 5 km stoßen wir bei einem Bauernhof auf eine kleine geteerte Straße, der wir für 1,2 km bis nach **Osse-en-Aspe (6)**, 453 m (2.05 Std.), folgen.

9.30 Std.
32 km

Osse-en-Aspe – Col du Somport

29-V

Herbergen: Accous: (1) Gîte Despourrins, 23 B/20 €, Essen, Frühstück, Tel. 05 59 34 53 50, www.maison-despourrins.com. (2) Presbytère, Unterkunft bei den Presbyterianer-Mönchen, Spendenbasis, Tel. 05 59 34 71 17. **Etsaut** (560 m, <100 EW): Gîte de la Garbure, 53 B/ÜF ab 19 €, Tel. 05 59 34 88 98, www.gabure.net. **Borce**: Gîte Saint-Jacques de Compostelle, 6 B/14 €, Tel. 05 59 34 88 98, comborce@cdg-64.fr. **Urdos** (710 m, 70 EW): Gîte Pélerins Le Compostelle, 12 B/ab 16 €, ganzj., Tel. 05 59 39 38 67, 07 86 75 80 66, lecompostelle.urdos@live.fr. **Col du Somport**: Franz. Seite: Gîte du Somport, 12 B/13 €, ganzj., auf Reservierung, Tel. 05 59 36 00 21, www.lesomport.com. Span. Seite: Gîte Frontière Aysa, 6 B/13 €, Tel. 00 34 97 43 73 023.

Die Strecke: Der Weg führt wiederum im Tal des Gave d'Aspe auf Straßen, einige Streckenabschnitte auch entlang der N 134. Unterhalb der Passhöhe geht es durch einen längeren Waldabschnitt und dann weiter über die Grasmatten bis zum Col du Somport. Vor Urdos hat man zwei Möglichkeiten: Entweder wandert man direkt in den Ort (und dann weiter entlang der Straße) oder man folgt dem Hauptweg, der in einem weiten Bogen an einem Berghang parallel zum Tal um Urdos herumführt.

Höhenunterschied: 1350 m im Aufstieg.

Kritische Stellen: Hinsichtlich der Markierung des GR 653 gilt ganz das schon bei Etappe 28 V Gesagte, siehe dort. In Borce kreuzt der GR 10 den Jakobsweg, sodass es hier schnell zu Verwechslungen kommen kann. Hier nicht an der Kirche vorbei nach rechts bergan, sondern geradeaus weiter durch den Ort hindurch. Vor Urdos auf die Verzweigung von Hauptweg und Variante (siehe oben) achten!

Landschaft: Diese letzte lange Etappe führt durch die bezaubernde Bergwelt der Pyrenäen. Je weiter und höher der GR 653 in den Oberlauf des Gave d'Aspe eindringt, desto unwirklicher, schroffer und bizarrer wird die Umgebung. Kurz vor der Passhöhe erreicht der Chemin d'Arles den Parc National des Pyrenées Occidentales.

Infrastruktur: Bedous; Accous; Cette-Eygun; Etsaut; Borce; Urdos (Variante); Col du Somport.

Anmerkung: Auf festes Schuhwerk sollte nicht verzichtet werden, häufig sind die Wald- und Wiesenwege feucht und etwas glitschig. Trotz des beträchtlichen Höhenunterschiedes können auch weniger geübte Wanderer hier auf ihre Kosten kommen und müssen den Aufstieg mit mäßiger Steigung und gutem Untergrund nicht scheuen. Es empfiehlt sich, die Wetterentwicklung gut zu beobachten, da das Wetter in dieser Region sehr schnell umschlagen kann. Im Winter ist die Strecke nicht zu empfehlen und kann in der Regel nicht begangen werden.

Zurück am Ortseingang von **Osse-en-Aspe (1)** geht es nach rechts über die N 134 hinüber. Ein kleine Straße führt über den Straßentunnel und sogleich geht es auf einer Brücke über den Gave. Geradeaus am Sportplatz vorbei gelangen wir nach Bedous (15 Min.). Wir gehen über die Durchgangsstraße geradeaus in eine Gasse, die zur Kirche führt. Von der Kirche in **Bedous (2)** zweigt der GR 653 nach rechts in eine Gasse ab, die oberhalb der Häuser in einen Feldweg übergeht. Bei einigen Häusern geht es über eine Brücke und dann nach rechts auf die Straße, um unmittelbar darauf in die Gasse nach

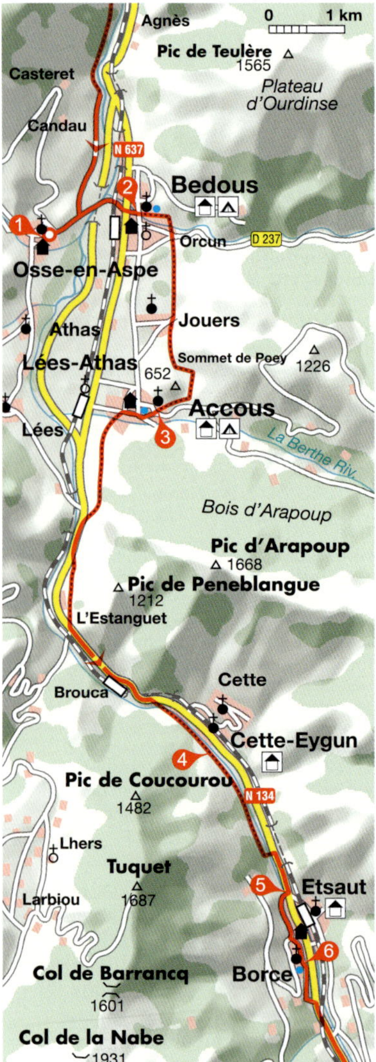
0 1 km
Agnès
Pic de Teulère 1565
Plateau d'Ourdinse
Casteret
Candau
N 637
Bedous
Orcun
D 237
Osse-en-Aspe
Jouers
Athas
Lées-Athas
Sommet de Poey 1226
652
Accous
Lées
La Berthe Riv.
Bois d'Arapoup
Pic d'Arapoup 1668
Pic de Peneblangue 1212
L'Estanguet
Cette
Brouca
Cette-Eygun
Pic de Coucourou 1482
N 134
Lhers
Tuquet 1687
Etsaut
Larbiou
Borce
Col de Barrancq 1601
Col de la Nabe 1931

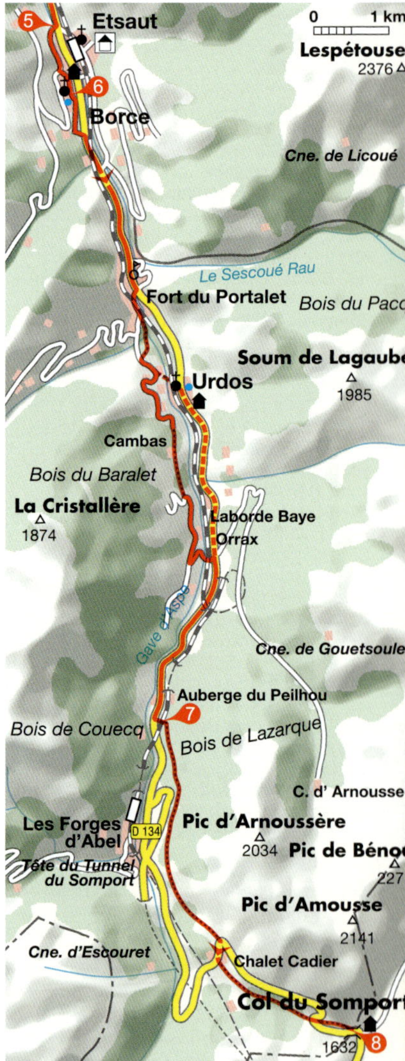
0 1 km
Etsaut
Lespétouse 2376
Borce
Cne. de Licoué
Le Sescoué Rau
Fort du Portalet
Bois du Pacq
Soum de Lagaube 1985
Urdos
Cambas
Bois du Baralet
La Cristallère 1874
Laborde Baye
Orrax
Gave d'Aspe
Cne. de Gouetsoule
Auberge du Peilhou
Bois de Couecq
Bois de Lazarque
C. d' Arnousse
Les Forges d'Abel
D 134
Pic d'Arnoussère 2034
Pic de Bénou 2271
Tête du Tunnel du Somport
Pic d'Amousse 2141
Cne. d'Escouret
Chalet Cadier
Col du Somport
1632

links abzubiegen. In diesem Teilort von Bedous gehen wir an der nächsten Verzweigung links und gleich wieder rechts auf eine kleine Straße und aus dem Weiler hinaus. Am letzten Haus geht das Sträßchen in einen Wanderweg über, der durch Wiesen bis Jouers führt. Im Ort biegen wir am Brunnen vorbei nach links ab. Dieser Feldweg führt durch Wiesen und hohe Farne bis zu einer Straße, die wir queren. Wir gehen auf einem Pfad weiter, der um den Sommet de Poey herumführt. An einer Gabelung wenden wir uns nach rechts auf einen abschüssigen und gerölligen Pfad, auf dem wir nach **Accous (3)**, 460 m (1.20 Std.), kommen.
Wir folgen den Markierungen rechts bergab bis zur Kirche, am Brunnen vorbei nach links und durch den Ort bergab. Am Ortsende gehen wir über eine Brücke und auf einer kleinen Straße entlang weiter. Nach 1 km geht der Weg am Waldrand in einen Pfad über, der an einem Felsen in die N 134 einmündet. Wir gehen links für 1 km entlang der Straße, bis nach links ein Sträßchen Richtung L'Estanguet abzweigt. Diesem folgen wir bergan am Reiterhof vorbei und dann wieder abwärts zur N 134. Wir wandern nun links und für 2 km entlang der Straße, bis nach rechts ein Wanderweg abzweigt, der über eine hübsche Steinbrücke, die Pont des Chèvres, führt. Auf der linken Flussseite des Gave geht es nun geradeaus am Waldrand entlang, wo wir nach etwa 750 m **Cette-Eygun (4)**, 520 m (1.45 Std.), passieren, das auf der anderen Seite des Gave liegt . Wir überqueren auf einer Holzbrücke den Gave und steigen zur N 134 bergan, der wir nach rechts zunächst an **Etsaut (5)** vorbei bis **Borce (6)**, 620 m (1.20 Std.), folgen.
Der GR 653 führt geradeaus durch Borce hindurch, an der Dorfkirche vorbei und wieder zurück auf die N 134, der wir nach rechts folgen. Nach gut 2 km kommen wir an dem in den Felsen hineingebauten Fort du Portalet vorbei.

Passstraße auf den Col du Somport.

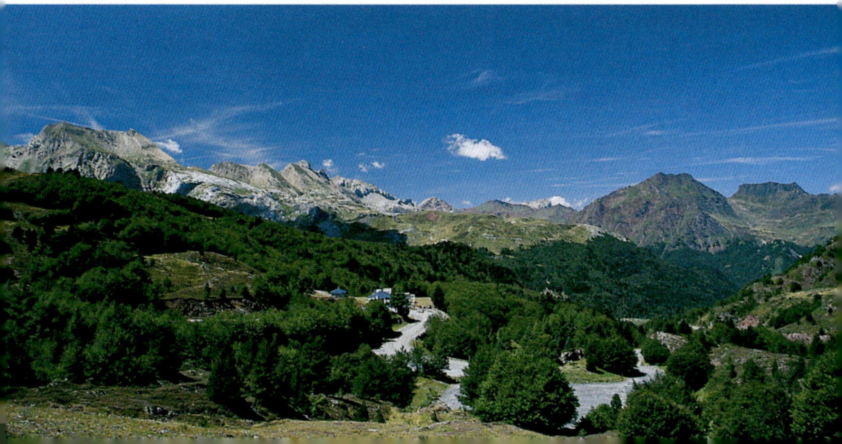

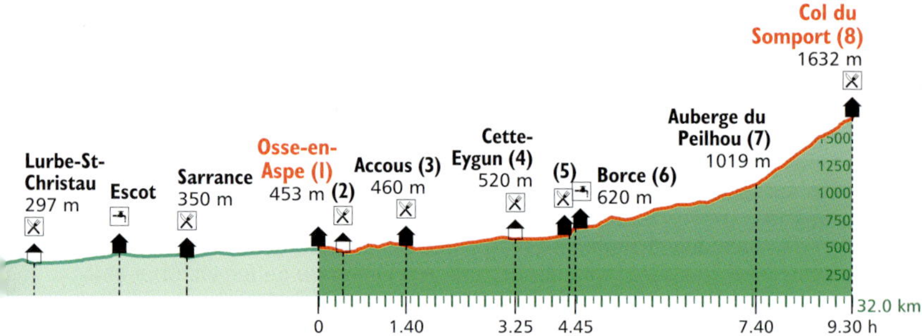

Einen Kilometer weiter biegt nach einer alten Eisenbahnbrücke rechts eine Straße am Elektrizitätswerk vorbei ab. Auf dieser gelangen wir zum alten Bahnhof von Urdos. Wer die Variante durch Urdos wählt, geht am Abzweig zum Campingplatz einfach geradeaus weiter. Durch den Ort hindurch und dann weitere 5 km die N 134 entlang bis vor die Auberge du Peilhou zu einem Wegstein an der linken Straßenseite am Waldrand. Wer dagegen den Hauptweg gehen und das lange Straßenstück vermeiden möchte, zweigt nach rechts über den Campingplatz ab. Am Ende des Platzes geht es über eine Brücke und weiter für 50 m auf dem Weg geradeaus. Dann biegen wir nach links auf einen Pfad ab, der steil ansteigt. An einem Haus folgen wir einem Feldweg nach links. Wir queren eine kleine Straße nach schräg links und nehmen den kleinen Pfad, der zwischen zwei Steinmauern bergan führt. Dieser mündet wieder in die kleine Straße, der wir bergan für 400 m folgen (und nicht der GR-Markierung geradeaus in einen Pfad, der sich im sumpfigen Gelände verliert). Dann geht es wieder nach rechts in einen Pfad, der an einer Steinmauer entlang, von Bäumen und Büschen gesäumt, auf einem etwas gerölligen Untergrund ansteigt. Er mündet in einen Feldweg, den wir bereits in der nächsten Kurve wieder nach links verlassen. Am Waldrand gehen wir durch ein Gatter und 200 m bergab bis zu einer Gabelung. Hier nach links in einen Pfad einbiegen, auf dem wir für knapp 1 km weiter wandern. Unterhalb eines Gehöftes mündet dieser auf eine kleine Straße, der wir links bergab über den Gave d'Aspe folgen. Dann geht es unter einer Brücke hindurch und an der Kreuzung nach rechts bergan. Nach 600 m erreichen wir die N 134, der wir nach rechts folgen, um nach 2,5 km, etwa 200 m vor der **Auberge du Peilhou (7)**, 1019 m (2.55 Std.), nach links auf einen Pfad abzubiegen, der mit einem Wegstein gekennzeichnet ist.

Auf diesem geht es unter einer alten Eisenbahnbrücke hindurch und weiter ansteigend auf einem idyllischen Weg, der durch Steinmauern begrenzt ist und oberhalb der N 134 verläuft. Wir erhaschen einen schönen Blick auf einen kleinen Stausee mit einer alten Eisenbahnbrücke. Nach etwa 1 km betritt man den Parc National des Pyrénées Occidentales. Immer wieder haben wir nun bis zum Pass atemberaubende Ausblicke auf die Bergwelt der hohen Pyrenäengipfel. An einer Gabelung zweigen wir an einem Steinmännchen nach rechts ab. Der Pfad wird schmal und etwas steiniger. Langsam öffnet sich der Wald und wir wandern auf einer schönen Almwiese, bis wir 3,7 km nach der Abzweigung von der N 134 wieder die Passstraße (die alte N 134) erreichen. Hier gehen wir für etwa 200 m nach rechts abwärts und biegen dann links auf einen Wanderweg ab. Zwischen Häusern hindurch geht es auf einem Wiesenpfad, der mit Silberdisteln übersät ist, parallel zur Passstraße. Auf einen kleinen Hügel und dann weiter durch die Feuchtwiese, an einer Mauer nach rechts vorbei und auf einer Holzbrücke über den Bachlauf. Noch zweimal überqueren wir auf diese Weise einen Bachlauf und gehen dann an einer Gabelung nach links weiter. Der Pfad führt am Bach entlang und wird dann recht steil, bevor er über eine Böschung auf die Straße mündet. Wir gehen geradeaus über die Straße in einen Pfad, der uns über einen Parkplatz zum **Col du Somport (8)**, 1632 m (1.55 Std.), bringt, der als einziger Pass der Zentralpyrenäen ganzjährig geöffnet ist.

Im Parc National des Pyrénées Occidentales.

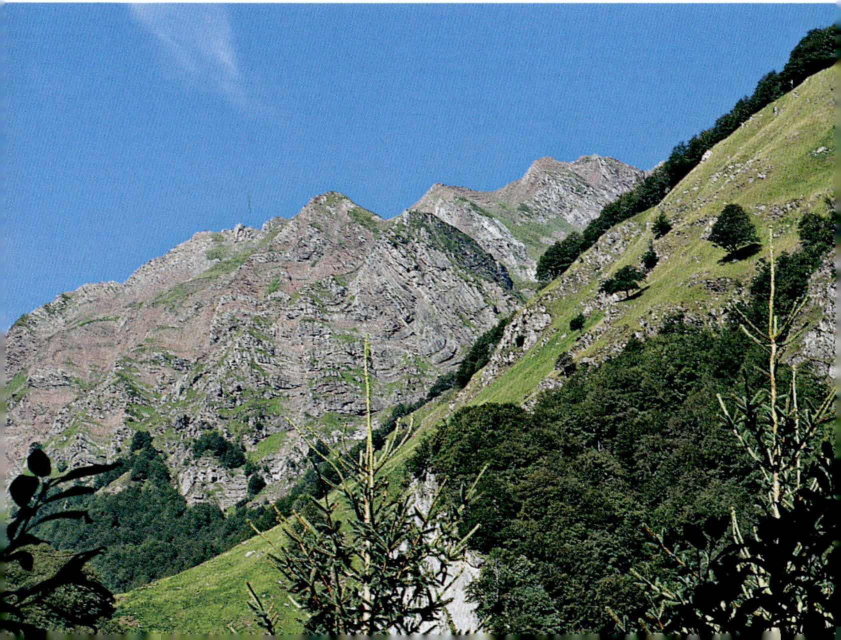

Stichwortverzeichnis

Französisch-deutsches Wanderlexikon

abri	Unterstand
aider!	Hilfe!
altitude	Höhe
ampoule	Blase
ane	Esel
au secours!	Hilfe!
averse	Regenschauer
bas	niedrig
bifurcation	Abzweigung
boulangerie	Bäckerei
camping	Campingplatz
carrière	Steinbruch
cascade	Wasserfall
causse	Kalkhochfläche
centre	(Orts-)Zentrum
chapelle	Kapelle
chaussettes	Socken
chaussures	Schuhe
château	Schloss, Burg
chemin, sentier	Weg, Pfad
cheval, chevaux	Pferd, Pferde
chien	Hund
cloître	Kreuzgang
col	Pass
courbature	Muskelkater
crête	Grat, Bergkamm
danger	Gefahr
danger d'incendie	Brandgefahr
descente	Abstieg
direction	Richtung
distance	Entfernung
à droite	rechts
eau	Wasser
eau potable	Trinkwasser
écluse	Schleuse
église	Kirche
épicerie	Lebensmittelgeschäft
est	Osten
ferme	Bauernhof
feu	Feuer
fontaine	Brunnen
forêt, bois	Wald
GR (grande randonnée)	Weitwanderweg
à gauche	links
gîte d'étape	Wanderunterkunft
gorges	Schlucht
grotte	Höhle, Grotte
haut	hoch, oben
hôtel, auberge	Hotel, Pension
inondation	Überflutung
interdit	verboten
lac, étang	See
lave-linge	Waschmaschine
loin	fern
mairie	Rathaus
maison	Haus
mal de tête	Kopfschmerzen
marché	Markt
mas	Bauernhaus, -hof
montagne, mont	Gebirge, Berg
montée	Aufstieg
nord	Norden
ouest	Westen
ouvert	geöffnet
pèlerin	Pilger
petit	kurz, klein
pharmacie	Apotheke
pont	Brücke
PR (petite randonnée)	kurzer Wanderweg
proche, près	nah
profond	tief
ravitaillement	Proviant
rivière	Fluss
rocher	Fels
rue	Straße, Weg
ruisseau	Wildbach
sac à dos	Rucksack
sac de couchage	Schlafsack
sèche-linge	Wäschetrockner
secours	Bergrettung
site	Sehenswürdigkeit
soleil	Sonne
sommet, suc, pic, puy	Gipfel
source	Quelle
sud	Süden
temps	Wetter
tout droit	geradeaus
vallée	Tal
vent	Wind
village	Dorf

Umschlagbild: Conques.

Bild im Innentitel: Pilgerkreuz am Weg.

Alle 89 Fotos stammen von Bettina Forst.

Kartografie:
38 Wanderkärtchen im Maßstab 1:100.000,
eines im Maßstab 1:250.000 sowie drei Stadtpläne:
© Bergverlag Rother GmbH, München
(gezeichnet von www.rolle-kartografie.de und
Barbara Häring, Gröbenzell)

Übersichtskarten im Maßstab 1:2.000.000 und 1:6.000.000:
© Freytag-Berndt, Wien.

5., vollständig überarbeitete Auflage 2019

ISBN 978-3-7633-4350-8

Wir freuen uns über jeden Korrekturhinweis zu diesem Wanderführer!
Bitte per E-Mail an: leserzuschrift@rother.de

BERGVERLAG ROTHER · München
D-82041 Oberhaching · Keltenring 17 · Tel. +49 89 608669-0 · www.rother.de